DUEÑAS DEL SHOW

ALPHA DECAY
114

Joy Press

Dueñas del show

Las mujeres que están revolucionando las series de televisión

Traducción de Juan Manuel Salmerón Arjona

ALPHA DECAY

A mis padres, Rebecca y Stephens Press, que llenaron la casa de libros y nunca me dijeron: «No veas tanto la tele que es malo».

CONTENIDO

INTRODUCCIÓN

Crecí en los años setenta devorando las series de televisión *Esa chica* y *La chica de la tele* (*The Mary Tyler Moore Show*). Entonces no habría sabido explicar por qué, pero veía esas series en buena medida por el descaro y la ambición que tenían sus personajes. Las protagonistas eran mujeres jóvenes que desafiaban sus límites; a veces me parecía que me hacían guiños, como reconociendo lo absurdo de su situación. Pero, aunque me encantaban, estas series no eran sino un reflejo inofensivo de los enormes cambios que estaban sacudiendo la cultura.

En la segunda mitad del siglo XX, las mujeres estadounidenses tenían mayor capacidad para controlar la procreación, seguir una profesión, decidir si se casarían y cuándo, poner fin a un matrimonio que no funcionaba. Dados los cambios y convulsiones de esas décadas, sorprende lo poco que se reflejaban en la televisión y las pocas mujeres que participaban en la creación de las series que el espectador estadounidense veía. Marlo Thomas recuerda que, cuando trabajaba en *Esa chica*, casi siempre era «la única mujer que había». Aunque la comedia giraba en torno a su personaje, era ella la que tenía que convencer a los guionistas y productores varones de que pintaran con rasgos más realistas la vida de una mujer joven y emancipada.

La idea de este libro se me ocurrió en la primavera de 2015. Si tuviera que elegir un momento culminante de la revolución de la televisión hecha por y para mujeres en el siglo XXI, sería ese. En 2015 se estrenaron más de una docena de series creadas y protagonizas por mujeres, tantas como se produjeron en los tres años anteriores. En la edición de los Emmy de ese año, *Inside Amy Schumer* ganó el premio a la mejor serie de variedades y Jill Soloway el de mejor directora por una serie de su creación, *Transparent*. Ese mismo año, en los Globos de Oro, cuatro de las cinco comedias nominadas (*Orange Is the New Black*, *Girls*, *Jane the Virgin* y *Transparent*, que ganó) las crearon mujeres. En lo que al drama se refiere, Shonda Rhimes fue la reina de la programación del sábado noche de la cadena ABC con tres series de éxito, lo que la convirtió en una de las productoras más poderosas de Hollywood.

En la historia de la televisión, las cadenas prefirieron casi siempre series que ofrecieran a los anunciantes un público masivo, con particular preferencia por el espectador de entre dieciocho y treinta y cuatro años. Los directivos de la industria –en su mayoría varones– parecían creer que a los espectadores no les gustaban las protagonistas complejas, pese a que las series protagonizadas por hombres excéntricos y difíciles les encantaban. Las mujeres tampoco podían estar gordas, tener la tez morena ni pasar mucho de los treinta. A principios del siglo XXI, sin embargo, estas férreas creencias empezaron a tambalearse. La industria televisiva entró en crisis, amenazada por los canales de televisión por cable y digitales. Si antes las cadenas ABC, CBS y NBC se repartían al público estadounidense, a partir de entonces tuvieron que competir con rivales cada vez más numerosos. La crisis supuso una oportunidad; los responsables de canales de televisión por cable y digitales se mostraron más dispuestos a aceptar programas dirigidos a públicos minoritarios y las cadenas de televisión, nerviosas, reaccionaron asumiendo más riesgos. Y las mujeres empezaron a colarse por las grietas del sistema, que eran cada vez más grandes.

Esta es la historia de las extraordinarias mujeres que han revolucionado la cultura pop, revolución cuyas consecuencias siguen hoy sacudiendo el panorama televisivo. Esas mujeres han llenado nuestras pantallas con multitud de personajes femeninos rebeldes y han ampliado el formato más de lo que nunca imaginamos que sería posible. Muchos aspectos de la vida de la mujer –tan importantes como la amistad femenina y tan normales como el dolor menstrual– nunca se trataron con profundidad en la pequeña pantalla porque los responsables de las cadenas de televisión creían que eran aburridos o poco interesantes. Si hoy día podemos ver en nuestras pantallas historias de mujeres contadas de una manera provocativa e hilarante como si fueran algo normal, es gracias a un puñado de guionistas y actrices irreverentes.

Shonda, Jenji, Mindy, Lena, Tina: todas estas mujeres, realizadoras famosas, han hecho que la televisión parezca una fábrica de sueños en la que hay igualdad de oportunidades. La mayoría de las jóvenes guionistas a las que he entrevistado crecieron viendo series como *Las chicas Gilmore*, *Es mi vida*, *Anatomía de Grey*, y creyeron que Hollywood les haría sitio. Sin embargo, pese a la gran cantidad de series recientes, todas de gran calidad y que están marcando época, concebidas, escritas y protagonizadas por mujeres, la televisión sigue siendo un ámbito dominado por hombres. Hay anécdotas que prueban que las realizadoras ganan menos que sus colegas varones y sigue habiendo muy pocas mujeres en puestos de poder. De los creadores de las series que se emitieron en la temporada 2015-2016, solo uno de cada cinco fue mujer, según un informe del Center for the Study of Women in Television and Film. Y no solo pasa en las cadenas de televisión tradicionales, sino también en los canales de televisión por cable y de emisión en continuo (*streaming*).

El mismo informe pone de manifiesto otra cosa: las series entre cuyos creadores hay al menos una mujer contratan a muchas más guionistas y actrices para papeles protagonistas. Es un círculo en constante expansión que permite a las realizadoras poderosas dar a otras mujeres la oportunidad de crear relatos e imágenes culturales que a su vez inspiren a la siguiente generación de mujeres poderosas.

Este libro celebra la era de la televisión hecha y protagonizada por mujeres en la que estamos, que creo que se remonta a la época de dos series revolucionarias: *Roseanne* y *Murphy Brown*. Porque, cuando vivimos lo que parece ser una edad de oro, es importante –fundamental– no dar las cosas por descontadas, y recordar que no siempre fue todo tan dorado y que costó décadas de lucha enconada contra ideas preconcebidas y prejuicios llegar a donde hemos llegado.

La madre fundadora de la telecomedia estadounidense, Gertrude Berg, es una figura casi completamente olvidada hoy día. En la década de 1920 creó la radionovela *The Rise of the Goldbergs*, que tuvo un enorme éxito: narraba la historia de una familia judía en América y se emitió en un momento en que el nazismo surgía en Europa. En los albores de la televisión, adaptó la serie a este medio con el título de *The Goldbergs* y la escribió, protagonizó y produjo de 1949 a 1955, manteniendo el control creativo y a la vez interpretando a una matriarca que hablaba con acento judío. *The Goldbergs* fue una de las diez mejores series de la CBS en la posguerra. Berg supo aprovechar esta popularidad y produjo programas en directo, libros, una colección de ropa de estar por casa y una película.

Lucille Ball, excorista y actriz cinematográfica que vio las posibilidades de la televisión cuando empezó a quedarse sin papeles de chica inocente, negoció con la CBS para crear una telecomedia propia. Para convencer a los directivos de esta cadena, que dudaban si contratar como coprotagonista a su marido cubano, Desi Arnaz, la pareja creó una productora y filmó un prototipo en directo. La serie, *Yo amo a Lucy*, protagonizada por una pelirroja locuela y emprendedora y su marido, el exasperado director de una banda de música, fue la más vista en Estados Unidos durante la mayor parte de los seis años que se emitió. Ball se saltó la regla vigente de contratar solo a guionistas varones y contó con Madelyn Pugh, que siguió con ella toda la serie. Este punto de vista femenino se puso de manifiesto en el personaje de Lucy, mujer tozuda que constantemente se rebela contra las órdenes del marido. Ball y Arnaz tuvieron la perspicaz idea de producir ellos mismos la serie y filmarla en celuloide (por entonces las series de televisión se interpretaban y emitían en directo y no se grababan). Esta novedad les permitió luego vender la serie, con lo que *Yo amo a Lucy* estuvo emitiéndose décadas por televisión y Ball se convirtió en un ejemplo para varias generaciones de actrices cómicas, además de que se hizo rica, claro está.

Aunque la píldora anticonceptiva salió al mercado en 1960 y el superventas de Betty Friedan *La mística de la feminidad* inauguró una nueva era de feminismo al publicarse en 1963, en televisión rara vez se veían mujeres emancipadas. Esto cambió con el estreno en 1966 en la cadena ABC de *Esa chica*. La estrella en ciernes que era Marlo Thomas había propuesto una serie basada en parte en su experiencia de joven actriz independiente que vivía en Manhattan. Quería titularla *Miss Independence*, pero no lo consiguió. Formó su propia productora, Daisy Productions, y contrató a mujeres guionistas. Pero, como muestra de lo difíciles que lo tenían las mujeres, en los créditos nunca figuró como productora. «Yo dirigía la serie y firmaba los cheques –dijo luego–, pero decidí parecer menos poderosa para no asustar a los hombres, que al parecer eran mejores profesionales de la comedia».

Pese al tono ligero y alegre, *Esa chica* fue una serie pionera porque contaba la historia de una joven soltera que se centraba en su profesión y en sus deseos y no se encomendaba a un marido. «Una no tenía que ser la esposa, la hija o la secretaria de alguien... Podía ser ese alguien», dijo Thomas. Aunque los responsables de la cadena temían que toda aquella independencia femenina disgustara al espectador, la serie fue un éxito inmediato, señal, quizá, de los cambios que estaban produciéndose en la sociedad y que la televisión había pasado por alto. Como recordaba Thomas en sus memorias, *Growing Up Laughing*, «aquella chica, que a los ejecutivos que estudiaron el caso les parecía una figura revolucionaria, no lo era en absoluto... Había millones de chicas como ella en los hogares de todo el país». Cuando la serie se acercaba a su final, en 1971, después de cinco años emitiéndose, la cadena, que seguía sin entender en qué consistía su atractivo, propuso el tradicional final feliz: una boda. Thomas se negó a dar este desenlace convencional a algo que era más fiel a las energías del momento e insistió en que *Esa chica* concluyera con la pareja yendo a una reunión para la liberación de la mujer.

Tras el éxito cosechado en su papel de la activa ama de casa Laura Petrie en la serie *The Dick Van Dick Show*, Mary Tyler Moore y su marido Grant Tinker crearon la MTM Entreprises para producir *La chica de la tele*, cuyo lanzamiento coincidió con la última temporada de *Esa chica*: era como si un icono televisivo de la mujer soltera y trabajadora le pasara el testigo a otro. Solo que, a diferencia de Thomas, Moore no tuvo que contemporizar con los complejos que tienen los hombres delante de las mujeres poderosas: su autoridad nunca fue cuestionada ni en la pantalla ni fuera de ella. Su personaje, Mary, llamaba a su jefe «señor Grant» y a veces dudaba, nerviosa, si reclamar lo que merecía, pero eso no le impedía seguir adelante. Tampoco impidió que Moore proclamara su poder y su condición de dueña y señora de la serie en el mismo título de esta. «Uno no se olvidaba ni un segundo de quién mandaba», escribió en cierta ocasión el director Alan Rafkin. Nunca se había contratado a tantas mujeres para una serie: en algún momento una tercera parte de los guionistas eran mujeres. Guionistas como Treva Silverman y Susan Silver pudieron hablar de sus propias experiencias de pareja, de doble moral y de conflictos laborales por boca de Mary y de Rhoda, la mejor amiga de Mary y también soltera.

En una conferencia sobre la mujer en la vida pública pronunciada en la Universidad de Texas en noviembre de 1975, Gloria Steinem se preguntó qué pensarían de las mujeres estadounidenses unos extraterrestres que solo vieran cine y televisión. «Para empezar, creerían que hay el doble de hombres que de mujeres. Pensarían que las mujeres dormimos con pestañas postizas y muy maquilladas. Algunas les pareceríamos una clase de siervas. Las que viviéramos solas seríamos casi sin excepción viudas, al menos hasta hace poco». Dos series de televisión, señalaba Steinem, estaban poniendo en tela de juicio esta idea absurda y anticuada y cambiando las cosas: *La chica de la tele* y la nueva serie de Norman Lear, *Maude*.

Aunque las ideas del movimiento feminista fueron calando en la sociedad estadounidense a lo largo de los años setenta, su efecto en la televisión que se hacía para emitirse en horarios de máxima audiencia era mínimo: estaban Mary y Rhoda, estaba Maude y estaba la comedia sobre una madre trabajadora *One Day at a Time* (creada por la actriz Whitney Blake), y nada más. Entre bastidores, las cosas no eran más igualitarias. En 1974, un informe del Sindicato de Guionistas de América reveló un dato tremendo: solo el 6,5 por ciento de las series emitidas en horario de máxima audiencia esa temporada contaba al menos con una mujer guionista.

Hasta principios de los ochenta no empezaron realmente las mujeres a escribir y producir más series. Fue entonces cuando las guionistas Barbara Corday y Barbara Avendon consiguieron por fin estrenar *Cagney & Lacey*. Llevaban queriendo hacer una película sobre dos mujeres policías desde mediados de los setenta, una idea que les había sugerido el productor y pareja de Corday, Barney Rosenzweig, basándose a su vez en un libro que ella le había regalado, *From Reverence to Rape: The Treatment of Women in the Movies*, de la crítica de cine y feminista Molly Haskell. Tras numerosos intentos fallidos y cambios de reparto, *Cagney & Lacey* vio por fin la luz en 1982 y se convirtió en un enorme éxito de la CBS, que no solo conquistó al público de todo el mundo sino que ganó también varios premios Emmy.

Corday afirmaba que lo que gustaba al espectador no era que Chris Cagney y Mary Beth Lacey lucharan contra el crimen, sino que fueran dos mujeres adultas y sensatas que llevaban una vida complicada. Cagney era una soltera dura y dada a la bebida, Lacey era de carácter más suave y tenía un marido que la apoyaba. «La mayoría de las cartas que recibíamos se referían a las escenas íntimas, en las que el espectador veía a dos mujeres hablando de todo lo que pasaba en sus vidas –dice Corday–. Lo que gustaba eran esas conversaciones íntimas: parece absurdo pero entonces era algo revolucionario. No se veía en televisión.» La serie también seguía su política feminista detrás de la cámara, porque contrataba a muchas guionistas y directoras de episodios. Una de estas guionistas era Ronnie Wenker-Konner, madre de Jennifer Konner, la futura productora de *Girls*, serie que llevaría el tema de las conversaciones íntimas entre mujeres a extremos que Cagney y Lacey nunca habrían imaginado.

Muchas de las mujeres que triunfaron en la televisión lo hicieron asociadas con hombres, normalmente el marido. Parece ser que los cromosomas Y les hacían sentirse más tranquilos a los responsables de las cadenas de televisión. Fue el caso de Lucille Ball, Mary Tyler Moore, Barbara Corday, Whitney Blake, Susan Harris, la creadora de *Las chicas de oro* y Linda

Bloodworth-Thomason. Esta última trabajó como guionista en *M*A*S*H*, *Rhoda* y *One Day at a Time* antes de montar una productora con su marido, Harry Thomason, y crear comedias como *Designing Women*, un hervidero de conversaciones en una empresa sureña dominada por cuatro mujeres. Corday afirma que muchas de las guionistas de entonces se limitaban a cultivar su faceta creativa: «No se consideraban mujeres de negocios, a diferencia de sus maridos». Aun así, dice, «Barny y yo sabíamos que, cuando nos reuníamos con algún directivo, este siempre se dirigía a él. Éramos dos sentados en el sofá, pero solo hablaba con una persona.»

Una de las primeras mujeres que rompieron con esta tradición del socio varón y se hicieron valer por sí mismas fue Anne Beatts, una guionista de comedia que ganó un Emmy por su trabajo en la primera edición del programa *Saturday Night Live* y firmó un contrato para hacer una serie. *Square Pegs*, su comedia sobre dos empollonas con problemas de adaptación (una de ellas interpretada por una joven Sarah Jessica Parker), se estrenó en la CBS en 1982. Serie de culto, *Square Pegs* intentó conseguir, sin éxito, que todos los guionistas fueran mujeres. Cuenta Beatts: «Yo quería que solo hubiera mujeres porque la serie narraba la historia de dos chicas estudiantes de instituto, pero la cadena me obligó a contratar al menos a un guionista». (Este guionista, Andy Borowitz, sería más adelante el creador de *El príncipe de Bel Air* y de la página web satírica «The Borowitz Report».)

Mucho más frecuente era el caso contrario, que solo hubiera una o dos mujeres entre los guionistas... no fuera que les diera por ponerse de cháchara. «Cuando yo empecé, las cadenas y los estudios los dirigían hombres que preferían el trabajo de los hombres, y a guionistas y directores varones», dice Jenny Bicks, que empezó su carrera a principios de los noventa y acabó de guionista en la serie *Sexo en Nueva York* y después dirigió *Men in Trees*, *The Big C* y *Divorce*. Lo normal era ser «la única mujer guionista entre, digamos, doce o trece guionistas varones», algo que a Bicks sigue pasándole.

Las mujeres guionistas acabaron considerándose rivales que se disputaban el escaso trabajo que había... porque realmente lo eran.

Es posible que no tengamos muy claro lo que hace el *showrunner* o realizador de una serie. La palabra no se popularizó hasta finales de los años ochenta y principios de los noventa. Hasta entonces, la persona que se encargaba de una serie de televisión era el productor ejecutivo, un empresario (casi siempre varón) que gestionaba la producción y contrataba a los guionistas. Poco a poco, las decisiones fueron tomándolas los guionistas mismos. Uno empezaba trabajando de guionista e iba ascendiendo hasta convertirse en productor ejecutivo, con el resultado de que, en una serie, podía haber un montón de personas con funciones de «productor». La persona que realizaba la serie en general empezó a denominarse *showrunner* y los guionistas fueron asumiendo cada vez más esta poderosa función. El trabajo de guionista suele atraer a personas introvertidas con poco don de gentes y nada dotadas para las matemáticas, pero de pronto estos bichos raros se vieron dirigiendo producciones de millones de dólares.

Hoy, el realizador de una serie desempeña diversas tareas de gestión empresarial y creativa: desarrolla la idea original, supervisa el casting y el equipo, orienta a los guionistas, consulta con los directores que dirigen los episodios, edita estos, busca financiación, negocia con los estudios y las cadenas de televisión. El realizador de una serie es empresario, creador y administrador, todo en uno.

«Realizar una serie es un trabajo terrible –dice Jane Espenson, que fue guionista de *Buffy, cazavampiros*, *Las chicas Gilmore* y otras series antes de realizar *Caprica* y *Husbands*–. Imaginemos que somos guionistas a los que nos encanta sentarnos ante el ordenador, pero, como escribimos muy buenos guiones, hemos ascendido a realizadores. Pues a lo mejor no nos apetece relacionarnos con los actores ni complacer a los responsables de la cadena. Es un trabajo que requiere habilidades muy diversas y casi nunca son aquellas por las que nos contrataron.»

En los primeros años del nuevo milenio, y gracias en buena medida al auge de internet, cada vez fue más fácil seguir una teleserie con el mismo culto que podía tener un cinéfilo francés que devorase los *Cahiers du Cinema* en los años sesenta. Los espectadores analizaban con verdadero entusiasmo sus series favoritas y debatían sobre ellas en foros y blogs, examinando tramas y personajes con tanta atención que crearon una nueva modalidad de discurso crítico, propia del siglo XXI: la recapitulación o resumen (*recap*). Conocí este fenómeno cuando vi el culto que se le rendía a Joss Whedon, el creador de *Buffy, cazavampiros*. A mí nunca se me había ocurrido fijarme en los créditos de las series hasta que supe que había foros sobre *Buffy, cazavampiros* y fans que eran capaces de distinguir al instante entre un episodio escrito por David Greenwalt y otro escrito por Marti Noxon. El mismo afán analítico caracterizó a los fans de las series creadas por los varios David de la HBO: el David Chase de *Los Soprano*, el David Simon de *Bajo escucha* y el David Milch de *Deadwood*.

Los realizadores de serie pasaron a ser considerados unos visionarios que creaban mundos. La voracidad de los internautas exigía una dieta de constante información privilegiada y los directores de series se convirtieron en verdaderas celebridades que daban pistas y avanzaban detalles. ¿Qué mejor promotor de una serie que la persona que la creó? Pero si hablamos con alguien que trabaja en televisión, vemos que en una serie colaboran muchísimas personas. Ni el genio más polifacético podría producirla solo. Muchas veces, en la realización de una serie participa un socio, como en los casos de Shonda Rhimes y Bertsy Beers, y de Tina Fey y Robert Carlock. Aparte de esto, cada episodio depende del trabajo de cien o más personas: actores, fotógrafos, técnicos de sonido, encargados de vestuario, escenógrafos, directores, editores.

Casi todas las series dependen también de los guionistas. Normalmente son un conjunto de personas que se reúnen en una sala a bosquejar tramas y diálogos para que a continuación cada uno escriba un episodio completo. Algunos realizadores de serie pasan la mayor parte del tiempo en estas salas con los guionistas; otros (sobre todo si interpretan algún papel o dirigen varias series) delegan en guionistas jefes la tarea de dirigir todo el proceso. En algunos casos, la escritura es orgánica y colectiva; en otros, el realizador de la serie o el guionista jefe toma el material bruto producido entre todos y lo reescribe para que el guion tenga una voz uniforme. Algunas veces todo funciona fluidamente temporada tras temporada; otras, los guionistas son presa del pánico, la angustia o el ego. Como podría decir Tolstoi si hubiera vivido lo suficiente para visitar un plató de televisión: «Todos los guionistas desgraciados son desgraciados a su manera».

Algunos realizadores de series de éxito tenían en el trabajo comportamientos excéntricos y caprichosos que reflejaban los de los antihéroes masculinos de sus historias, como si creyeran que el plató era un teatro para que ellos escenificaran sus propios psicodramas. «Estamos casi en guerra», decía el guionista Terence Winter sobre el trabajo en *Los Soprano* de David Chase. Y el director Tim Van Patten confirmaba esta terrible impresión: «Si David descubre tu talón de Aquiles, te ataca por ahí». Del creador de *Deadwood* y *Luck*, David Milch, se ha dicho que era una persona brillante, generosa y con tendencia a la adicción que solía crear un entorno caótico. Aunque se sabe que Milch perdió muchos millones de dólares en el juego, la HBO siguió trabajando con él y no dudaba en elogiarlo en público.

Tina Fey dijo una vez que, mientras que los hombres se dedican a la comedia para poder portarse mal, «las mujeres cómicas que yo conozco son todas hijas responsables, buenas ciudadanas y estudiantes aplicadas. Es posible que las mujeres nos dediquemos a la comedia porque es una manera socialmente aceptable de transgredir las normas». Lena Dunham, Mindy Kaling y las creadoras de *Broad City*, Abbi Jacobson y Ilana Glazer, podrán interpretar a mujeres traviesas, pero detrás de la cámara son personas muy trabajadoras y perfeccionistas. Hay menos margen para las malas acciones cuando se juzga a todo un sexo por el comportamiento que una tiene, como observó Roseanne Barr.

«La historia de las mujeres en la televisión es esta: si son "problemáticas", no se las contrata», dice Norma Safford-Vela, que fue guionista de *Roseanne* y de otras series de éxito. Por el contrario, a los hombres que se portan mal en el trabajo casi nunca les pasa nada ni reciben su merecido. Safford-Vela recuerda la ocasión en que empezaron a tirarle balones de fútbol a la cabeza en el plató; otra vez, estando en la sala con los guionistas, que, según ella, eran una especie de «pandilla de amigos», un productor la sujetó contra el suelo y exclamó, con burla: «¡Violencia contra las mujeres!».

Realizar una serie exige un don de mando similar al del general que lleva a un ejército a la batalla. «Hay que saber tomar decisiones –dice Ayanna Floyd, que fue guionista de *Sin cita previa* y *Empire* antes de crear sus propias series–. Es posible que debamos tomar diez decisiones en cuestión de minutos y, si no lo hacemos bien, podemos cargarnos la serie.»

Pero ¿qué pasa cuando la determinación de una mujer se confunde con agresividad o mala leche? Antes de crear la exitosa serie *The Middle*, DeAnn Heline y Eileen Heisler dirigían otra que les dijeron que iban a suspender. Heline llamó al presidente de la cadena para aclarar la cuestión. Heisler, que oyó la conversación, recuerda: «DeAnn no pudo mostrarse más franca y profesional. Pero luego nos dijeron que se había puesto muy chula». Algunos actores y responsables empezaron a decirles que se habían ganado fama de «problemáticas», cuando «lo único que hicimos fue defender con pasión lo que creíamos, como haría cualquier realizador que se precie». Heisler dice que, sencillamente, las mujeres no pueden permitirse actuar con la ligereza o la agresividad con las que se comporta el realizador de serie excéntrico y caprichoso: la mayoría de las realizadoras que triunfan «son muy disciplinadas y cumplen con todo porque, si eres una mujer, has de ser fiable».

Muchas de las mujeres a las que he entrevistado para este libro se preocupan mucho por el ambiente que se crea detrás de la cámara. La creadora de *Transparent*, Jill Soloway, que ha perdido muchos trabajos por su reputación de «problemática», dice que prefiere dirigir con mano blanda y confiar en la creatividad colectiva: «Reúno al personal y le digo: "Quiero que sepáis que hoy nadie se meterá en líos ni voy a echar a nadie por tomar una mala decisión. No sé lo que funcionará pero veremos qué pasa"». Tras trabajar en ambientes de mal rollo muchos años, la directora de las series *Weeds* y *Orange Is the New Black*, Jenji Kohan, dice que lo único que desea es «realizar una serie sin problemas, en la que todo el mundo haga bien su trabajo y sea amable con los demás. Y cuando terminamos, cada cual a su casa».

Aunque en este libro cuento la historia de unas pocas mujeres que se han hecho famosas por llevar a la pequeña pantalla personajes femeninos excepcionales, no debemos olvidar los logros de otras que se han abierto paso en la industria.

Tampoco quiero decir que solo las mujeres sean capaces de crear buenos personajes femeninos: prueba de ello es Joss Whedon, creador de *Buffy, cazavampiros*. No me ocupo de otra serie emblemática, *Sexo en Nueva York*, porque, aunque participaron muchas mujeres guionistas, la crearon y dirigieron hombres: Darren Star y Michael Patrick King. Merece la pena observar, con todo, que el primer gran hito de la carrera de King fue escribir para *Murphy Brown* y que Whedon empezó la suya con *Roseanne*.

Cuando empecé a escribir este libro, había más mujeres dirigiendo series de las que ha habido nunca. Este auge de la televisión femenina en el siglo XXI coincidió con un inesperado resurgimiento del feminismo.

Hasta hace no mucho las mismas mujeres habían renegado de esa palabra, que parecía un amargo vestigio de un movimiento de liberación largo tiempo superado. Pero en 2015, llamarse feminista no solo era legítimo sino que estaba de moda: una podía aficionarse a blogs de mujeres como Jezebel, Feministing y Hairpin, que ofrecían artículos de política y de cultura y testimonios personales; una podía mercantilizar su protesta comprando camisetas en las que decía «Así es una feminista» y bolsas de la compra en las que ponía «Abajo el patriarcado»; una podía ver a figuras como Beyoncé actuando en galas de premios ante rótulos gigantes que decían FEMINISMO, a Emma Watson, la estrella de *Harry Potter*, hablando de la igualdad de sexos en la ONU.

La moda del feminismo casaba perfectamente con el auge de la televisión femenina: series que plasmaban diversos aspectos de la vida de la mujer y que muchas veces trataban temas serios como el aborto, la igualdad salarial y la violencia de género. Este periodo coincidió además con las dos legislaturas del gobierno progresista de Barack Obama.

La administración de Obama defendió los derechos de la comunidad LGTB y de las mujeres. Feminista declarado, el presidente nombró a dos mujeres para la Corte Suprema y creó un Consejo de la Casa Blanca para las Mujeres y las Chicas cuyo cometido era garantizar que, en política, se diera un trato justo a la mujer. Michelle Obama renunció al papel discreto que se esperaba de una primera dama y habló con apasionada elocuencia para defender la educación de las chicas («Competid con los chicos –les dijo a las jóvenes en un acto público–. Ganadles.») Hillary Clinton se puso las pilas después del fracaso de su campaña en las elecciones primarias de 2008 y se convirtió en una secretaria de Estado enérgica y ambiciosa, así como en una de las figuras políticas más destacadas y respetadas del mundo. En todos los ámbitos de la cultura y la sociedad estadounidenses, las mujeres fueron más visibles y tuvieron más poder que en ningún otro momento de la historia.

«Los pequeños avances nos hacen más resistentes y esta resistencia no permite dar grandes saltos cuando reaccionamos con rabia», escribió Rebecca Traister en su libro *Big Girls Don't Cry*, la crónica de la campaña de 2008. Y eso ocurrió en 2016 cuando Donald Trump ganó las elecciones. Causada en gran parte por una reacción de rabia misógina –¿quién olvidará jamás la malvada frase que escupió al final del debate presidencial del 19 de octubre de 2016: «¡Qué asquerosa mujer!»?–, la elección de Trump quería ser un bofetada a la causa de la mujer (así como a la de todo tipo de minorías sexuales y de color). El cúmulo de pequeños pero importantes logros culturales de la década de 2000 –logros que series de televisión como las que celebra este libro no solo reflejaban sino que amplificaban– desencadenaron un contragolpe potentísimo.

A través de los popularísimos dramas de Shonda Rhimes, en los que había actores de todas las razas, o de la serie *Transparent* de Jill Soloway, que exploraba las complejidades de la transexualidad, la televisión estaba transmitiendo la imagen de una América posracial y sexualmente progresista; una imagen que resultó demasiado adelantada a la realidad de gran parte del país, que seguía aferrada a los valores y a las injusticias y desigualdades tradicionales. Estas series no solo creaban personajes femeninos fuertes y complejos que vivían realidades que Trump calificaría sin duda de «asquerosas», sino que algunas de sus directoras participaron en la campaña electoral de 2016 a favor de Hillary. Cuando, para documentarme sobre la parte de este libro que trata de *Murphy Brown* y *Roseanne*, estudié los conflictos culturales de finales de los ochenta, me di cuenta, casi con vértigo, de que hemos vuelto al punto de partida: a la «reacción», como Susan Faludi lo llamó entonces. La campaña para suprimir los derechos reproductivos de las mujeres y negar la discriminación positiva, la decisión de recortar el presupuesto dedicado a las artes y a las humanidades, y la intención de introducir el cristianismo en las aulas, demuestran que la llamada «mayoría moral» ha vuelto, remozada.

Murphy Brown y *Roseanne* fueron el blanco predilecto de las críticas de la derecha religiosa a principios de los años noventa; para la llamada «derecha alternativa», Lena Dunham y Amy Schumer son la viva estampa del «cáncer» del feminismo. Representan mucho de lo que horroriza a los partidarios de Trump: no solo apoyan públicamente causas como el control de armas y los derechos de los transexuales, sino que están seguras de su inteligencia y se sienten a gusto con su cuerpo, sin que al parecer les importe la opinión de los hombres. Un grupo de partidarios de Trump reunidos en un foro de Reddit titulado «the_donald» animaba a llenar Amazon con críticas negativas de las memorias de Schumer (y luego pidieron que se hiciera lo mismo con su espectáculo cómico en Netflix). El sitio web Breitbart seguía todos los movimientos de Lena Dunham con una atención obsesiva porque, como le explicó a Bill Maher el entonces editor del sitio, Milo Yiannopoulos, «Lena Dunham es del partido demócrata y esa gente está loca, es odiosa».

Madres solteras como Murphy Brown y como la Hannah Hovarth de *Girls* son las antiheroínas del estadounidense medio, la clase de mujeres que los aborrecibles aborrecen y cabrean a los votantes republicanos.

Los acontecimientos se me echaron encima mientras escribía este libro: lo que parecía una marcha imparable hacia el progreso se convirtió en uno de esos grandes zigzags que da la historia. Cuando empecé, la edad de oro de la televisión femenina parecía experimentar un avance permanente; ahora es mucho más insegura y precaria. Seguramente esta época acabará siendo otro capítulo de una larga saga de lucha cultural en la que se decidirá qué clase de país será Estados Unidos. Por eso es aún más importante la fuerza creativa con que batallan estas mujeres.

I

LOCUTORA DE ARMAS TOMAR:

MURPHY BROWN DE DIANE ENGLISH Y LA ÉPOCA DE LOS CONFLICTOS CULTURALES

La América de los ochenta estuvo marcada por los conflictos culturales. Ronald Reagan y la derecha religiosa estaban desmontando los avances sociales de los años sesenta y setenta. Antes de ser elegido en 1980, Reagan suprimió la Enmienda de Igualdad de Derechos del programa republicano y apoyó otra enmienda para ilegalizar el aborto y ciertos métodos anticonceptivos. Una vez en el poder, recortó las ayudas a la Comisión para la Igualdad de Oportunidades Laborales y demonizó a las madres negras pobres (llamadas *welfare queens*) acusándolas de percibir ayudas sociales fraudulentas. El senador Jesse Helms y el reverendo Jerry Falwell criticaban a las artistas por «indecentes». Y los ataques a las clínicas abortivas se multiplicaban.

Pese a estos intentos de acabar con los logros del feminismo, en los ochenta no dejó de haber mujeres aguerridas que irrumpieron con fuerza en el mundo laboral. Madonna y Janet Jackson se impusieron en las listas de la revista *Billboard* con sencillos de carácter feminista como «Express Yourself» y «Nasty». Geraldine Ferraro fue la primera mujer candidata a la vicepresidencia de un gran partido. Cada vez más mujeres decidían retrasar el matrimonio o quedarse solteras directamente. Una encuesta hecha por la marca de tabaco Virginia Slims en 1985 reveló que el 70 por ciento de las encuestadas pensaban que podían tener una vida plena sin casarse, y, según un estudio de la revista *Woman's Day*, solo la mitad de las mujeres casadas volverían a casarse si pudieran elegir.

Sin embargo, también empezaron a surgir estudios sociológicos que parecían poner freno a esta oleada de independencia femenina. En esos estudios se advertía que las mujeres trabajadoras se quedaban solas y no gustaban a los hombres, porque sus relojes biológicos eran como bombas de relojería; se indicaba que había «escasez de hombres» y que el divorcio amenazaba a la familia americana. La revista *Newsweek*, en un reportaje de 1986 sobre la «crisis del matrimonio», alertaba de que era más probable que una mujer soltera de cuarenta años «muriera en un ataque terrorista» que no que se casara. La columnista conservadora Mona Charen escribió en la revista *Nation Review* que el feminismo «en realidad nos ha robado una de las cosas de las que más depende la felicidad de la mayoría de las mujeres: los hombres». La versión hollywoodiense de la mujer profesional con problemas emocionales llegó en 1987 con la taquillera *Atracción fatal*, en la que Glenn Close protagonizaba a Alex Forrest, una emprendedora editora de Manhattan. Mujer aparentemente independiente y sexualmente activa, Alex se transforma en una psicópata necesitada cuando su amante casado quiere cortar la relación: «¡Tengo treinta y seis años, puede ser mi última oportunidad de tener un hijo!». Al final, la que la libra de su desgraciada condición de mujer soltera es la esposa del amante, mujer virtuosa y buena ama de casa, que (¡no sigan leyendo los que no hayan visto la película!) le pega un tiro.

La temporada televisiva de 1987-1988 supuso el punto culminante de la ola antifeminista, según afirma Susan Faludi en su libro de referencia *Reacción: la guerra no declarada contra la mujer moderna*. La asociación profesional American Women in Radio and Television decidió declarar desiertos los premios que concede anualmente a los anuncios que dan una imagen positiva de la mujer porque esa temporada no encontraron ninguno que pudiera ser candidato. Solo dos de las veintidós nuevas series que se emitieron en horario de máxima audiencia tenían por protagonista a una mujer adulta. En un artículo del *New York Times* titulado «Los tipos duros vuelven a la televisión» y dedicado a la mayor presencia de personajes masculinos en las series emitidas en horario de máxima audiencia, el creador de *Cheers*, Glenn Charles, reconocía que el malicioso protagonista de su serie, Sam Malone, «representaba a un gran número de personas que creían que lo del feminismo era una chorrada y miraban con desdén a quienes pensaban lo contrario». Esa temporada, las cadenas de televisión apostaron por un repunte del machismo, produciendo series como *Houston Knights* (sobre polis duros), *The Oldest Rookie* (sobre polis duros viejos), *The Highwayman* (sobre un poli duro del futuro) y *High Mountain Rangers* (sobre polis duros montañeros). Todas fracasaron.

Con todo, en el otoño de 1988 se estrenaron, con semanas de diferencia, dos de las comedias más rabiosamente feministas que se han emitido nunca en horas de máxima audiencia: *Murphy Brown* y *Roseanne*, que dominaron la televisión de la década siguiente, cambiaron nuestra idea de los «valores familiares» y suscitaron una controversia sin precedentes.

Murphy Brown era una mujer soltera que solo pensaba en su carrera profesional, una hosca periodista de televisión de cuarenta años «que vivía como un hombre y no se avergonzaba», como observó la creadora de la serie, Diane English. El nombre del personaje era deliberadamente masculino, como la Alex Forrest de *Atracción fatal*. English solía decir que Murphy era un «Mike Wallace con vestido». Murphy vestía trajes elegantes y holgados como si fueran armaduras *prêt-à-porter* y no perdía tiempo en cumplidos, menos aún en coqueteos o amoríos; toda su energía la consagraba a denunciar malas prácticas empresariales y escándalos políticos.

En otras palabras, Murphy representaba la clase de mujer profesional que sacaba de quicio a la derecha religiosa. Popularísima y tremendamente provocadora, era una heroína a la que se admiraba o se detestaba.

En los diez años que estuvo en antena, *Murphy Brown* inspiró multitud de artículos, editoriales y ensayos académicos sobre el espíritu feminista de la serie. Pero English y su equipo no lo tenían tan claro. «Si por feminismo entendemos querer que mis personajes femeninos, mis amigas y yo misma seamos respetadas, en todos los órdenes de la vida, entonces soy feminista. Pero la vertiente política del feminismo me interesa menos», admitía English en 1989. Y daba a entender que a su personaje no le gustaba la etiqueta. «Ella no habla de feminismo –insistía–. Ella es como es.»

Cuando era niña, Diane English no soñaba con ser una gran guionista de Hollywood. Nacida en el seno de una familia católica de la clase obrera de Buffalo, Nueva York, no parecía tener muchas opciones. Su padre trabajaba en la central eléctrica de la ciudad; su madre era ama de casa. En clase, English escribía cuentos y obras de teatro para escapar de las dificultades de su vida, entre ellos la afición de su padre a la bebida. «Yo formaba parte del grupo de los marginados de la clase –declaró a *Los Angeles Times* en 1992–. Éramos los desgarbados, los gorditos, los que llevaban gafas de cristales gruesos y aparatos dentales... Los fines de semana nos reuníamos en casa de uno o de otro y escuchábamos viejos discos de Elaine May y Mike Nichols y luego hacíamos nuestros pinitos con el magnetófono. Escribíamos cancioncillas y las cantábamos.» En el instituto de bachillerato de Buffalo conoció a Warren Enters, cofundador del Cherry Lane Theather de Nueva York, que en ese momento estaba contribuyendo a crear el departamento de dramaturgia del instituto; Enters fue un mentor para ella y la animó a escribir teatro. En 1971 vendió su Volkswagen Beetle rojo por quinientos dólares y cambió su vida miserable en Buffalo por otra vida miserable en Manhattan.

«Yo quería ser Neil Simon en mujer –recuerda English ahora, sentada en su despacho de Sherman Oaks, con una elegante blusa a rayas finas y una melenita de un rubio ceniza–. Pero no conocía a nadie en Nueva York y no tenía un duro.» Para entonces ya sabía qué quería: vivir en el barrio rico de Upper East Side y no en el centro barato y bohemio. «Los primeros nueve meses que viví en Nueva York me los pasé sin teléfono porque no podía permitírmelo –dice, riendo–. Pero, eso sí, quería vivir en Upper East Side.»

English entró a trabajar en la cadena de televisión pública WNET para ganarse la vida, pero aquello se la cambió: allí conoció a Joel Shukovsky, un joven diseñador gráfico de Long Island que le llamó la atención por la manera peculiar de vestir que tenía: pantalones de pana parda, grandes gafas de aviador y zuecos de charol negros. Enseguida se volvieron pareja y socios.

Un día le pidieron que hiciera sugerencias sobre el guion de una adaptación para el canal público PBS de la novela de Ursula Le Guin *La rueda celeste*; English hizo más que eso y prácticamente reescribió el guion. La película fue un éxito de crítica y obtuvo una nominación a los premios WGA, otorgados a los mejores guiones cinematográficos. «

Cuando la película se estrenó, empezaron a llamarme los agentes y a decirme que me fuera a vivir a Los Ángeles, donde estaba el trabajo.» Aunque ella dudaba si dejar Manhattan, Shukovsky, que había recibido algunas clases de producción en la New School, «tenía la disparatada idea de que nos fuéramos a Los Ángeles, montáramos una productora y empezáramos a hacer series de televisión. Nadie creía que pudiéramos, pero nosotros éramos demasiado tontos para darnos cuenta, así que allá nos fuimos y lo conseguimos», dice English con una sonrisa irónica. Y añade que Shukovsky fue el cerebro del proyecto y ella «la currante».

English escribió nueve guiones de telefilmes en tres años, la mayoría de los cuales no se rodaron. A continuación le ofrecieron crear una tele comedia para la CBS acerca de una fiscal del distrito de Nueva York. Ella quería escribir cosas más serias, pero, para Shukovsky, las series eran el primer paso que había que dar si querían construir un imperio en Hollywood. El guion de *Foley Square* empezó a rodarse enseguida con Margaret Colin en el papel de Alex –aquí tenemos otra vez este nombre sexualmente neutro–, una ayudante del fiscal del distrito joven y ambiciosa que quería impresionar a su jefe, un hombre maduro. Como English era novata, su trabajo –como el de la protagonista de la serie– lo supervisaban profesionales veteranos. Los realizadores de serie Bernie Orenstein y Saul Turteltaub sabían lo que era una telecomedia sobre mujeres solteras, porque, décadas antes, habían trabajado en *Esa chica*. La cadena esperaba atraer a las espectadoras jóvenes e independientes emitiendo la serie después de *Mary*, comedia estrenada en 1985 que suponía la vuelta al horario de máxima audiencia de Mary Tyler Moore después del último episodio de *La chica de la tele*. «Lo malo fue que todo el mundo decía que Margaret Colin era la nueva Mary Tyler Moore», dice English. Ninguna de las dos series llegó a la segunda temporada, pero a English no tardaron en ofrecerle su primer trabajo como realizadora en solitario. La CBS la contrató para realizar *My Sister Sam*, una serie de breve duración que sirvió para lanzar al estrellato a la Pam Dawber de *Mork and Mindy*.

Shukovsky esperó pacientemente el momento de probar sus dotes de magnate con una serie original que crearan ellos. Sabía que English «quería hacer algo sobre una mujer transgresora basada en parte en su persona, para bien y para mal». La idea de *Murphy Brown* «me vino a la mente perfectamente formada» un día yendo en coche al trabajo, recuerda English. «Me imaginé a todos los personajes y cómo sería la primera temporada.»

En 1987, la CBS era la tercera cadena más popular... de las tres que había. La que fuera conocida como la «cadena Tiffany» por la calidad de su programación apenas se sostenía en horario de máxima audiencia gracias a *Designing Women* y *Newhart*. En una imponente sala revestida de madera y ante un montón de responsables, English expuso su idea de una telecomedia acerca de una periodista de televisión soltera y de mediana edad que volvía al trabajo después de pasar una temporada en una clínica de desintoxicación.

Los responsables se mostraron interesados. Solo le pidieron algunos cambios.

«¿Podía ser un spa, donde habría ido a desestresarse del trabajo, en lugar de una clínica de desintoxicación? –recuerda English que le preguntaron, y añade, en tono sarcástico–: ¿Y por qué no treinteañera en lugar de cuarentona? –English se negó–: ¿Por qué no me dejáis escribir el guion tal y como yo lo veo y luego, cuando esté acabado, si creéis que nadie podrá identificarse con el personaje...?», y deja la frase en suspenso.

«Lo que temían es que nadie se identificara con aquella mujer. La expresión que más repetían era que "no gustaría" –dice con irritación, agitando la mano como si quisiera ahuyentar un bicho–. Era lo que decían muchas veces de los personajes femeninos; en cambio los hombres no tenían que "gustar".»

English escribió el guion del episodio piloto exactamente como lo había concebido. Lo acabó un domingo por la noche, y al día siguiente, lunes, 7 de marzo de 1988, el Sindicato de Guionistas se declaró en huelga. Eso significaba que el guion no podía revisarse. Los responsables de la CBS se vieron entre la espada y la pared: o aceptaban la Murphy de mediana edad y exalcohólica o renunciaban a la serie. Como temían que la huelga se prolongara mucho (duró cinco meses), decidieron rodar el guion casi exactamente como estaba escrito. Casi todas las series de televisión son el producto de muchas transacciones, cuyas aristas lima una legión de responsables que no paran de dar instrucciones. La huelga de guionistas permitió que la versión de English se emitiera con todas sus aristas, y el pasado alcohólico de la protagonista, intactos.

El papel protagonista lo había escrito pensando en JoBeth Williams, la estrella de *Reencuentro*, pero la actriz acababa de tener un hijo y no quería comprometerse con una teleserie semanal. La cadena propuso entonces a Heather Locklear, la guapa veinteañera de *Dinastía*, pero English estaba convencida de que Candice Bergen era perfecta para Murphy. Hija del viejo Hollywood, Bergen tenía cuarenta y dos años y era una estrella de cine con fama de culta, que además estaba casada con el cineasta francés Louis Malle. Transmitía una especie de calma fría típica de la clase blanca protestante anglosajona en películas como *The Group* (en el papel de una sofisticada lesbiana en una universidad femenina) y *The End of the World*, una película de Lina Wertmuller en la que interpretaba a una fotógrafa feminista. Pero eso no significaba que no supiera ser divertida: había sido nominada a un Oscar por el papel de exmujer de Burt Reynolds en la comedia de 1979 *Starting Over* y fue la primera artista invitada del programa *Saturday Night Live*.

Bergen consideró que *Murphy Brown* era una oportunidad para ahondar en su «yo más descocado». Leyó el guion del episodio piloto en un avión y, viendo en el papel una especie de reto, inmediatamente llamó a su agente. Cuando English y Bergen se conocieron en Nueva York, enseguida hubo un profundo entendimiento entre actriz y realizadora, no solo en lo que al guion se refería sino también en el plano personal. Las dos mujeres nacieron con nueve días de diferencia y, como ha dicho English, «las dos habíamos sufrido traumas emocionales parecidos». Pronto descubrieron que gastaban el mismo pintalabios y el mismo perfume. En sus memorias, *A Fine Romance*, Bergen dice que English era «una mujer muy anglosajona, despierta, segura de sí misma», descripción que podemos perfectamente aplicarle también a ella.

Convencida de que había encontrado a su Murphy, English invitó a Bergen a Los Ángeles para que conociera a los responsables de la cadena. Tendría que haber sido llegar y besar el santo –era una estupenda estrella de cine que se dignaba actuar en una humilde teleserie–, pero el jefe de la CBS, Kim LeMasters, no se fiaba del criterio de English. Pidió que la actriz hiciera una prueba. Barnet Kellman, el eminente director de teatro y televisión que había de contribuir a crear la imagen y el tono de *Murphy Brown*, ensayó rápidamente unas escenas con Bergen, que había entrado en pánico. La cosa no hizo sino empeorar cuando llegaron al estudio; LeMasters los tuvo esperando tres cuartos de hora. «Cuando uno empieza a pensar demasiado, malo», dice English, recordando la creciente angustia que se había apoderado de Bergen.

Por fin LeMasters los invitó a entrar en su despacho y, haciendo un aparatoso gesto, cerró las cortinas de la estancia con un mando a distancia. Bergen tuvo la impresión de que era una «sala de interrogatorios». Estaba tan nerviosa que la prueba le salió pésima y el autoritario presidente de la cadena la descartó fulminantemente.

Y entonces English hizo una cosa que califica de «temeraria o estúpida»: exigió que LeMasters reconsiderara su decisión. Dice Kellman: «Yo nunca había visto a un productor que no enmudeciera al instante cuando el presidente de la cadena hablaba. Pero Diane dijo: "Vamos a hablar de esto ahora mismo, no cuando tú quieras. Vas a tratar el asunto conmigo ahora, mientras Candice Bergen espera en la entrada". Era tremendo. Eso es tener fuerza interior. Sabía lo que quería, creía saber lo que valía. Creía en su trabajo».

Para gran sorpresa de todos, LeMasters se fio del instinto de English y salió él mismo a darle la buena nueva a Bergen. Después, la recién nombrada Murphy Brown llevó a English a un restaurante cercano y pidió una ronda de bebidas fuertes. «La miraba a la cara –cuenta English– y me decía: "¿Qué he hecho?"»

Bergen se relajó cuando conoció al resto del reparto en una cena de bienvenida que dieron English y Shukovsky en su casa de Malibú. La mayoría de los actores que interpretarían a los colegas de Murphy en FYI, el informativo de ficción, eran desconocidos. La exmodelo Faith Ford era casi tan novata como su personaje Corky Sherwood, una ex Miss América que debía encarnar la tendencia a la simplificación que entonces regía en los telediarios. A Bergen le encantó el candor sureño de la actriz: «La llamaba la Reina de los Pantanos –escribió Bergen en sus memorias–. Nos contaba las expediciones que hacían sus padres a los pantanos para cazar caimanes. Una la miraba y se quedaba pasmada: ¿cómo podía una persona como ella vivir en Burbank, Los Ángeles?».

Grant Shaud tenía veintisiete años y poca experiencia cuando acudió desde Nueva York a hacer la audición, solo una semana antes de que empezara a rodarse el episodio piloto; cuando consiguió el papel de Miles Silverberg, el presumido productor de FYI, tuvo que correr a comprarse ropa porque no traía equipaje. A Robert Pastorelli, un actor de reparto acostumbrado a interpretar a personajes rudos en teatro y televisión, le tocó el papel de Eldin Bernecky, el excéntrico pintor de brocha gorda, mentor no oficial y al final niñero de Murphy. Los papeles del comprensivo periodista Frank Fontana y del veterano reportero Jim Dial recayeron en actores más curtidos: Joe Regalbuto, de la telenovela *Knots Landing*, y el actor teatral Charles Kimbrough, protagonista de varias producciones de Sondheim para Broadway.

Por culpa de la huelga de guionistas, hubo que hacer la preproducción en tres semanas en lugar de los cinco meses habituales. «Va a ser tremendo –le dijo Shukovsky a un periodista–. Pero estamos decididos a que la calidad no se vea perjudicada; la que se verá perjudicada será nuestra vida privada, ¡como que no tendremos!»

Normalmente, los guiones televisivos se reescriben muchas veces, en ocasiones hasta el último segundo. La huelga impidió esta posibilidad. Pero Kellman, que era sobre todo un director de teatro, consideró aquello más una oportunidad que un inconveniente. «Les dije a los actores: quiero que ensayemos como si estuviéramos representando a Shakespeare. El dramaturgo ha muerto y de nosotros depende que la cosa funcione. Somos como detectives que hemos de resolver este enigma». Kellman infundió en los guiones una energía vertiginosa, porque quería evocar el caos trepidante de una redacción real.

«Necesitábamos personas que supieran hablar y amaran el lenguaje –dice Kellman–. La acción era rápida, sobre todo comparada con lo que se hacía entonces.» Tanto él como English se inspiraban en la obra de teatro de Ben Hecht *The Front Page* y en la película *Al filo de la noticia*, que transmitían «el fanatismo de salir a antena».

Luego estaba FYI, el informativo que era el corazón de la serie. «Quería que fuera muy real», dice Kellman, sentado en su despacho, donde tiene un cojín con las siglas FYI bordadas, el único recuerdo que conserva del rodaje. Según Bergen, Kellman supo crear un ambiente de grandes prisas y actividad frenética. La serie se rodó con público en los estudios Warner Brothers, en el mismo plató en el que se rodaron *Alma en suplicio* y *Ha nacido una estrella*.

English pedía a los actores que se atuvieran literalmente al guion: la improvisación no estaba permitida. Bergen tenía que aprenderse largos parlamentos y a veces acababa llorando; en una ocasión se hizo una chuleta y la metió en una taza... pero al final se olvidó y la llenó de café.

English dice que se tomó la realización de *Murphy Brown* como si fuera una «catastrofista», o sea, una persona capaz de prever y evitar los desastres. «Yo miro al futuro, veo lo que puede ocurrir y me adelanto antes de que ocurra. Soy de ascendente Virgo –explica con una sonrisilla–. Todas mis neurosis convergen positivamente en este trabajo.»

Aunque fue la primera vez que English trabajaba en solitario como productora ejecutiva, sus excolegas dicen que era una productora nata. Korby Siamis, que había trabajado en *Foley Square* y *My Sister Sam* antes de ser la mano derecha de English en *Murphy Brown*, afirma incluso que el método de trabajo de Diane English podría considerarse modélico: «Era organizada. Tenía una idea clara y luchaba por ella. Parecía todo muy democrático y que todos contribuían, pero a la hora de la verdad se hacía lo que ella quería».

Como ejemplo de esto, Siamis recuerda una de las primeras reuniones con responsables de la cadena CBS, en la que English les expuso el argumento de la serie. En un episodio se revelaba que Murphy había estado casada seis días. El presidente de la cadena quería que lo cambiaran para que fueran al menos seis meses o un año. «Volvimos al despacho y Diane les dijo: "No, seis días" –cuenta Siamis con una risilla–. La cosa no volvió a discutirse.»

Por firme que fuera a la hora de proteger su idea de la intromisión de sus superiores, nadie recuerda que perdiera nunca los nervios durante un rodaje. Esto no quiere decir que no hubiera problemas, como la vez que Robert Pastorelli (que acabaría muriendo por sobredosis de heroína) se presentó a una lectura borracho. «Bobby tenía problemas –dice Kellman con tristeza–. Respetaba mucho a Diane, pero cuando íbamos a rodar el tercer episodio y vino a la lectura, vimos que algo pasaba. Nos mirábamos unos a otros intentando pasar por alto lo evidente, y es que había tomado alguna sustancia.» English se había criado con un padre alcohólico. Kellman cuenta que acabada la lectura English se llevó aparte a Pastorelli y le dijo que como volviera a presentarse borracho lo despediría. «El chaval le caía muy bien, pero no lo dudó, no temió decírselo y no levantó la voz. Hizo lo que todos los demás temíamos hacer.»

Es fácil ver en Murphy un trasunto aumentado de su creadora: ambiciosísima, de una elegancia natural. Pero mientras que English trabajaba en silencio y con delicadeza para conseguir lo que quería, Murphy era desagradable y ruidosa. Eso era más divertido… y algo que no se había visto en televisión. En los años setenta, la sencillez y llaneza de Maude y la valentía de Mary Richards habían tenido frescura. Estaba también la gracia sureña de las mujeres de *Designing Women*, una comedia que se emitía junto con *Murphy* para competir con el *Monday Night Football* de la cadena ABC. Pero el personaje de Murphy iba un paso más allá. Era una tempestad humana, un torbellino vertiginoso que surcaba la televisión en horario de máxima audiencia.

A lo largo de la serie hay frecuentes alusiones a los amoríos con hombres famosos y a las tremendas borracheras que la protagonista se pillaba antes de desintoxicarse. En una ocasión la echaron de la Casa Blanca y en otra la metieron en la cárcel por no revelar una fuente. Despide a una nueva secretaria en cada episodio porque ninguna da la talla. No para de burlarse de la derecha religiosa ni de poner verdes a los misóginos (como, en uno de los episodios, al personaje del cómico basado en Andrew Dice Clay). Murphy quiere trabajar –y actuar– tan duramente como los hombres que la rodean, o más. En uno de los primeros episodios, «Soul Man», se entera de que Jim Dial, ese locutor estirado de la vieja escuela, ha invitado a unos colegas a una ceremonia que se celebra en su club exclusivamente masculino. «Y yo no puedo ir por una sola razón –dice, muy enojada–, una razón muy pequeñita –añade, separando un centímetro los dedos–: el cromosoma Y.» Furiosísima, al final consigue acceder porque descubre una serie de secretos escandalosos que afectan a los miembros de la directiva. Y a continuación la vemos entrando en aquel sanctasanctórum masculino vestida con chaqueta de pata de gallo y corbata de seda marrón, sonriendo astutamente.

Murphy parece una feminista y se comporta como una feminista, pero los guionistas que escribieron el episodio de «Soul Man», Tom Seeley y Norman Gunzenhauser, insistieron entonces en que no quisieron adoptar ningún punto de vista político. «No lo escribimos para dar una opinión. Teníamos a un tía cabezota empeñada en entrar en aquel club de tíos y nos parecía una situación estupenda.»

La historia de Murphy Brown gustaba a muchos espectadores porque veían a una mujer valiente que tenía que vérselas con las mil humillaciones y concesiones que caracterizaban cualquier lugar de trabajo en los años ochenta. «Tenía la impresión de que escribía sobre mujeres a las que conocía, sobre mí misma, sobre Candice –dice English ahora, sentada a su mesa–. No creo que Murphy fuera una radical, pero sí una persona que buscaba algo. Este tipo de personajes no existía en la televisión, menos aún en la comedia. Murphy vivía su vida sin remordimientos, sin sentirse culpable, sin un hombre que la ayudara a salir de un apuro. Era la mujer que todas queríamos ser.»

Candice Bergen empezó a identificarse tanto con su personaje que incluso su marido, el cineasta Louis Malle, notó cambios, por ejemplo en su manera de conducir, que, según él, pasó a ser temeraria. «Empecé a ver que mi marido se agarraba del asa y afirmaba los pies cuando yo conducía –declaró al *Washington Post* en 1989–. Yo le decía que siempre había conducido así, pero él me respondía: "¿Qué te pasa? Conduces como una loca. Ese personaje está poseyéndote".»

Aunque *Murphy Brown* no fue un éxito inmediato –rondó el puesto 36 de la lista de las mejores series esa temporada–, a los críticos les encantaba. Howard Rosenberg, de *Los Angeles Times*, dijo que el personaje de Bergen era «tiránico pero también vulnerable». En cambio, Bill Zehme, de *Rolling Stone*, destacaba el fuerte carácter de Murphy y decía que era «una sargenta que franquea las puertas pisando fuerte, hace estremecer los goznes y va soltando ocurrencias allí donde va». Los críticos y comentaristas observaban a menudo el largo camino recorrido desde *La chica de la tele*.

Y, sin embargo, Murphy no distaba tanto de Mary Richards, generacionalmente hablando: sabemos que Murphy entró a trabajar en FYI el mismo año que Mary dejó el canal WJM: 1977. El equipo de English se vio muy influido por esa serie; por ejemplo, Korby Siamis aprendió a escribir guiones viendo y analizando episodios de *La chica de la tele*. Los guionistas de *Murphy Brown* llegaron a colgar de la pared un letrero que decía: «Eso ya lo hicieron en *La chica de la tele*», que les recordaba que no debían copiar las queridas tramas de aquella serie, protagonizada también por una periodista soltera.

Para English, Murphy formaba parte de un continuum: «Formaba parte de una cadena que empezaba con la Marlo Thomas de *Esa chica*, continuaba con *La chica de la tele* y seguía con nuestra serie, que era el último eslabón». Cada serie hacía avanzar la imagen de la mujer emancipada tan lejos como podía hacerlo dentro de los límites de la industria del espectáculo, algo que vemos parodiado en el episodio de la segunda temporada titulado «TV or Not TV», cuya primera secuencia nos presenta a una patosa Murphy bailoteando al compás de un empalagoso tema del estilo de los de *Esa chica*, que dice: «¿Quién es esa chica? Seguro que la conoces, es muy vivaracha... ¡Es Murphy, Murphy, Murphy Brown!» (La parodia sería recordada diecisiete años después en los minutos iniciales del episodio piloto de la serie *Rockefeller Plaza*, una desconcertante escena en la que vemos a Liz Lemon bailando por las calles de Manhattan al son de una animada canción que dice: «¡Es ella, es ella!».)

En cuanto a la propia English, Kellman dice: «Es como si, en el curso de los primeros años, se hubiera fundido con Murphy y Murphy con ella. Diane se sentía identificada íntimamente con su personaje. Todos los problemas, todos los asuntos de Murphy preocupaban hondamente a Diane.» Y observa que English adoraba a los hombres («Era sin duda heteronormativa, como diría mi hija, que estudia en la Universidad Vassar»), sin dejar de tener una mentalidad feminista. «Pensaba que había trabajo que hacer para sí misma y para las mujeres, pero no daba la impresión de creer que los hombres la oprimieran. Así era el mundo y había que cambiarlo. «Pero –añade Kellman–, Diane no quería privar a Murphy de ciertos puntos débiles propios de las mujeres. Su céntrica casa es un ejemplo. Lo tenía todo, bonitos muebles y demás, pero le faltaba una cosa: un hombre en casa –dice con una sonrisa–. Ese era el asunto: que no es fácil tenerlo todo.»

La expresión «tenerlo todo» se incorporó al vocabulario de la mujer estadounidense hacia 1982, gracias a esa gurú de la soltería promiscua que fue Helen Gurley Brown y su libro de autoayuda *Having It All: Love, Success, Sex, Money... Even If You're Starting With Nothing*. Una expresión que al principio parecía utópica se convirtió pronto en una especie de porra con la que machacar a las mujeres que no podían conciliar debidamente la vida laboral y la vida familiar (sobre todo sin ayuda de los hombres). No lo hacían bien, por ejemplo, las mujeres solteras que trabajaban, las madres amas de casa ni las madres que trabajaban. Como dijo Patricia Ireland, que fue presidenta de la Organizacion Nacional de Mujeres, tenerlo todo «acabó tomando el sentido de estar abrumada, como dice esa camiseta de la tienda de la organización en la que pone: "Soy mujer, soy invencible y no puedo más"».

Artículos, libros e informativos reales parecidos al de la serie se hacían eco una y otra vez de esta idea de que la ambición tiene para la mujer un coste altísimo. Esta angustia es la que planeaba sobre Murphy, que, al principio de la serie, lucha por hallar un equilibrio prescindiendo del alcohol. El episodio piloto, «Respect» –que le valió un Emmy a Diane English– arranca con la canción del mismo título de Aretha Franklin mientras la cámara nos muestra una serie de portadas de revistas que cuelgan enmarcadas del despacho de Murphy. «¡Haz sitio, Mike Wallace!», dice *Time*. *Newsweek* presenta una imagen de Murphy y Ronald Reagan bajo el titular «Cara a cara con el presidente», y en *Esquire* –como muestra del miedo subliminal que inspiran las mujeres poderosas– aparece una imagen sexi de Bergen acompañada de la pregunta: «¿Quién es bastante hombre para esta mujer?».

De regreso al trabajo después de un mes pasado desintoxicándose, Murphy vuelve a la carga con una entrevista en directo a Bobby Powell, un joven apuesto que al parecer tiene una aventura con una mujer casada que es candidata a vicepresidenta de Estados Unidos, una variación inversa del entonces reciente escándalo de Gary Hart y Donna Rice. Después del trabajo, Murphy vuelve a su vacía y lujosa casa de Georgetown, donde se quita los zapatos de tacón y se pone a cantar a voz en cuello una desafinada versión de otro tema de Aretha Franklin, que es el que cierra el episodio: «Natural Woman». En el mundo de *Murphy Brown*, querer ser respetada no tiene por qué ser incompatible con desear ser una «mujer natural».

Volvemos a oír el mismo tema dos temporadas después, a modo de resumen o conclusión, en uno de los episodios más controvertidos: aquel en el que Murphy da a luz.

El fantasma de la maternidad persigue muy a menudo a las profesionales solteras de la televisión e inspira a personajes como Murphy Brown (y después a la Liz Lemon de *Rockefeller Plaza* y a la Hannah Horvath de *Girls*) una mezcla de deseo, pánico y vergüenza. Como mecanismo narrativo, es perfecto: al igual que las mujeres reales que disponen de medios y pueden decidir sobre su vida, los personajes femeninos en edad fértil tienen que elegir entre dedicarse a trabajar, a criar a los hijos o a ambas cosas. Se ven obligadas a plantearse el alcance de su ambición y los compromisos que esa ambición requiere. Pensar en la maternidad las hace también dudar de la capacidad que tienen de criar hijos y les despierta sentimientos encontrados respecto de su propia madre (que, en el caso de Murphy, es una figura fría y aristocrática interpretada por Colleen Dewhurts).

Murphy Brown empezaba a tocar el tema de la maternidad muy pronto, curiosamente. En el sexto episodio, titulado «Baby Love», una amiga embarazada apremia a Murphy para que tenga también un hijo: «No te pierdas la experiencia o te arrepentirás toda la vida». Al final del episodio, vemos a Murphy con una bufanda y unas gafas oscuras visitando un banco de semen y preguntándole a su mejor amigo y colega Frank si querría donar su semen. (Frank siente su propio pánico existencial cuando descubre que sus espermatozoides son lentos.)

Como la película de 1987 *Quién llamó a la cigüeña*, en la que Diane Keaton interpreta a una enérgica ejecutiva que de pronto hereda un bebé, en *Murphy Brown* nos reímos viendo también perdidísima a la protagonista: en el episodio «Brown Like Me», Murphy se queda sola con el hijo bebé de su padre. Como el pequeño llora inconsolablemente, Murphy –que se ha vestido de terciopelo negro para asistir a una gala de premios en la que será galardonada– lo amonesta: «¡Os conozco! ¿Creéis que con solo chasquear los dedos acudiremos corriendo? Pues que sepas, nene, que eso se ha acabado. ¿No sabes quién es Gloria Steinem? ¿Te suena el nombre de Betty Friedan?». Claro está que a los pocos minutos está arrullándolo como si fuera una... «mujer natural», precisamente.

La idea de que Murphy se quedara embarazada llevaba insinuándose desde el principio de la serie. Bergen estaba encantada de ser madre de su hija Chloe y, como declaró a *Los Angeles Times*, «me parecía muy triste que Murphy no tuviera un hijo... Ser una profesional cuarentona que no tiene amigos, pareja ni hijos no me parece que sea muy chistoso». La misma English no tenía hijos, pero pensó que a Murphy le sentaría bien un reto nuevo y difícil. Algunos de los guionistas temieron que aquello acabara con la serie, pero English no les hizo caso. «Siempre pensé que Murphy podía tener un hijo y ser una madre muy irreverente.»

English recuerda la visita que le hizo en su despacho de Nueva York a una amiga y editora de una revista que acababa de tener un hijo. «Abrió un cajón en el que había preparado un lecho para el bebé y lo metió dentro –dice English–. Pensé: eso es lo que haría Murphy. ¡Sería genial! Llevarse al bebé al trabajo cuando se supone que una mujer no debe hacer eso.»

Para entonces, *Murphy Brown* tenía en su haber un par de temporadas de éxito y siete Emmys, incluidos los de mejor serie cómica y mejor actriz. (En total consiguió 18 estatuillas y 62 nominaciones.) Aunque al principio los directivos de la cadena habían intentado suavizar el personaje de Murphy, al final dejaron que la serie fuera por donde quisiera. La creadora de *Cagney & Lacey*, Barbara Corday, a la sazón directiva de la CBS, dice: «Todas las semanas llamaba a Diane por la mañana, cuando empezaba el rodaje, y le decía: "¡Excelente serie, gracias!". No recuerdo haberle dado una sola nota con instrucciones». Había, pues, pocos motivos para oponerse a que Murphy se quedara embarazada.

«Ni en un millón de años se me habría ocurrido pensar que el hecho de que una mujer de cuarenta y dos años se acostara una noche con su exmarido, se quedara embarazada y decidiera tener el hijo fuera algo controvertido», dice English enfáticamente.

Los criterios morales de la CBS se habían relajado notablemente desde la época de *La chica de la tele*, cuando la cadena insistía en que los espectadores nunca aceptarían a una divorciada por protagonista. Y había precedentes más recientes: las heroínas de *Luz de luna* (*Moonlighting*) y de *The Days and Nights of Molly Dodd* se quedaron encintas sin estar casadas con el padre de la criatura. Y solo en 1990 nacieron un millón doscientos mil niños de mujeres estadounidenses solteras. Aun así, los guionistas tomaron algunas precauciones: decidieron que el hijo fuera resultado de una noche de sexo con el marido de Murphy, durante una breve reconciliación. La pareja incluso se hizo un análisis de sangre para cerciorarse de que ninguno de los dos tenía sida, enfermedad que estaba en el candelero por entonces.

Y así fue como, en el último episodio de la tercera temporada, titulado «Uh Oh», una desaliñada Murphy iba al cuarto de baño y veía con horror que un palito de plástico se volvía azul.

El episodio de mayo de 1991 fue el mejor de esa semana y la prensa informaba de que «no había ni asomo» de controversia.

Las cuotas de pantalla siguieron siendo altas durante la reposición que se hizo en verano y los aficionados se preguntaban si la protagonista optaría por ser madre o por abortar. «No es una decisión fácil para ella –le dijo English a un reportero–. Las dos posturas merecen serias consideraciones, la del derecho a la vida y la del derecho a elegir. No es algo que podamos sortear. Y estamos preparados para encajar cualquier crítica.»

En una situación cuya gravedad se ve atemperada por el humor, Murphy se imagina cómo sería incluir a un bebé en la vida de una periodista: «¿Qué voy a decir: "Perdone, señor presidente, ¿no podría hablar un poco más alto? Es que el sacaleches me impide oírle bien"?», se pregunta angustiada. Por su parte, Miles, su jefe, teme los ataques del intolerante reverendo Donald Wildmon (que era conocido por criticar las series de televisión que él considera inmorales). «¿Cuántas protagonistas solteras y embarazadas has visto en la televisión en horario de máxima audiencia? –se escandaliza–. ¡Ninguna! ¡Cero!». El director de informativos de la ficción aún se pone más nervioso: «Brownie –dice en tono bronco–, soy responsable de un departamento que mueve muchos millones de dólares y que no prospera precisamente por asumir riesgos. No tengo más remedio que sacarte de antena». (Al final cambia de opinión.)

Esta escena se inspiraba en un caso real: el del productor ejecutivo del programa *60 Minutes*, Don Hewitt –consejero de *Murphy Brown*–, que se negó a aceptar que la corresponsal Meredith Vieira trabajara a tiempo parcial después de tener dos hijos uno detrás de otro. La cuestión de cómo podía una periodista conciliar un trabajo tan exigente con la vida familiar estaba cada vez más de actualidad: el año anterior, Connie Chung, una de las locutoras informativas más conocidas, anunció que dejaba su trabajo porque quería tener un hijo.

Cuando la serie volvió a emitirse en otoño, los espectadores estaban en vilo por ver lo que haría Murphy. La CBS reconocía que la cadena había perdido algunos anunciantes y que la derecha religiosa había mostrado su oposición a la serie. El boletín del conservador Media Research Center criticaba la «retórica proabortista» del primer episodio de la temporada: «Murphy y sus colegas hacen quince alusiones a la "decisión" que tiene que tomar. Todos los argumentos relativos a esa decisión se refieren a las consecuencias que un hijo tendría en la carrera de Murphy y a la calidad de vida de ese hijo, y pasan por alto el derecho a la vida de este».

A los fans les preocupaban otras cosas: escribían y llamaban a los productores para manifestarles su temor de que su guerrera favorita fuera domesticada. A Murphy le preocupaba lo mismo. En el episodio de la fiesta en la que celebran el inminente nacimiento del niño –en el que actúan presentadores de informativos reales como Katie Couric y que escribió el guionista Michael Patrick King, conocido después por *Sexo en Nueva York*–, Murphy se horroriza al oír hablar a sus colegas de cambiar pañales en los servicios de los aviones y de tener que conversar sobre bebés con los compañeros de trabajo. La locutora de la NBC Mary Alice Williams dice, en broma: «Una vez le pregunté al periodista Garrick Utley si tenía que hacer caca».

Unas dos terceras partes de los espectadores de televisión estadounidenses –una enorme proporción incluso para lo que era normal en 1992– vieron el final de la cuarta temporada, en la que Murphy Brown da a luz. De interrogar al promotor de una empresa tabaquera sobre pleitos de responsabilidad civil pasa a verse en un hospital con un recién nacido en brazos y sintiéndose horrorizada ante su naturaleza animal. «¡Mi cuerpo está produciendo leche! –exclama, entre espantada y maravillada–. ¡Es como si un día descubriéramos que podemos sacar beicon del codo!» Korby Siamis, madre desde hacía poco, que escribió el episodio, «Birth 101», dice: «No habría podido escribir esa frase si no hubiera pasado por lo mismo». Al final del episodio vemos que Murphy intenta torpemente congraciarse con su bebé y le canta «Natural Woman», feliz alusión a la escena final del episodio piloto de la serie.

Bergen ha dicho que lo de cantarle al hijo fue idea suya: «Quería cantar de nuevo, pero esta vez sinceramente». La idea de que solo el tener un hijo convertía a Murphy en una «mujer natural» ofendió a algunas feministas, como no podía ser menos. Siamis recuerda su sorpresa al saber que hubo mujeres que se sintieron decepcionadas o que creyeron que la serie juzgaba a las que no tenían hijos. «Yo nunca he escrito pensando: "Ahora voy a dirigirme a este o a aquel segmento de la población". Era un personaje de ficción. No queríamos cambiar el mundo».

Pero que hubiera mujeres solteras y emancipadas a las que enfadaran los instintos maternos de Murphy resultó ser el menor de los problemas con los que se encontró la serie.

El 18 de mayo de 1992, English cumplía cuarenta y cuatro años y esa tarde se fue a dar un paseo a caballo para celebrarlo. Acababa de emitirse el último episodio de la cuarta temporada de *Murphy Brown*; iba a ser su último episodio como realizadora. Ella y Joel habían decidido dejar la serie en manos de los guionistas porque querían trabajar en otros proyectos y construir su imperio televisivo.

«Fui a montar pensando en lo fantásticos que habían sido aquellos cuatro años», dice.

Al día siguiente su despacho se hallaba sumido en el caos. Dan Quayle, vicepresidente del gobierno, que hacía campaña en la Costa Oeste a favor de la reelección de George H. Bush, pronunció un discurso con la intención de enardecer a las bases republicanas. Acababan de producirse los famosos disturbios de Los Ángeles y Quayle atribuyó la violencia a la quiebra de los «valores familiares» en los barrios menos favorecidos de las ciudades. Además de a las madres solteras pobres de raza negra, a las que acusaba de parir con «salvaje anarquía», Quayle culpaba a Murphy Brown, madre soltera, por «no dar importancia a la figura del padre, tener un hijo sola y decir que era una decisión como cualquier otra».

De pronto, Murphy Brown pasó a ser algo más que un personaje de televisión; se vio siendo el eje de la campaña presidencial y de los conflictos culturales.

En medio del creciente interés mediático y del público por el caso, English rehusó las invitaciones a ser entrevistada por Dan Rather en el telediario vespertino de la CBS y a impugnar a Quayle en *60 Minutes. The New York Times Daily News* titulaba en la portada: «Quayle llama golfa a Murphy Brown». Johnny Carson, que estaba a punto de jubilarse, afirmaba con sorna en su monólogo de *Tonight Show* que por fin había decidido lo que haría en su nueva etapa profesional: «Voy a meterme a actor para interpretar al padre adoptivo del hijo de Murphy Brown». La portada del *New York Times* en la que se ve una foto de Murphy con su hijo sigue colgando en lugar destacado de la pared del despacho de English.

En sus primeras noticias del escándalo, *Los Angeles Times* observaba: «Enterado de las declaraciones de Quayle, un veterano responsable de campaña de Bush se limita a decir: "¡Ay, Dios!"». El partido del gobernador Bill Clinton enseguida aprovechó el incidente y su jefe de prensa, Dee Myers, declaró que «el mundo es un lugar mucho más complejo de lo que Dan Quayle cree. Debería ver unos cuantos episodios antes de despotricar como lo hace».

Aunque English debía de saber que la serie causaba escándalo en un momento de reacción cultural, recuerda lo asombrada que se quedó al ver la respuesta masiva que el público dio a aquella decisión personal de Murphy (que además era un personaje de ficción). «Recuerdo que, cuando vi en la tele a Dan

Quayle acusándome de ser la culpable de los disturbios de Los Ángeles y diciendo que mi serie y mi personaje eran la causa de la agitación, pensé: "¡Pero si solo es una serie de televisión!"»

El director de informativos de la CBS, Howard Stringer, aconsejó a English que se pronunciara al respecto... lo que ella hizo en términos contundentes: «Si el vicepresidente del gobierno cree que es una desgracia que una mujer soltera tenga un hijo y que sin un padre no puede criarlo debidamente, más le vale garantizar que el aborto sea seguro y legal». En aquel momento se celebraba en la Corte Suprema el juicio de la organización Planned Parenthood contra Casey, un caso fundamental que sentó un precedente para el juicio de Roe contra Wade, pero llevó también a que en varios estados se aprobaran nuevas leyes contra el aborto.

Lejos de dejar que la controversia se aplacara, Quayle decidió entrar al trapo. En una visita que hizo a un instituto del sur de Los Ángeles, la ciudad que había sido el escenario de los disturbios, habló ante un centenar de alumnos latinos y negros sobre el hecho de tener hijos fuera del matrimonio. «¿Qué preferiría usted –le preguntó a un periodista una chica de catorce años que asistía a la conferencia–, tener una madre soltera o un padre que se emborracha y pega a su madre?» Tras el acto, Quayle siguió polemizando con la serie y arrastró a la brega a toda la industria del espectáculo: «Lo que me subleva es que Hollywood crea que tener hijos fuera del matrimonio es algo glamuroso. Hollywood no sabe lo que hace».

Hollywood contratacó. Linda Bloodworth-Thomason, creadora de *Designing Woman* (y buena amiga de Bill y Hillary Clinton), indignada por la insinuación de Quayle de que «las personas que hacen esas series de televisión no son verdaderos americanos», lo que recuerda la caza de brujas de McCarthy, afirmó: «Resulta curioso que piense que por criticar a este personaje imaginario va a resolver un problema real... Lo siguiente que hará la administración Bush será acusar a Doogie Howser, el protagonista de *Un médico precoz*, de los fallos del sistema sanitario de este país».

En el verano de 1992, en plena campaña electoral, la expresión «elite cultural» corrió como la pólvora en el debate público. Era un nombre vago pero evocador de la clase de liberalismo que Hollywood, los medios de comunicación de masas y las universidades difundían en ambas costas del país, y que designaba una serie de actitudes permisivas y relativistas que, según los conservadores, estaban socavando los valores tradicionales de la América profunda. Viendo que su popularidad caía en picado, Quayle decidió pasar al ataque y en junio pronunció un discurso ante la Convención Baptista del Sur que se reunió en el estadio de fútbol americano de la ciudad de Indianápolis: además de criticar el aborto, la educación sexual y la homosexualidad, afirmó que las elecciones presidenciales eran una batalla moral entre la elite cultural y los valores familiares. Según él, esas elites culturales acechaban en «redacciones de prensa, estudios de televisión y aulas de universidad». «Llevo a mucha honra que me desprecien», proclamó.

Ese mismo mes, Quayle usó la idea de las «elites culturales» para apoyar al movimiento antiabortista, diciendo en una conferencia de la National Right to Life: «Sé que puede parecer desalentador ser el David que lucha contra el Goliat de la elite cultural dominante. En Hollywood y en otras partes, nuestros oponentes tienen mucho dinero, mucho glamur, mucha influencia. Pero nosotros tenemos el poder de las ideas, el poder de nuestras convicciones, el poder de nuestras creencias». En el vestíbulo había jóvenes que llevaban pancartas en las que se leía: MURPHY BROWN NO HABLA POR NOSOTROS... PERO DAN QUAYLE SÍ.

Los medios de comunicación no dudaron en sumarse a la guerra dialéctica con artículos como «¿Es Hollywood la perdición de América?». La revista *Time*, en una portada en la que decía «Hollywood & Politics», sacaba una foto de Candice Bergen con el titular «Murphy Brown presidente». Y *Newsweek* publicó un número sobre la «elite cultural» con una lista de cien personajes que incluía a Oprah, a Madonna... y a Dan Quayle.

Visto retrospectivamente, English admite que eran tiempos que daban «mucho, mucho miedo». Siempre había fotógrafos a la puerta de su casa y a su despacho no paraban de llegar amenazas. «El contestador automático de nuestro despacho recibía constantemente llamadas anónimas que decían: "Vamos a matarte"». Hubo que instalar detectores de metales para el público que asistía en directo y que asignarle a Bergen guardaespaldas que la custodiaban las veinticuatro horas del día. El reverendo Donald Wildmon, de la American Family Association, llamó a los «estadounidenses cansados de que ridiculicen sus valores» a boicotear la serie y a sus patrocinadores; se dijo incluso que Bergen podía perder su lucrativo trabajo como portavoz de la compañía de teléfonos Sprint. Al final no hubo boicot y Bergen siguió en nómina de Sprint seis años más.

Tres meses después de que se emitiera el episodio del nacimiento del bebé, *Murphy Brown* triunfó en la ceremonia de los Emmy con tres premios: a la mejor serie cómica, a la mejor actriz y a la mejor dirección. En su discurso de aceptación, Bergen dio las gracias al vicepresidente de la cadena y a los guionistas de la serie «por sus palabras y por escribirlas bien»: una pulla lanzada contra Quayle, que, para vergüenza ajena, no supo deletrear correctamente la palabra «potato» en un certamen ortográfico infantil. (No solo añadió al final una «e» superflua, sino que corrigió a un niño que deletreó la palabra correctamente.) Al recibir el premio a la mejor serie cómica, English rindió un homenaje a los valientes patrocinadores de la serie y dio las gracias a «todas las madres solteras que, por elección o por necesidad, están criando solas a sus hijos. No permitáis que nadie diga que no sois una familia».

El regreso de *Murphy Brown* se esperaba casi con tanta impaciencia como la respuesta a la famosa cuestión de «¿Quién mató a J.R.?» de la serie *Dallas*. ¿Tendría Murphy al hijo? ¿Sería una buena madre? ¿Responderían esos personajes de ficción a los insultos que les habían dirigido políticos de carne y hueso? La respuesta a esta última pregunta fue un sí general y contundente.

Para guardar el secreto, los productores limitaron el acceso a los guiones y rodaron varias versiones de unas cuantas escenas. English, que había emprendido otros proyectos y había traspasado la serie a los productores Gary Dontzig y a Steve Peterman, confiesa que ni siquiera sabía cómo harían estos últimos reaccionar a Murphy. En el episodio titulado «You Say Potatoe, I Say Potato», Murphy vuelve al trabajo con el mismo aire sofisticado y sereno de siempre, vestida con un traje cruzado y presumiendo de haber desenmascarado a un capo mafioso. De pronto su secretaria rompe a llorar –como un bebé– y Murphy despierta a su pesadilla real, a saber, la vida de una madre soltera que tiene que vérselas con un recién nacido inconsolable, al que ha llamado Avery en honor de su madre recientemente fallecida. Cuando se pasa un momento por la redacción para llorar en el hombro de sus colegas, Murphy encuentra poca comprensión. Jim Dial, que siempre sabe mantener el tipo, le dice que mire el lado bueno del asunto: «Antiguamente, una mujer soltera que se quedara encinta moriría apedreada». Es su querido amigo Frank, ejemplo siempre de la suave masculinidad de la época moderna y nacido en el seno de una familia numerosa, quien enseña a Murphy cómo consolar al bebé.

Justo cuando Murphy aprende a arrullar a su bebé, el locutor del telediario de la noche anuncia que Dan Quayle ha criticado a Murphy Brown por su «falta de valores» y da paso a un reportaje real. En la redacción de FYI, sus colegas intercambian ejemplares de periódicos reales que dan noticia del «caso Murphygate». Furiosa, Murphy se queja a Frank: «¡Cuánto lamento esta decisión!». Él le recuerda que Quayle es el hazmerreír del país y le dice: «Seguramente mañana esconderá la cabeza en la bolsa de golf y todo se habrá olvidado». La puntilla se la da la misma Murphy cuando aborda el tema desde su tribuna del informativo. Flanqueada por familias monoparentales, afirma en tono serio que, en los difíciles tiempos que corren, podemos responsabilizar al congreso o a un gobierno que lleva en el poder doce años... «o podemos culpar a mi persona». Le recrimina a Quayle su estrecha concepción de los valores familiares y le recuerda que «hay familias de todo tipo y tamaño». El episodio termina cuando una malvadísima Murphy manda descargar un camión de patatas en el jardín de la residencia del vicepresidente.

Dos décadas y media después, sentada en el bonito salón de su casa de Pacific Palisades, Siamis tiene su propia teoría sobre el caso. Repasando los viejos guiones de las primeras temporadas, se dio cuenta de una cosa y dice: «Todas las semanas hacíamos un chiste sobre Dan Quayle. No es que nos lo propusiéramos, pero, comentábamos lo que ocurría en el mundo, y él nos lo ponía a huevo. Siempre eran chistes inteligentes... ¡pero éramos implacables! –Mueve la cabeza–. Queríamos herir sus sentimientos».

Bush y Quayle perdieron las elecciones de otoño, que ganó Bill Clinton. English le envió al presidente electo un telegrama felicitándolo y diciéndole: «No serás presidente de verdad hasta que *Murphy Brown* haga el primer chiste sobre ti». Recuerda que él le contestó invitándola a la toma de posesión y diciéndole : «Lo debo en parte a todos tus fans». Y, por supuesto, la polémica con Quayle contribuyó al éxito de la serie: la revista *Advertising Age* calculó que los precios de los anuncios aumentaron más de un cien por cien respecto de las temporadas anteriores y los índices de audiencia se dispararon. El episodio del nacimiento del hijo fue visto por setenta millones de espectadores y la serie acabó la temporada siendo la tercera más vista del año.

Murphy Brown fue una creación de English, pero esta no dudó en pasar a otras cosas. Tras la segunda temporada, ella y Joel Shukovsky habían intentado negociar un mejor acuerdo con los estudios. «Incluso habíamos preparado un comunicado de prensa que la CBS debía hacer público en abril diciendo que no volveríamos a la serie –le dijo English a un reportero en 1990–. Sin nosotros, no había *Murphy Brown*. Y veíamos que la cadena sacaba mucho más provecho que nosotros.»

Shukovsky «era muy ambicioso», dice Barnet Kellman, que sigue manteniendo estrecho contacto con la mayoría del personal original de *Murphy Brown*. «Joel sabía que muy pocas personas consiguen un segundo gran éxito. Aunque creía que Diane tenía mucho talento, y creía bien, sabía que había un límite temporal, que el reloj corría».

En la tradición de los imperios televisivos creados por un matrimonio, como el Desilu de Lucille Ball y Desi Arnaz y la MTM de Mary Tyler Moore y Grant Tinker, la pareja quería crear su propia productora, Shukovsky English Entertainment, para producir series cuyos derechos controlaran ellos y para beneficiarse de la venta de derechos (que es lo que, en la industria televisiva, da dinero). Ahora que lo piensa, English cree que lo que Joel quería era «huir de la jaula que era la Warner Brothers» porque muchas de las tareas de producción que él deseaba desempeñar las hacían los estudios. Él participaba en las pruebas de casting y leía los guiones, dice English, «pero en realidad *Murphy Brown* era cosa mía. Yo era quien lo dirigía todo y él se limitaba a ser paciente y esperar el siguiente proyecto».

El siguiente proyecto fue *Love & War*, una comedia romántica protagonizada por Susan Dey (de *Mamá y sus increíbles hijos* y *La ley de Los Ángeles*) y Jay Thomas (un actor habitual de *Murphy Brown*) en el papel de una curiosa pareja que tenía cierto parecido con English y Shukovsky. «Yo tenía una relación sólida en la que el equilibrio de poder cambiaba constantemente y había que tener cuidado –declaró English al *New York Times* antes de que la serie se estrenara–, y al parecer había muchas mujeres que se preguntaban cómo mantener los logros conseguidos en la última década sin tener que renunciar a la pareja.»

Love & War formaba parte de un contrato de cuatro series y dos películas por valor, según se decía, de 40 millones de dólares, cuya producción, por fin, correría a cargo de Shukovsky y English. Pero parece que la actitud de Shukovsky molestó a algunos. La pareja sustituyó a parte del personal por profesionales no sindicados en el episodio piloto de la serie y estalló el escándalo. Shukovsky se defendió: «No se necesitan cuatro personas para manejar una cámara. Con el equipo adecuado, puede hacerlo una persona... ¡y no sabéis la cantidad de café y de vasos de papel que nos ahorraríamos!». *Love & War* se suspendió al cabo de tres temporadas. Varias comedias posteriores de la pareja tampoco obtuvieron el éxito esperado, entre ellas *Double Rush*, protagonizada por Robert Pastorelli; *The Louie Show*, la serie que lanzó a Louie Anderson, y *Living in Captivity*, una comedia multirracial sobre una urbanización privada entre cuyos guionistas se contaban un joven Matt Weiner y varios de los que luego escribirían para su serie *Mad Men*, entre ellos Lisa Albert y Janet Leahy. Un cambio de dirección en la Fox eliminó la serie de la programación antes de que se estrenara.

La fantasía de Shukovsky de crear un imperio televisivo con Diane English nunca se realizó, aunque la pareja siguió colaborando muchos años. (Se divorciaron en 2012.) English pasó catorce años persiguiendo el proyecto de sus sueños: un remake de *Mujeres* basado en la obra teatral de Clare Boothe Luce y en la película de George Cukor. Trabajó en el guion mientras los directores iban y venían y los estudios rechazaban el proyecto. «Había un gran temor de que un reparto exclusivamente femenino, sin el refuerzo de un Tom Hanks o un Will Smith, no funcionara en taquilla», declaró entonces a un periodista. Al final English consiguió financiación, escribió el guion y lo dirigió ella misma, con Meg Ryan, Annette Bening, Eva Mendes, Jada Pinkett Smith, Candice Bergen y Carrie Fisher como protagonistas. Estrenada finalmente en 2008, la película no tuvo buena crítica, pero recaudó bastante. English siguió escribiendo guiones (entre ellos uno para una película contada desde el punto de vista del marido de la primera presidenta del país) y episodios piloto de teleseries para la cadena HBO.

Murphy Brown siguió adelante en ausencia de su creadora, pero cuando los índices de audiencia cayeron varias temporadas después, English fue llamada a consulta. «Creo que se les hacía cuesta arriba que funcionara lo del hijo –recuerda–. A las mujeres les gustaba Murphy porque no era una madre, ni una esposa, ni nada tradicional. El quid estaba en hacer que siguiera siendo Murphy y a la vez una madre. Pero los guionistas eran padres jóvenes que tenían hijos y creo que, en algunas escenas de Murphy y su hijo, Murphy era distinta y el espectador sentía que… –English hace una pausa–. A la gente le gustaba ella tal y como era al principio. No querían que cambiara.»

Pero Murphy cambió a lo largo de la serie, y en la décima temporada sufrió una de sus más tremendas transformaciones. English había accedido a ocuparse de la serie el último año y vio que su creación se había convertido en algo que casi no reconocía. «La comedia se había vuelto tan difusa que quise devolverla un poco a sus orígenes. Así que se nos ocurrió: ¿y si Murphy tuviera cáncer de pecho?» English y los guionistas hablaron con un montón de personas que habían sobrevivido al cáncer, en busca de los detalles divertidos que pudiera haber en medio de la tragedia. El controvertido episodio de la marihuana –en el que el conservador Jim consigue hierba para Murphy en un parque de Washington y toda la redacción fuma– sigue siendo para English «un perfecto ejemplo de que se puede tratar un tema serio con humor y crítica social».

Cuando la serie dejó de emitirse, Bergen dijo que interpretar a Murphy había sido para ella «una gran liberación, del mismo modo que lo era para los espectadores. Me encantaba encarnar a una mujer que no se dejaba dominar por nadie. Todos odiamos esa parte de nuestro ser que nos obliga a tragar. Y aunque no lo hagamos, nuestras contestaciones nunca son tan buenas como las de Murphy. No tenemos un equipo de guionistas y productores excelentes que nos escriben las frases.»

Al mismo tiempo que Murphy se convertía en un icono polarizador de los conflictos culturales de la época, su creadora se volvía también una figura emblemática, llegando a aparecer, a principios de los noventa, en una campaña publicitaria de la marca de medias Hanes en la que participaron otras mujeres profesionales. Pocos realizadores y guionistas de televisión se hacían entonces famosos, menos aún si eran mujeres. Pero resultó que Murphy Brown y Diane English fueron el principio de un fenómeno que iba a transformar el statu quo de la televisión y anticipó un futuro en el que una serie de mujeres valientes y poderosas se hicieron dueñas de la pantalla y llevaron la batuta.

II

DE RABIOSA A MILLONARIA:

ROSEANNE BARR Y *ROSEANNE*

A una mesa llena de cosas hay sentada una familia que conversa y alborota. De pronto el hombre se levanta, se inclina sobre su mujer y le estampa un beso en la mejilla. Ella se limpia el beso alegremente y suelta una sonora carcajada.

Así fue como América conoció a la familia Conner el 18 de octubre de 1988. En su secuencia de arranque, de un minuto de duración, *Roseanne* transmitía la sensación concreta de lo que era un hogar bullicioso de la clase obrera. En la mesa había facturas seguramente sin pagar, los hijos interrumpían a sus padres y estos se los quitaban de encima como podían. Vestían con ropa fea, iban mal peinados y el papel de la pared se veía descolorido. Pero lo importante era esa magnífica carcajada de Roseanne que quedaba como suspendida en el aire, señal de un cariño profundo. Esa carcajada nos decía que estábamos ante una familia unida por el amor verdadero, sin mancha de sentimentalismo.

Roseanne fue un éxito inmediato: visto por más de veintiún millones de espectadores, el primer episodio, emitido para competir con el partido de béisbol de la Serie Mundial (L.A. Dodgers contra Oakland A's), tuvo los índices de audiencia más altos de la noche. Al final de la temporada era la segunda serie de televisión más vista del país, después de otra comedia familiar, *La hora de Bill Cosby*.

Aunque había una pequeña pero muy apreciada tradición de telecomedias ambientadas en hogares americanos normales, desde *The Honeymooners* a *Todo en familia*, los Conner eran una familia más real que ninguna de las que se habían visto hasta entonces en la tele. La serie contaba la pura cotidianidad de la clase media americana, poniendo el énfasis en el carácter «trabajador» de la clase trabajadora. Roseanne y el rollizo Dan curran en trabajos poco cualificados, pero que cuesta mantener. Él se saca un sueldo en la construcción, ella trabaja en una fábrica de plásticos. Si a Roseanne la citan en el colegio de los hijos, tiene que dejar el trabajo antes y pierde dinero; un salario inesperadamente bajo puede acarrear un desastre. Con suerte, reúnen lo bastante para llegar a final de mes. Todo en la vida de los Conner son apreturas: no pueden comprarse unos muebles de salón a juego, no pueden pagarles a los hijos la mejor educación, Roseanne no encuentra tiempo para escribir la novela que sueña con escribir.

La originalidad de la serie reside sobre todo en el personaje de Roseanne. Ninguna telecomedia había girado nunca en torno a una mujerona fiera y mordaz como ella. En el primer episodio, por ejemplo, hay una escena en la que vemos a cinco mujeres que, durante una pausa en la cadena de montaje de la fábrica de plásticos, se han sentado a una mesa y están hablando mal de los hombres. Una de las obreras coge un donut de chocolate y dice: «Un tío es como este donut. Primero hay que quitarle lo que le puso su madre –y sacude el aderezo que cubre el dulce–. Luego hay que quitarle toda la porquería machista que sacó de los anuncios de cerveza… Y entonces queda lo que yo prefiero: el ego masculino», concluye, y le pega un mordisco al donut arrugando la nariz.

¿Quién era esa devoradora de donuts? Roseanne. Había fuerza no solo en lo que el personaje decía en la pantalla, sino en el mismo timbre rudo de la voz de Barr. Pocas veces se había oído ese tono cáustico en un programa de televisión emitido en horario de máxima audiencia, un tono que denotara tanta descarada aversión a los deberes de ama de casa y de madre. «Yo trabajo ocho horas al día en la fábrica y luego otras ocho en casa... ¡Y tú no haces nada!», le recriminaba a Dan en el primer episodio. *Roseanne* empezaba ya a expresar el concepto feminista del llamado «segundo turno» de las mujeres trabajadoras, aunque dejando perfectamente claro que ese matrimonio de ficción se fundaba en un profundo respeto mutuo.

Y estaba también el aspecto físico de Roseanne: ¿cuándo había sido una mujer tan corpulenta y poco glamurosa como ella la protagonista de una teleserie que se emitiera en horario de máxima audiencia? Lucille Ball iba mal vestida en sus absurdos trabajos, como el que tiene por poco tiempo en una fábrica de chocolate, pero ni aun en la cadena de montaje se quitaba el pintalabios y las perlas. Ball había sido corista y estrella de cine antes de crear aquella serie como plataforma de su persona; que *Yo amo a Lucy* fuera una serie tan divertida se debía en buena medida al contraste que había entre su belleza convencional y los visajes y payasadas que hacía.

Barr era una figura completamente distinta, que antes de llegar a Hollywood había pasado por una clínica mental, una comuna y una librería feminista y había sido madre y ama de casa en un hogar de las afueras. Su sola presencia en televisión, una mujer entrada en carnes, sexualmente segura de sí misma y que se sentía bien con su cuerpo, era una crítica a la cultura de los ochenta, obsesionada con el cuerpo y el ejercicio.

Murphy Brown, una serie sobre una mujer blanca y rica que tenía una clara conciencia de su poder cultural, fue muy apreciada por la crítica y abanderó el movimiento feminista en la CBS.

Ahora *Roseanne* se dirigía a una mayoría de personas que luchaban por salir adelante en una América de Reagan en la que el salario mínimo llevaba casi una década congelado en los 3,35 dólares la hora y la brecha salarial entre ricos y pobres no paraba de aumentar. Los Conner no eran una familia sentimentaloide como la de *Padres forzosos* y *Los problemas crecen*; su hogar numeroso y desordenado no era el hogar modélico de *La hora de Bill Cosby* o *Family Ties*, pero *Roseanne* tampoco era una parodia caricaturesca como lo era *Matrimonio con hijos*. Nos reíamos con los Conner, no de los Conner, y la risa se mezclaba a veces con punzadas de dolor solidario.

Barr nunca tuvo pelos en la lengua a la hora de reconocer sus raíces feministas y siempre se negó a suavizar su carácter. Se veía a sí misma como una «disruptora», por utilizar el lenguaje del siglo XXI: una mujer que se enorgullecía de tener por mentora a la filósofa feminista radical Mary Daly y que empezó su carrera de cómica contando chistes en una librería lésbica. Aunque *Roseanne* nunca quiso inculcar ninguna ideología política en sus espectadores, estaba impregnada de una especie de crítica de clase y de desigualdad de género. En sus nueve años de emisión, la serie trató temas como la violencia doméstica, el desempleo, la anticoncepción y el matrimonio homosexual, mientras fuera de la pantalla, en la vida real, una América culturalmente dividida se enfrentaba a propósito de la guerra del Golfo, del llamado «Contrato con América» del partido republicano, de los ataques a Hillary Rodham Clinton, del juicio por acoso sexual de Anita Hill contra Clarence Thomas y del escándalo de Monica Lewinsky.

Pero la vida, tomada como un indicador cultural, se cobró un precio. Entre bastidores, todo fue caótico de principio a fin: guionistas y productores talentosos que iban y venían sin cesar, luchas encarnizadas por el control, una estrella que tomaba conciencia de su poder y se dejaba devorar por él. Querer conocer la historia de la creación de la serie es un poco como descifrar *Rashomon*: hay muchas versiones opuestas o contradictorias. Dependiendo de quien hable, Barr fue la clave del éxito o una aprovechada; su matrimonio con Tom Arnold destruyó su carrera o la favoreció; su vida es la de una heroína feminista o una fábula con moraleja. O quizá es todo eso a la vez.

«Una chica judía gorda y escandalosa sin culo ni cintura»: así me dice Barr que era de joven. Se crio en la ciudad mormona de Salt Lake City bajo el influjo de su abuela, judía de origen lituano. Bobbe Mary regentaba una casa de vecinos en la que vivían personas que habían huido de los nazis. «En el patio había un gran cobertizo lleno de baúles que se habían traído y llevaban números grabados en el brazo. El mundo nunca me ha parecido muy feliz.»

Barr me cuenta esto sentada en el salón de la sede de su productora. Viejas guías de televisión con su cara en la portada decoran las paredes, junto con un gran cuadro en el que se ve una diosa bajo una luna llena. Su hijo Jake, que dirige los estudios, trabaja en una sala trasera. Cada vez que se abre una puerta, una voz maquinal lo anuncia, como si estuviéramos en un recinto de alta seguridad. Los estudios están como escondidos en la calle mayor de la ciudad costera de El Segundo, en el condado de Los Ángeles, pero aunque los transeúntes consiguieran ver a Barr no la reconocerían. Ni yo mismo la reconozco casi: la melena castaño oscuro ha sido sustituida por una mata de pelo rubio casi blanco que se pone tiesa cuando se la revuelve. Al llegar luce unas grandes gafas de sol que le dan un aire caricaturesco, parece un poco ida y está delgada como si la hubieran desinflado. A veces pierde el hilo, se interrumpe en medio de una frase y suelta una carcajada. Hace poco le diagnosticaron degeneración macular y glaucoma, enfermedades que acabarán dejándola ciega, y dice que fumar marihuana le alivia el dolor.

Muchas son las versiones de la «historia de Roseanne Barr» que se han contado en los medios de comunicación, en una pésima película de televisión y en sus propias memorias (en tres tomos). Es una narradora tan amena como poco fiable, porque constantemente cambia los detalles de su autorretrato. Hay acusaciones de abuso sexual en la familia, descripción de múltiples personalidades, historias de desavenencias en matrimonios que fracasaron estrepitosamente. Pero las diferentes versiones coinciden lo bastante como para que podamos establecer los hitos más relevantes. Y con una vida extraordinaria como la de Roseanne, lo que importa es que nos formemos una idea general.

Cuenta que, de bebé, se arrancaba la piel de la nariz y tenían que ponerle una camisa de fuerza. Da este crudo dato en el primer tomo de sus memorias, *My Life as a Woman* (1989), en el que recuerda también que quiso ser escritora desde muy joven: «Ya de muy joven supe que iba a formar parte de una larga serie de narradores desolados… Que saldría de la pobreza y la resignación y me haría escritora». Apodada en la familia Sarah Bernhardt, por la famosa actriz teatral del pasado, cuenta: «Procuraba divertir a todo el mundo, temiendo que, si no lo hacía, se pusieran a hablar del Holocausto».

Celosa de su madre –«ella era la chica guapa de nuestra comunidad judía y yo la hija gorda que se mordía el pelo»–, Barr desahogaba su rabia con un sentido del humor acerado. Mientras mordisquea el glaseado que cubre un pastel de café, me cuenta: «La primera vez que hice un chiste sentó como un puñetazo y me encantó. Fue un día que mi tío Sherman, que estaba gordísimo, comía una sopa que había hecho mi abuela. Mi tío le dijo a mi abuela que se notaba que era inmigrante porque hacía la sopa con mucha grasa de pollo y en este país no se cocinaba así. "Pues si no te gusta, ¿por qué tomas tres cuencos, gordinflón?", le solté. –Barr se sonríe al repetir la frase–.

Todo el mundo se echó a reír y mi tío se puso hecho una furia. Pero yo le decía lo que pensaba y me escondía detrás de mi abuela».

A los dieciséis años la atropelló un coche, lo que le causó, al parecer, algún tipo de trastorno mental que acabó con su ingreso en un manicomio de Utah. «Estuve fuera del mundo llamado normal mucho tiempo», escribe en *My Life as a Woman*, dando a entender que aquello alteró para siempre su manera de ver las cosas. En una entrevista que Barbara Walters le hizo en 1989, Barr habló de su estancia en aquel centro: «No sé muy bien qué contar... Hay cosas que no pueden expresarse. Era un lugar horrible. –Resistiendo al intento de Walters de hacerla llorar delante de la cámara, siguió contando–. Era como el Infierno dantesco, un lugar del que se sale siendo otra persona o en el que se muere. Yo salí».

Después de salir del manicomio, Barr se quedó embarazada; con dieciocho años y viviendo de ayudas sociales, decidió dar a su hija en adopción. Vivió luego en una comuna de Colorado, se casó con Bill Pentland, portero de noche de un hotel, y tuvo tres hijos con él, todos antes de los veinticinco años. Madre joven y frustrada que vivía en Denver, Barr encontró una especie de salvación en Woman to Woman Bookstore, una cooperativa feminista en la que ella y su hermana Geraldine se formaron en política y lucharon por la liberación de la mujer.

«Era una librería feminista de lesbianas –dice Barr–, y lo primero que me dijeron fue que preferían que dijera "amante" en lugar de "marido". Yo no estaba dispuesta a mentir acerca de mi vida ni a que me dijeran lo que tenía decir. Por eso nunca nos llevamos bien.» Aunque aquel periodo de toma de conciencia la influyó profundamente, Barr dice que rechazaba la jerga académica del feminismo de los años ochenta porque le parecía elitista.

Trabajando de camarera en un restaurante de la cadena Bennigan's, se convenció de que podía montar un espectáculo cómico con algunas de sus maliciosas respuestas. A su padre y a ella les habían gustado siempre los humoristas y, de niña, se había sentido muy unida a él cuando oían discos cómicos y veían *The Ed Sullivan Show*. Barr considera el humor como un medio de expresión seguro para una judía de mediados del siglo XX. Pero sabía también que podía ser una gran fuerza subversiva: el humor «jugaba con el lenguaje pero también hablaba de política, de rebelión, de resistencia, de anarquía». Una vez comparó la comedia con la poesía, una forma de arte que podía «cambiar nuestra manera de oír, ver y sentir».

Su marido le hizo un simulacro de micrófono de pie con un palo de escoba y un destornillador para que pudiera practicar en casa. Barr empezó a contar chistes en el aparcamiento de la librería feminista ante un público mayoritariamente entregado. Pero a Barr la disgustaba la estrechez de mente del feminismo radical; en una carta que le escribió por entonces a una humorista lesbiana, decía: «Recorro la ciudad contando chistes sobre lo que ha sido mi experiencia como mujer. El otro día actué en un café de lesbianas y todas las mujeres que había me miraban espantadas... Tengo un sitio en este movimiento y una razón para estar en él. Aceptadme».

No tardó en encontrar un compañero con el que actuar y empezaron a hacerlo en un club cómico local para un público aún más espantado. Años antes de Sarah Silverman y Amy Schumer, Barr disfrutaba escandalizando a sus oyentes con un lenguaje grosero: «No sé por qué las lesbianas odian a los hombres, si no tienen que follárselos», soltaba. Y acababa diciendo: «La gente me dice que soy poco femenina. Pues que me la chupen». El hecho de que fuera regordeta y tuviera una voz penetrante que parecía taladrar el oído no hacía sino contribuir a su humor viperino.

Ser un ama de casa con marido y tres hijos no tenía ningún prestigio cultural ni en los círculos del activismo feminista ni menos aún en el mundo del humorismo, empapado de testosterona. Pero Barr supo hacer de su realidad vulgar y poco chic el alma de su número. Este giraba en torno a la figura de una «diosa doméstica», una parodia del ama de casa inspirada, según dice, en el libro de Helen Andelin *Fascinating Womanhood*, libro que su madre admiraba y cuyo objeto era enseñar a las lectoras cómo conseguir lo que quisieran de los hombres. Después de recorrerse el circuito cómico con su número, Barr acabó en el famoso Comedy Store de Los Ángeles. La propietaria, Mitzi Shore (famosa por ser la madre del actor y cómico Pauly Shore), vio la prueba de diez minutos que hizo Barr e inmediatamente la puso en el principal escenario del club. «Nunca lo había hecho ni he vuelto a hacerlo. Ella convencía al instante», ha dicho Shore. A raíz de aquello, actuó en *The Tonight Show*, hizo una gira por todo el país que tuvo mucho éxito y grabó un programa de humor con la HBO en 1987. Pentland dejó su trabajo, la familia se trasladó a Los Ángeles y Barr empezó a ver a productores con la idea de convertir su número de la diosa doméstica en una serie de televisión.

Mientras Barr buscaba socios en Hollywood, una gran productora de televisión desarrollaba de manera independiente una telecomedia sobre mujeres obreras. Marcy Carsey y Tom Werner, productores de la enormemente exitosa *La hora de Bill Cosby*, se habían asociado con el guionista de esta serie Matt Williams, hijo de una obrera de Indiana. «La idea original era coger a una mujer casada con hijos, a una mujer divorciada con un hijo y a otra soltera, meterlas en una fábrica de Indiana (porque yo me crie en ese ambiente) y ver a qué cosas tenían que enfrentarse y cómo sobrevivían gracias sobre todo a su tremendo sentido del humor», declaró Williams a *Los Angeles Times* en enero de 1989.

Carsey y Werner supieron ver la afinidad que había entre lo que Barr quería crear y lo que estaba haciendo Williams. No tardaron en combinar los dos proyectos aunque, al parecer, haciéndoles creer a ambos que eran el alma del proyecto. «A mí me dijeron que *Roseanne* era mi serie y Matt mi guionista –ha escrito Barr–. Y a Matt le dijeron que era su serie y yo su estrella. Como es natural, los dos nos sentimos felicísimos, creyéndonos los protagonistas.» Williams pasó tiempo observando a Barr y a su familia y reconoció que la cómica tenía «mucho que decir»: «El personaje no es mío. Es un personaje que ella desarrolló en sus números de humor y yo quería aprovecharlo al máximo... Lo que Roseanne aportó al personaje fue el fuerte punto de vista feminista». También reconoció que ella cambió el argumento para que, en lugar de en tres mujeres, se centrara en una familia con tres hijos, como la suya: «Todos queríamos que la madre fuera una figura realista. Pero de Barr más que de mí dependería cuánto de su persona quería poner en el personaje».

Tras meses reuniéndose ambos, Williams escribió un borrador de guion del episodio piloto... y Barr quedó horrorizada. La serie se titulaba *Life and Stuff* en lugar de *Roseanne* y el personaje de la hermana (que al final interpretó Laurie Metcalf) había pasado a ser el centro de la trama, quedando Roseanne como mera comparsa. «Mi personaje era una figura totalmente pasiva, como lo eran todas las mujeres de la televisión –escribe en *My Lives*–. Mi personaje se pasaba casi todo el tiempo sentada en una esquina como un pasmarote, diciendo: "¿Y qué pasó entonces? ¿Y qué pasó entonces?". June Cleaver era una Patty Hearst comparada con mi personaje.» Según Barr, cuando le preguntó qué ocurría con su personaje, Williams contestó: «No me parece que gustes de protagonista». Carsey les pidió que trabajaran juntos, pero esto no hizo sino enojar más a Barr, que se quejaba de que Williams «era incapaz de entender que el personaje femenino podía protagonizar escenas, que la familia funciona por ella, no a pesar de ella. Le di a leer libros de teoría feminista, me grabé con magnetófonos hablando horas del tema, le expliqué lo que era la maternidad y el matriarcado, pero nada, no se le metía en la cabeza».

No era la mejor colaboración que podía imaginarse, pero de alguna manera fructificó en un guion tolerable para ambos, mientras los productores empezaban a buscar actores que complementaran a Barr. Según la directora de casting Risa Bramon Garcia, Barr propuso a su amigo y cómico Tom Arnold para el papel de Dan, el marido, pero los productores querían rodearla de actores profesionales: «Creían que podía actuar bien con buenos actores y era verdad». Garcia acababa de ver a John Goodman en una obra de teatro y lo convocaron a una sala de juntas iluminada por tubos fluorescentes para hacerle una prueba. Cuenta Williams: «Lo llevamos a la sala, se quedó mirando a Roseanne y le dijo: "Córrete para allá". "Tú a callar", le contestó ella, él se sentó y fue como si llevaran casados dieciséis años».

Me dice Barr que los vínculos que se crearon entre los actores que interpretaban a su familia de ficción eran como los de una reacción química: «Desprendíamos una feromona que era real y que podíamos sentir. A John, a Laurie y a mí nos encantaba hacernos reír, y a los niños también... Nos divertíamos un mundo haciéndonos reír unos a otros».

Entre bastidores, en cambio, había menos hilaridad. En efecto, el plató era un lugar sumamente hostil del que Barr escapaba muchas veces. Enojada al ver que en los créditos se atribuía a Williams la creación de la serie, Barr protestó ante los productores y el Sindicato de Guionistas, en vano. También pidió que ni Carsey ni los directivos de la cadena estuvieran presentes en los rodajes.

Barr afirma que Williams le pidió a su ayudante de producción que contara los eructos y los pedos que ella se tiraba mientras entretenía al público entre sesión y sesión de grabación para demostrar lo insoportable que era. Las cosas se torcieron tanto que a Goodman y a Metcalf les preguntaron si seguirían con la serie si prescindían de Barr; dijeron que de ninguna manera. Años después, Goodman le confesó a un periodista que «sin ella, para mí se habría acabado la serie, porque Roseanne, a su manera, siempre tenía razón».

Durante el rodaje del cuarto episodio, Barr perdió los nervios y se enfrentó a la encargada de vestuario por la ropa que debía llevar su personaje. «Yo quería camisas a cuadros como las de antes, camisetas y vaqueros, no pantalones ceñidos lilas con lunares verdes y azules», escribió años después en la revista *New York*, pero le dijeron que uno de los productores de Williams le había dicho a la encargada de vestuario que no le hiciera caso. «Cogí unas tijeras y subí corriendo a ver al productor... Fui al despacho de la encargada de vestuario, blandí las tijeras para que viera que iba en serio y le dije: "Zorra, ¿quieres que te raje?»

Persona incapaz de reprimir la rabia, Barr puso también una declaración de guerra en la puerta de su camerino, que decía: LAS SIGUIENTES PERSONAS SERÁN DESPEDIDAS SI NO SE PORTAN BIEN CONMIGO. SOY LA JEFA DE TODOS: PRODUCTORES, GUIONISTAS, TODOS SON REEMPLAZABLES. Entre los nombres que seguían figuraba el del presidente de la ABC. Y fue actualizando la lista periódicamente, incluyendo a cualquiera que se le opusiera, hasta que la serie fue un éxito y tuvo carta blanca para hacer lo que quisiera.

Pero un día se plantó en serio. A diferencia de las proezas publicitarias de John Lennon y Yoko Ono, el suyo no era un espectáculo políticamente idealista de amor y paz sino una declaración de guerra en toda regla. Sublevada por una frase de un guion que ella creía que desmerecía de su personaje (debía decirle a Dan: «Tú eres mi igual en la cama, pero nada más»), Barr se negó a pronunciarla. Alegó que Roseanne Conner nunca diría una cosa así: podía regañar a su marido por no hacer las tareas domésticas, pero nunca lo despreciaría. Aunque Barr reescribía a veces el diálogo, aquella vez Williams no dio su brazo a torcer: tenía que decirla como estaba escrita.

Intervinieron los abogados para obligarla pero ella siguió negándose. Cuenta Barr que el día siguiente se lo pasó encerrada en su caravana hasta que al final cambiaron el guion. Como su entonces marido Pentland observó una vez, «fue como la crisis de los misiles cubanos, cuando Dean Rusk dijo: "Y el otro cedió". En adelante Barr se hizo con el control de la serie y la convirtió en un producto mucho mejor».

La serie se estrenó en la ABC en octubre de 1988 con enorme éxito de audiencia. Cuando acabó la primera temporada, era la segunda serie más vista del país, y alcanzó el primer puesto en la segunda temporada, tal y como Barr había predicho.

Roseanne se emitió en un momento de incertidumbre económica, en que la crisis bursátil de octubre de 1987 puso freno a la codicia de la era Reagan, propia de *Dinastía.* A lo largo de la serie, Roseanne se veía despedida de un montón de trabajos mal pagados y Dan abría y luego cerraba una tiendecita de motos. Pocas veces se había visto la clase trabajadora retratada con tanta autenticidad en la televisión. Pero la serie hacía más reír que llorar a los espectadores con sus agudas ocurrencias: «Madre, en la escuela están repartiendo comida para los pobres», le dice una de las hijas, Becky, a Roseanne. «Pues diles que nos traigan alguna lata», contesta ella. Cuando el benjamín, Dj, ve a su desempleada madre tratando de vender suscripciones de revistas por teléfono, le pregunta qué está haciendo. Ella no duda en contestar: «Estoy encargando más hijos».

En el otoño de 1998, Roseanne Barr se convirtió en un icono televisivo. Sin embargo, seguía sintiéndose poco valorada en su trabajo. Y amenazó con dejarlo. A finales de diciembre, Matt Williams, el productor ejecutivo, fue despedido. Lo sustituyó Jeff Harris, un guionista que había trabajado en la comedia *Arnold*. Pero las cosas no se arreglaron precisamente. Había llegado otra figura que revolucionaría el plató: Tom Arnold.

Barr había conocido a Arnold en un club cómico de Minneapolis en 1983. En *My Lives* cuenta que tomaron coca juntos; luego lo vio hacer un número en el que mataba peces y les pegaba fuego. Arnold, recuerda Barr, «estaba siempre inquieto... Era de esas personas que quieren estar tranquilas pero parece que no pueden, que han aprendido a vivir siempre preocupadas por algo». Los dos se hicieron muy amigos y él empezó a escribir chistes para ella. A veces incluso se vestían como gemelos.

En lugar del papel de Dan, a Arnold acabaron dándole el papel de Arnie, el amigo de Dan. Barr dejó a su marido por él y quiso que contrataran al actor también como guionista, porque, después de una serie de despidos, como Barr había amenazado, el equipo de guionistas había quedado diezmado. Norma Safford-Vela, una guionista que se incorporó en la segunda temporada, dice que un productor le encomendó una dura tarea: «Enseña a Tom Arnold a escribir guiones».

Aunque Barr influía mucho en los guiones y argumentos de *Roseanne* y con los años desempeñó un buen número de funciones directivas, apenas pasaba tiempo en la sala de guionistas, desarrollando los episodios. Creía que Arnold entendía bien sus personajes obreros y sería un buen embajador de ella, pero los guionistas lo evitaban. «Todos pensábamos que no tenía ningún talento –explica Safford-Vela–. Barr se enfadaba mucho porque decía que no respetábamos sus decisiones, pero era aquella decisión la que no respetábamos. Tenía millones de buenas ideas, pero aquella era pésima. Arnold era malo y destructivo.»

Safford-Vela dice que Barr «era muy buena con los demás actores, todo el equipo la quería. Era simplemente una lucha por el poder y por llevar la voz cantante... Aquella temporada fue horrible. Pero la serie seguía siendo la más vista». Por el grado de intriga que había y la cantidad de puñaladas traperas que se daban, aquello parecía la corte de Enrique VIII. La guionista Barbara Klaus contó una vez lo que pasó en una sesión en la que Arnold y Barr provocaron a sus enemigos con ánimo de bronca: «Barr lo sentó en una silla, se quedó mirándolo a los ojos y soltó un eructo que resonó por todo el estudio». Según Barr, cuando Jeff Harris quiso despedir a Arnold, este exclamó: «¡El que se va a ir no soy yo, sino tú, gilipollas!». Arnold fue a buscarla y le exigió que se encarara con Harris y le dejara claro quién era el jefe. «Esto no es una puta democracia. Aquí manda una reina», dijo.

Barr y Arnold se casaron en enero de 1990. Dos meses después, Harris abandonó oficialmente la serie y declaró en un anuncio a toda página del *Daily Variety*: «He resuelto no volver la próxima temporada. Mi mujer y yo hemos decidido tomarnos unas vacaciones en la relativa paz y tranquilidad de Beirut».

«Hablar con Roseanne se volvió más bien difícil porque se hallaba casi por completo bajo el influjo de Arnold y además tenía que cuidar de su salud mental –recuerda Safford-Vela–. ¿Y quién no vería amenazada su salud mental con un cambio tan grande en su vida? Roseanne tenía de pronto todo aquello por lo que había luchado, pero no era como lo había imaginado.» No solo tenía una serie de televisión de gran éxito sino que estaba rodando un largometraje (*Vida y amores de una diablesa*, una adaptación de la divertidísima novela feminista de Fay Weldon que coprotagonizaba con Meryl Streep). Pero, además, estaba enredada en aquel *amour fou* con Arnold, quien, para colmo, tenía un serio problema con las drogas. Sus hijos, que se veían de pronto en medio de una pesadilla de tabloide hollywoodiense, también se portaban mal.

«El éxito siempre tiene consecuencias en el mundo real y en la familia –me dice ahora Roseanne–. Recuerdo que estábamos rodando uno de los primeros episodios y me llamaron diciéndome que mi hija se había escapado. ¡En día de grabación! ¡Siempre me hacían algo en día de grabación! Y yo salía en todas las escenas –dice, crispando el rostro al recordarlo–. Practicar sexo desenfrenado... era demasiado para la familia.» En la primavera de la primera temporada, su hija Jessica estaba desintoxicándose, y sin darse cuenta el periódico *National Enquirer* propició que Barr y Brandi, la hija que había dado en adopción cuando era adolescente, se reencontraran.

Un guionista novato que tuvo su oportunidad en medio del mal ambiente que se respiraba en el plató de *Roseanne* fue Joss Whedon. Whedon se presentó el primer día consciente del drama que se vivía entre bastidores y esperando que Barr les dirigiera algún tipo de arenga que despertase su lealtad. En cambio, Roseanne les dijo a los guionistas que si se enteraba de que hablaban con la prensa amarilla los despediría a todos.

Pese a esta atmósfera poco alentadora, Whedon agachó la cabeza y arañó créditos en seis guiones de la segunda temporada, lo que es un gran botín para un guionista de televisión bisoño. Afirma que Tom Arnold defendió su trabajo y se lo mostró a Barr. Esta invitó a Whedon a comer y le preguntó cómo podía un tío de veinticinco años entender tan bien el personaje de una madre del Medio Oeste. Entre sus guiones se cuentan los episodios «Chicken Hearts», en el que Roseanne tiene que hacerle la pelota a un jefe adolescente porque necesita el trabajo, y «The Little Sister», un episodio que, según dice Whedon, originalmente trataba del aborto. La idea inicial era que Jackie, en un momento de embriaguez, le confesaba a su sobrina Darlene que había abortado; una decisión valiente en 1989, el año en que la Corte Suprema fallaba sobre el caso Webster contra Reproductive Health Services y ratificaba la prohibición impuesta por el estado de Missouri de practicar abortos en centros públicos. El derecho de la mujer a elegir era un tema que Whedon, feminista declarado, podía tratar. La cadena se opuso y, días después, el aborto deliberado de Jackie se convertía en aborto espontáneo; en la versión final del guion no queda rastro de esta trama radical. En su lugar, vemos que Jackie, en un momento de embriaguez, se enfrenta a Roseanne porque esta no quiere que se meta a policía. «Adiós, sueño, y hola, primer desengaño», dice Whedon.

Whedon se divirtió un poco más con el episodio «Brain-Dead Poets Society», en el que Darlene, la hija marimacho, se ve obligada a leer un poema suyo en público en un festival del colegio y Roseanne le confiesa que de joven también quiso ser escritora (y que admira a Sylvia Plath). Cuando Darlene sale al fin al escenario, con un vestido color melocotón, pálida y cohibida, vemos de pronto que se transforma y, de niña sabelotodo, pasa a ser la inconformista melancólica que será en futuras temporadas. «A quien competa digo / que acabo de cumplir trece años. / Soy demasiado menuda para jugar al rugby / demasiado sencilla para ser reina». A Roseanne, que está entre el público, se le saltan las lágrimas; un momento después se levanta y le hace una foto a su avergonzada hija.

Aunque aún estuviera afinando su técnica, Whedon no dejó de sentirse frustrado cuando vio que reescribían su episodio poético, como era normal en televisión. «Le parecía mentira que rehiciéramos el guion porque, la verdad, le había quedado muy bien –recuerda Safford-Vela–. Le dije: "Mira, así es la televisión y te ocurrirá en todas las series hasta que seas tú quien las dirija. Mientras tanto, escribe algo propio. ¿Tienes alguna idea?» Sí, la tenía: una película de vampiros. Safford-Vela le dijo: «Pues céntrate en eso y olvídate de esta serie». Whedon se pasó el tiempo que le quedaba de contrato trabajando en el borrador del guion de lo que sería *Buffy, cazavampiros*.

Ya firmemente al mando de la serie, Arnold y Barr estaban encantados de la vida. La alegría les duró poco. Tom Werner, el productor de *Roseanne*, dueño del equipo de béisbol de San Diego Padres, invitó a su estrella a cantar el himno nacional en la Noche de la Mujer Trabajadora. Su chirriante versión de «The Star-Spangled Banned» sonó como sonaría «un cantante tirolés que cantara por una ligadura de trompas», como diría con sarcasmo ella misma años después. Acabó la desafinada canción llevándose la mano a la entrepierna y escupiendo: un intento impertinente pero malentendido de satirizar a los jugadores de béisbol machistas.

Un clamor de repulsa ensordecedor llenó el estadio de San Diego; en cuestión de horas se había extendido por todo el país. Los oyentes de programas de debate radiofónicos llamaron para pedir que boicotearan la serie; el *New York Daily News* la bautizó «Roseanne Barr-f» y el presidente George H.W. Bush calificó la actuación de «lamentable». Un empresario hasta quiso aprovechar el incidente para crear el Roseanne Hate Club y anunciar camisetas en las que ponía FUERA ROSEANNE en la revista *Rolling Stone*.

El escándalo mediático, con todo, no disminuyó los índices de audiencia de la serie. La desfachatez de Barr gustaba a su público. En cambio, a la industria del espectáculo no le hacía tanta gracia y los premios Emmy siguieron desdeñando la serie. Mientras que *Murphy Brown* acumulaba estatuillas, *Roseanne* no ganó ninguno de los premios a los que fue nominada. La misma Barr solo ganó una vez el premio a la mejor actriz protagonista (en 1993), cuando Candice Bergen ganó tantos para su serie (cinco) que al final prefirió no volver a ser nominada.

Y, sin embargo, *Roseanne* se volvía más aguda y divertida a medida que se adentraba en la tercera temporada. Se había contratado a toda una nueva plantilla de guionistas, entre ellos a Amy Sherman-Palladino (entonces solo Amy Sherman). «Empezaban de nuevo y necesitaban tías –dice Sherman-Palladino, sobre todo tías que escribieran para Becky y Darlene, los personajes de las hijas, que iban creciendo y ganando en complejidad adolescente. Sherman y su socia guionista, Jennifer Heath, eran inexpertas y baratas, una combinación perfecta. Conocieron a los Arnold en una reunión en la casa playera de la pareja al día siguiente del fiasco del himno nacional. «Habían grabado todas las noticias relacionada con el caso –recuerda Sherman-Palladino–, y nos pasamos cuatro horas viendo a gente decir lo mala persona que era Roseanne por cantar el himno nacional.»

Bob Myer había sido nombrado guionista jefe y Sherman-Palladino dice que aprendió mucho de él. «Con él aprendí a hacer lo pequeño grande y lo grande pequeño», añade, como demuestra el hecho de que dedicaran todo un episodio al modesto trauma que causa a Darlene el tener su primera menstruación. Los personajes de Becky y Darlene –interpretados por Lecy Goranson y Sara Gilbert, respectivamente–, cobraron realmente importancia en esta temporada de la serie, con historias que iban mucho más allá de los estereotipos infantiles habituales en la televisión. Darlene caía en una depresión adolescente y Becky buscaba anticonceptivos y después se quedaba embarazada. El tema de la anticoncepción y el embarazo adolescente era muy espinoso en las décadas de los ochenta y noventa, cuando la derecha religiosa y los republicanos (con leyes como la Adolescent Family Life Act, popularmente conocida como la «ley de la castidad») lograron que se financiara solo la educación en la abstinencia en lugar de la educación sexual. En el episodio titulado «A Bitter Pill to Swallow», escrito por Sherman-Palladino y Heath y nominado a los Emmy, vemos a Becky recurriendo a su tía Jackie para pedirle a Roseanne que la ayude con algún método anticonceptivo. La mirada que intercambian las hermanas es sorprendente, y va de la consternación y el horror al miedo y finalmente a la aceptación. En la clínica ginecológica, Roseanne teme que su hijita deje de necesitarla. «Pues claro que te necesita –le replica Jackie–. ¡Te necesita para que le pagues las píldoras!»

La serie enfatiza mucho la idea de que Roseanne Conner es una «mala madre», figura esta que Barr ayudó a propagar y que se afianzó en la cultura pop décadas después, en libros como la autobiografía de Ayelet Waldman *Bad Mother* (2009) y en la película *Malas madres* (2016), y cuando las mujeres empezaron a considerar que ser «mala madre» era un timbre de gloria. Era una manera de rebelarse contra la idea de «tenerlo todo» y de combatir la culpa y las expectativas poco realistas de la perfecta maternidad. ¿Por qué pretender que las mujeres prefieren cambiarle los pañales a un bebé antes que relajarse con un cóctel? Como escribía Waldman, «vemos la boca de nuestros hijos cubierta del polvo naranja de los Cheetos y nos encogemos de hombros, felices de confesar nuestros pecados porque sabemos que las mujeres que mejor y con más hipocresía emulan a la abnegada, sacrificada, solícita, alegre e infinitamente paciente buena madre son las verdaderas malas madres».

Roseanne hacía la rara confesión pública –en plena cruzada de la derecha religiosa en defensa de los valores de la familia– de que ser padres podía ser algo feo y embrutecedor, sobre todo cuando se tienen trabajos mal pagados. Roseanne se muestra muchas veces sarcástica y desdeñosa con sus hijos. (Cuando Dj le pregunta por qué es tan mala, ella contesta: «Porque odio a los niños... ¡y no soy tu verdadera madre!».) En la tercera temporada, se pelea con su nueva vecina, Kathy, mujer ambiciosa y madre hiperprotectora que le echa en cara no saber adónde ha ido Dj con el hijo de ella. «Tengo tres hijos y un trabajo, así que no puedo estar en todas partes –replica Roseanne–. Tengo que confiar en mis hijos y, como siguen vivos, es evidente que algo he hecho bien.»

Pese a estas bravatas, Roseanne nunca descuida a sus hijos (aunque hay un episodio en el que olvidan que DJ está jugando al escondite y lo encuentran horas después durmiendo en un armario de la cocina). Es verdad que no emplea mucho tiempo en limpiar la casa y las cenas consisten más en perritos calientes y judías que en estofados guisados con amor. Pero vemos que el personaje se esfuerza cada semana por ser una buena madre a la vez que se gana la vida y procura no perderse del todo a sí misma.

«Yo tenía tres hijos y vivía así –me dice Barr seriamente–. Quería ser una madre diferente en la vida y en la tele. Esto me obsesionaba porque las madres que yo conocí de niña no eran como Donna Reed, como ninguna de las madres de la tele, vamos.» Aquellas típicas madres de la tele eran horribles, dice, «porque siempre hacían que el marido pareciera un bobo. ¿Cómo se dice? Mano de hierro en guante de seda». En cambio, el personaje de Roseanne «era como mi abuela, una verdadera matriarca judía que mandaba con una cuchara de madera. Más valía que no te diera con ella en el muslo».

Por supuesto, el personaje de Roseanne Conner no se creó para que fuera una mujer judía; eso habría hecho que su familia, que debía representar a la familia media americana, pareciera demasiado exótica y extraña, al menos desde el punto de vista de una cadena de televisión. En la historia de este medio, generaciones de guionistas judíos han tenido que poner sus palabras en boca de personajes blancos, anglosajones y protestantes. Ya antes de que *Roseanne* se estrenara, Barr confesaba al *New York Times* que tenía que luchar contra la tendencia de Hollywood a blanquear la realidad. «Nosotros criamos a nuestros hijos como judíos y anarquistas, y de ese modo querría yo que fuera mi familia televisiva. Pero, en fin, la tele es así.»

Con todo, *Roseanne* no dejó de tratar temas sociales y políticos en casi todos sus episodios. En el de Halloween de la tercera temporada, DJ quiere disfrazarse de bruja; horrorizado, Dan intenta convencerlo de que cambie su disfraz de travesti por el de un asesino con hacha. Roseanne, por su parte, vestida de tío con una barba pelirroja, acaba en un bar donde la toman por un hombre de verdad. «¡Fue horrible! –le dice a Jackie–. ¡Me recuerda esa película de la mujer que se junta con unos gorilas y estos acaban aceptándola como uno de los suyos!» Pero Roseanne no puede evitarlo y acaba armando una bronca con los del bar; Dan llega justo a tiempo de salvarla de la paliza. «Dejadlo... ¡es mi marido!», exclama Dan, riéndose de sus propios prejuicios de género.

Dos de los hermanos de Barr son homosexuales y, en temporadas posteriores, la serie introdujo varios personajes homosexuales importantes, como Nancy, la amiga de Roseanne (interpretada por Sandra Bernhard). El controvertido episodio titulado «Don't Ask Don't Teel», escrito por los guionistas homosexuales Stan Zimmerman y James Berg, denunciaba abiertamente la homofobia, en un momento en el que circulaban iniciativas legislativas populares contra la homosexualidad en casi una docena de estados (y tres años antes de que se emitiera en la misma cadena el famoso episodio en el que Ellen Degeneres salía del armario). La ABC consideró la posibilidad de no emitir o de censurar el episodio, en el que Roseanne visita un bar homosexual y una lesbiana (interpretada por Mariel Hemingway) la besa. Barr y Arnold amenazaron con llevarse la serie a otra cadena y al final la ABC emitió el episodio con una advertencia. La noche antes de emitirse, Barr declaró que le hacía gracia que su propia cadena «se escandalizara por ver a una mujer besar a otra y no por ver a una mujer violada, mutilada y asesinada cada dos segundos» en la tele. Responsables de la cadena dijeron que de las cien llamadas que recibieron, el 75 por ciento eran positivas.

Durante la campaña presidencial de 1992, en la que todo el mundo esperaba que Murphy Brown atacara a Dan Quayle, Barr declaraba a *Los Angeles Times* que ese tipo de compromiso político le parecía aburrido. «Nosotros no vamos a decir lo que votarán los Conners. Creo que acto seguido la gente apagaría la tele», dijo, y recordó que su familia televisiva no era ni de derechas ni de izquierdas. «Están más bien en el centro de todo, porque ya no saben lo que significa nada. Lo que hacen es ir a trabajar, volver a casa y procurar salir adelante.» «No hacemos chistes sobre Dan Quayle. Él no verá nuestra serie porque le resultaría demasiado dolorosa, siendo como es la pura realidad», añadió Tom Arnold.

La realidad de los Conners incluye el maltrato doméstico: la hermana de Roseanne, Jackie, expolicía, confiesa que su novio, Fisher, que parece un buen tío, le pega. «Recuerdo que iba a escribirlo y pensé: "¡Joder, ¿cómo hago chistes con eso?" –dice DeAnne Heline, que empezó a escribir para Roseanne en la quinta temporada, con su compañera Eileen Heisler–. Eso era lo bueno que tenía Roseanne: podíamos tratar cualquier tema, por delicado que fuera. Y los actores eran buenísimos. Recuerdo que escribimos una escena en la que encarcelan a Dan porque ha pegado al novio de Jackie y Darlene va a pagar la fianza. Darlene no dice más que «Bueno, bueno, bueno, bueno, bueno». Solo que ella dijera eso hizo reír tres minutos. Así da gusto escribir, cuando se puede hacer algo real.»

Al poco de emitirse el episodio del maltrato doméstico, Barr acusó públicamente a su padre de pegarle. (Sus padres lo negaron y luego ella se retractó parcialmente.) Este trauma se refleja en el episodio de esa misma temporada titulado «Wait Till Your Father Gets Home», escrito por Sherman-Palladino y que trata de la muerte del padre de Roseanne y Jackie. Aunque recordar a su padre la llena de rabia, al final vemos a Roseanne profiriendo sus quejas ante el ataúd, parlamento que Barr dice que escribió ella misma. «Gracias por tu sentido del humor –murmura en conclusión–. Te quiero, adiós.»

Sherman-Palladino sabe lo que es un buen guion desde entonces. «Roseanne desterró del rodaje a los directivos de los estudios y de la cadena y nunca los veíamos, no venían a las lecturas. Creo que podían venir al rodaje pero tenían que quedarse en la antesala. Nadie se metía en nuestro trabajo ni teníamos que oír estúpidas expresiones como "suspense" o "motor de la historia" que estaban tan de moda y les hacían creer que nos daban instrucciones –afirma–. Era una experiencia pura.» (Y una experiencia que le haría sufrir desengaños y tener litigios con varios estudios las décadas siguientes.)

Barr dice que su mayor deseo era «ser todo lo rompedora que pudiera. Y tenía a los guionistas para hacerlo». Pero mientras ellos se ocupaban solo de los guiones, la que tenía que dar explicaciones era ella. «Yo era la que tenía que enfrentarme al censor de la cadena.» Este se llamaba Neil Conrad y, dice Barr, «era sumamente conservador. Pero si yo le hacía reír, daba el visto bueno. Era más o menos como mi familia: mientras que les hiciera reír, podía decir lo que quisiera». Conrad demuestra su sentido del humor en una aparición –en el papel de sí mismo– al final de un episodio sobre las erecciones de DJ. La pícara de Roseanne busca una expresión que él pueda aceptar: «¿Qué te parece empalmamiento? ¿Ponerse dura? ¿Encabritarse?». Para deleite de ella, Conrad finge escandalizarse.

En esta burbuja en la que no entraban los directivos, Barr «daba instrucciones cuando le parecía, o ella y Tom iban y venían montados en sus sillas de ruedas eléctricas, mientras nosotros volvíamos a la sala de guionistas y trabajábamos», recuerda Sherman-Palladino, aludiendo a la afición que tenía la pareja de pasearse por el plató en silla de ruedas motorizada. Dice que era un ambiente de trabajo muy funcional mientras duró: «No sé cómo era Tom como marido, pero lo que es seguro es que quería que la serie continuara».

«Seguían diciendo que las mujeres no hacen reír. En toda mi carrera ha habido siempre algún imbécil que me ha dicho: "Te lo reconozco, las mujeres no tienen gracia, pero tú…".» Con sesenta y tres años, Barr mueve la cabeza como si siguiera sin creérselo. «Siempre te venían con el cuento de la excepción. Luego les oía decirle lo mismo a la siguiente mujer.» Aunque procuraba contratar a mujeres guionistas para su serie, Barr las trataba igual que trataba a los hombres, esto es, muy mal. En cierto momento impuso que los guionistas llevaran un número al cuello para no tener que llamarlos por su nombre. Sherman-Palladino era la número 2. Stan Zimmerman y James Berg eran los números 12 y 13.

Eileen Heisler (que se fue antes de lo de los números) dice que la sala de guionistas de Roseanne era como «uno de esos autobuses llenos de gente que se va de vacaciones. Nos pasábamos horas encerrados en aquel cuartito, pero todos podíamos decir lo que se nos antojara y era un debate confuso, real y apasionado. Y si a Roseanne no le gustaba el guion, teníamos que reescribirlo». Barr también era inclinada a dar órdenes absurdas. «Un día conoció a Joan Collins en una fiesta y el lunes nos dijo: "Quiero que Joan Collins salga en el episodio de la semana que viene" –cuenta DeAnn Heline–. Pasaban esas cosas. Como no estaba en la sala de guionistas, teníamos que quedarnos hasta tarde esperando a que viniera y dijera si le gustaba.»

Barr insiste en que lo único que quería era hacer la mejor serie posible. «Era la jefa mala. No soy la madre de nadie. Cobraban diez grandes a la semana, tenían que ganárselos. –Y añade–: Trabajé con guionistas que, por mucho que les sacudiera (y era divertido intentarlo), siempre creaban cosas buenas, porque se decían: "Como no despabilemos y hagamos reír, nos ponen de patitas en la calle.»

Heisler, que con Heline trabajó luego en *Murphy Brown* (y más adelante creó la excelente comedia *The Middle* sobre una familia de clase trabajadora), recuerda que las «lecturas en *Murphy Brown* eran un gustazo. Los actores nos miraban como diciendo: "¿A quién se le ha ocurrido este chiste? Sabían valorarnos». En cambio, en *Roseanne*, «la atmósfera era más bien de miedo».

A mitad de serie, Barr vivía la vida irreal de una superestrella: perseguida por la prensa amarilla y aislada de la realidad cotidiana. Dice Heline: «A veces quería llevar alguna prenda en la serie que Roseanne Conner no llevaría y Tom le decía: "Rosie, no puedes ponerte eso. Eso no se lo pone una mujer del Medio Oeste. Ve a cambiarte". Y ella le hacía caso. Tom entendía lo que era la serie y, al menos aquella temporada, era un influencia positiva».

No contento con mandar en la serie de Barr, Arnold dirigía la suya propia: *The Jackie Thomas Show*, en la que interpretaba a un odioso actor cómico con un pasado muy parecido al suyo. La crítica recibió dividida la serie de 1992 de la ABC (Tom Shales, del *Washington Post*, dijo que Jackie Thomas era «un personaje poco creíble») y Barr respondió enviando feas cartas a algunos críticos. Siempre diplomática, mostró la misma agresividad con su propia cadena. Indignada al ver que la ABC no renovaba inmediatamente el contrato de *Jackie Thomas* (porque no estaba obteniendo los excelentes índices de audiencia que esperaban en la franja horaria después de *Roseanne*), empezó a amenazar con llevarse la serie a otra cadena. Los directivos de la ABC, hartos, suprimieron *Jackie Thomas*, pero, como no querían perder a Barr –que, por incontrolable que fuera, dirigía la segunda serie más vista del país–, se comprometieron a desarrollar nuevos programas con la productora de los Arnold.

Una de las ideas que barajaron fue una comedia basada en el cuarteto femenino de *rythm and blues* En Vogue. Sherman-

Palladino recuerda que le pidieron que escribiera el episodio piloto y quedó con el grupo. «Ninguna era capaz de decir una frase y pensé: "¡Nada, se acabó!"», recuerda. Pero a los Arnold les gustó el guion y decidieron contratar a actrices profesionales, entre ellas a Salma Hayek.

«La noche que íbamos a rodar el episodio piloto, Roseanne echó de casa a Tom y mandó que le llevaran las maletas al plató. Así que de pronto nos vimos con Tom en estado de choque y unos tíos que entraban cargados de maletas... –recuerda Sherman-Palladino–. Así se acabó aquello.» Barr pidió el divorcio en abril de 1994, con lo que llegó al colmo de una serie de escándalos mediáticos que la revista *People* denominó «el circo ambulante de Roseanne y Tom». Una de estas maniobras publicitarias fue el anuncio de un matrimonio a tres bandas entre Roseanne, Tom y Kim Silva, la ayudante de la pareja, de veinticuatro años de edad, causante, según los rumores, del divorcio. Barr acusó también a su marido de maltrato físico y, aunque luego se retractó, siguió adelante con el divorcio.

Los rasgos de carácter que hacían de Barr el fenómeno que era –el pasar de todo el mundo y decir lo que le daba la gana, el querer ir demasiado lejos y forzar las cosas– fueron los mismos que inevitablemente la hicieron caer. Su fuerza venía de su independencia y al final provocó que el *establishment* la expulsara.

«Las cosas se desquiciaron por completo cuando ella y Tom rompieron –dice Sherman-Palladino–. Entonces todo se volvió como en la historia de la lotería.» En efecto, en la última temporada de la serie, a Roseanne Conner le tocan 108 millones de dólares en la lotería y eso engendra una serie de episodios que nada tienen que ver con lo que se había hecho hasta entonces. Jackie empieza a salir con un príncipe y ella y Roseanne viajan a Nueva York, donde alternan con la alta sociedad. Las hermanas conocen a la editora de una revista, interpretada por Marlo Thomas, y a una magnate de la industria del perfume, interpretada por Arianne Huffington. Las protagonistas de la serie inglesa *Absolutely Fabulous*, Patsy y Edina (Joanna Lumley y Jennifer Saunders), también aparecen en este episodio. Por entonces, Barr estaba trabajando con Saunders para adaptar estos personajes –dos borrachinas descaradas y amantes de la moda– a la televisión estadounidense; veía en Patsy y en Edina a dos compañeras de viaje en la causa feminista de las mujeres rebeldes. Pero pronto quedó claro que las cadenas de televisión americanas exigirían que la serie prescindiera de sus elementos más groseros; a Roseanne se le perdonaba que fuera una bocazas porque tenía una familia normal y corriente que le hacía sentar la cabeza; dos solteras entradas en años, que bebían, se drogaban, se acostaban con hombres jóvenes y pasaban de la maternidad no tenían cabida en la televisión americana de los años noventa. El proyecto fue abandonado.

Por *Roseanne* siguieron pasando productores ejecutivos y guionistas, entre ellos Eric Gilliland, Rob Ulin y Daniel Palladino. (Este último conocería a Amy Sherman y se casaría con ella después de que ambos dejaran la serie.) Janet Leahy, que escribió los últimos episodios de *Roseanne*, dice que algunas de las historias «disparatadas» de la serie se debieron al hecho de que Barr acabó teniendo demasiado control. «Una cosa es saber editar y otra saber crear; creo que al final las dos cosas se confundieron y eso fue parte del problema.» Recuerda que uno de los guionistas había propuesto un argumento alternativo para el episodio de la lotería: «Tenían el billete de lotería en el frigorífico y les tocó pero nunca lo supieron porque no comprobaron el billete. A mí eso me parece genial y real. Así la serie no hubiera tomado ese extraño derrotero», dice riendo.

Barr nunca explicó mucho las razones que la llevaron a decidirse por la historia de la lotería, pero a la revista *Spin* declaró que era su manera de devolver la serie a sus raíces –la saga de su vida real– y de transmitir «cómo se hacen realidad los sueños.

Quería mostrar lo que es el sueño americano y cómo todas esas cosas maravillosas me ocurrieron a mí, que no era más que un ama de casa con hijos». Dijo que siempre había pensado acabar la octava temporada haciendo que Roseanne Conner actuara de humorista: «Yo siempre sacaba a pobres trabajando duro pero que nunca triunfaban. Vi que yo había llegado a donde había llegado porque no aceptaba eso. Y no podía permitir que esos personajes que se lo curraban tanto no llegaran a nada.» Sin embargo, en el último episodio de la serie, emitido en mayo de 1997, descubrimos que lo de la lotería es una fantasía, un relato de ficción escrito por Roseanne Conner para consolarse de la muerte de Dan, víctima de un infarto.

Al cabo de casi una década de dominio cultural y caos personal, Barr dejó la televisión de máxima audiencia. Estaba agotada, pero era inmensamente poderosa, o eso parecía. En una semblanza publicada en 1995 en el *New Yorker* se mencionaba un acuerdo según el cual su productora, Full Moon & High Tide, crearía cuatro series más, y Barr calculaba que a finales del siglo XX su nombre valdría mil millones de dólares. Sin embargo, los años siguientes pareció incapaz de aprovechar el inmenso éxito de su serie. Se habló de hacer una serie centrada en DJ, el hijo, pero el proyecto nunca se concretó. La idea de crear un programa de entrevistas para la ABC en la que entrevistaría a Mike Tyson tampoco cuajó. En lugar de eso, Roseanne dio la espalda a su cadena de toda la vida y realizó el programa para la agencia King World (distribuidora del programa de Oprah). «Me imaginé que ganaría tanto dinero como Oprah y les dije a los de la ABC: a la eme... ¡Otra de mis geniales ideas!», contó en su libro *Roseannarchy*. Después se harían varios programas de telerrealidad en los que aparecían parientes suyos y se hablaba de sus series fallidas (como *Downwardly Mobile*, cuyo episodio piloto se rodó en 2012 y reunió a Barr y John Goodman). Y en 2017, la ABC anunció una nueva versión de *Roseanne*.

También se presentó a presidenta por el Partido Verde en las elecciones de 2012. «Me encanta armar bulla en nombre de la gente», dice Barr ahora, con su voz chillona atenuada por la edad. Pero la irrita la tendencia de las personas normales a engañarse. «Como dice George Carlin, los amos de este país pertenecen a un club al que nosotros no pertenecemos. ¡No nos engañemos!» Preguntada si cree que ella continuó el legado de humor populista de Carlin, hace una pausa. «Creo que hice mi parte cuando pude hacer algo. Y desde luego me divertí haciéndolo. –Suelta una carcajada–. «¡Qué divertido era, Dios!»

Por supuesto, no todo fue divertido. «Me vi metida en medio de algo tan grande y tan imparable como un tren lanzado a toda velocidad –declaró a un periodista cuando dejó de emitirse *Roseanne*–. He visto lo que les pasa a algunas personas cuando empiezan a hacerse famosas y obtienen un gran éxito. Creo que muchos pierden tanto el control que les cuesta la vida.»

Sherman-Palladino siente una gran simparía por su exjefa. «Nuestra serie era la número uno y la veían treinta millones de espectadores todas las semanas... Pero Roseanne no fue nunca una mujer feliz. Tenía mucho poder pero no sé si llegó a disfrutar de lo que había conseguido. Siempre fue muy criticada y nunca obtuvo el respeto que merecía.»

Judd Apatow conoció a Barr a los veintidós años, cuando lo contrató para que escribiera en sus números de humor. A él también lo impresiona su capacidad creativa. «Mucha gente pensaba que no sabía controlarse pero en realidad era una persona que controlaba su mundo lo mejor que podía, siendo quien era. Hizo una televisión que fue referencia durante mucho tiempo y la hizo de una manera única y excéntrica –dice Apatow. Hace una pausa y añade–: Vale, a veces había algo demencial. Pero lo que hizo fue pionero. Teníamos a Maude, a Rhoda, a Mary Tyler Moore, y entonces vino Roseanne y le dio a todo una nueva dimensión.»

Roseanne Barr es hoy un fantasma de la televisión del pasado, tan extraña y contradictoria que cuesta creer que hubo un tiempo en que fue la mayor estrella de televisión del país. Desde su pedestal televisivo llevó toda clase de ideas progresistas de género y clase a los hogares de una nación sacudida por conflictos culturales. Fue capaz de darle la vuelta al insulto que era ser pobre y mujer: aunque Roseanne Conner aparenta a veces ser perezosa y una madre negligente, no era ni una cosa ni la otra. Tratando siempre de sacar adelante a su familia, apoyaba a sus hijos cuando huían, se quedaban embarazadas y sufrían desengaños, y animaba a su marido cuando perdía un trabajo, se deprimía y enfermaba.

Murphy Brown y *Roseanne* empezaron y acabaron más o menos al mismo tiempo y muchos críticos pensaron que eran las dos caras de la misma moneda. En un momento en que la retrógrada noción de los «valores familiares» se cernía sobre la cultura, las dos series ofrecieron una visión más realista y contemporánea de lo que podía ser una familia –fluida, imperfecta– y allanaron el terreno a futuras series como *Modern Family*, *Fresh Off the Boat* y *Transparent*. Mientras que Murphy representaba a la izquierda bien de América, Roseanne se dirigía a las clases olvidadas de los ochenta: los pobres, los gordos, los trabajadores callados y frustrados.

Las dos eran unas superheroínas feministas. Pero Diane English y Roseanne Barr dicen que nunca se conocieron. English admiraba mucho a su rival, pero Barr no se identificaba con el feminismo liberal y de clase media que Murphy representaba.

Eileen Heisler, que escribió para ambas series, ya entonces veía claramente lo diferentes que eran Murphy y Roseanne de las protagonistas habituales de la televisión. «Eran sarcásticas, imperfectas, folloneras, traviesas, no siempre buenas. El personaje de Murphy era uno de los más divertidos para los que se podía escribir porque sabía lo que quería y pisaba a quien fuera por conseguirlo, solo para darse cuenta con sorpresa de que no era lo que quería.» Pero fue *Roseanne* la serie que al final inspiró *The Middle*, la telecomedia que Heisler y Heline crearon dos décadas después sobre un matrimonio de clase trabajadora de Indiana que se las ve y se las desea para pagar las facturas y tratar bien a sus díscolos y extravagantes hijos. «*The Middle* se basa sin duda en *Roseanne* –dice–. Nos encantaba el matrimonio de Dan y Roseanne y la dignidad de la gente que lucha por abrirse camino.»

No cabe duda de que Barr fue el alma y la conciencia de *Roseanne* y pidió a todos los que la rodeaban que fueran fieles a esa idea. «Sabía lo que era verdadero y enseguida percibía lo que no era auténtico o real –observa Janet Leahy–. Hubo muchos guionistas, pero en toda la serie solo se oyó una voz: la suya.»

III

TRÁVELIN DE PALABRAS:

LAS CHICAS GILMORE DE AMY SHERMAN-PALLADINO

Me paseo por los estudios Warner Brothers un soleado día de primavera buscando los decorados de Stars Hollow, la ciudad idílica en la que se ambienta *Las chicas Gilmore*, por la que se pasean un montón de bichos raros, en la que compiten músicos de Sonic Youth y Yo La Tengo y por cuyas bonitas calles flota orgullo cívico.

Lo primero que localizo es la academia de baile de Miss Patty, donde se reúnen los ciudadanos de Stars Hollow. Me asomo por la ventana esperando ver bailarinas menudas practicando pliés, pero el local está vacío. En torno a la plaza bañada por el sol veo los familiares edificios de la calle mayor, entre ellos Luke's Diner, donde se va cociendo a fuego lento el amor entre el huraño propietario, Luke Danes, y la madre soltera Lorelai Gilmore. Pero han quitado las señales retro y se ven otros cambios: hay una tienda de ropa de moda llamada Diva Dish y hasta una pastelería. No son, sin embargo, los estragos de la gentrificación, sino los efectos del ritmo frenético con el que se rueda en unos decorados de televisión: ya han empezado a quitar los de la última entrega de *Las chicas Gilmore* y están poniendo los de la nueva temporada de *Pequeñas mentirosas*.

Unas manzanas más allá, sin embargo, el equipo de *Las chicas Gilmore* se ha instalado en lo que parece una calle de ciudad como cualquier otra. Netflix ha retomado la historia con *Las cuatro estaciones de Las chicas Gilmore*, nueve años después de que la serie original terminara. Extras con traje de fiesta y esmoquin van y vienen por la calle esperando a que los llamen. Me indican un edificio y cuando entro por la puerta me hallo en medio de una escena chocante: un local de tango lleno de humo con bailarines vestidos con ropa decadente. Todo el mundo parece congelado en posturas angulosas imposibles. Cuando me doy cuenta de que están ensayando, echo a correr por entre los cuerpos apretujados.

En mitad de la sala casi me choco con una mujercita vestida con una túnica negra y un sombrero de fieltro lila: es la creadora de *Las chicas Gilmore*, Amy Sherman-Palladino, que dirige a los bailarines con una sonrisa beatífica. Sigo adelante y paso, por así decirlo, al otro lado del espejo: a la zona oscura y llena de trastos que queda detrás del escenario, conocida como *video village*, donde directores, guionistas, encargados de vestuario y todas las demás personas que no se necesitan en el escenario propiamente dicho se apiñan de pie o sentadas en sillas de director.

Sherman-Palladino se deja caer en su silla junto a su marido y también guionista Daniel Palladino, que parece un chiquillo, vestido como va con un blazer marrón y una sudadera con capucha. Ambos miran a una pantalla, en la que se ve la fantasía musical a lo Baz Lurhmann que está desarrollándose en la sala contigua. La actriz Alexis Bledel, de treinta y cuatro años –que tenía solo diecinueve cuando interpretó por primera vez a Rory, la hija de Lorelai–, se desliza a través de la cortina de cuentas del local con su exnovio Logan (Matt Czuchry), que viste traje y chistera estilo steampunk. A los diez segundos de la toma, Sherman-Palladino grita «¡Corten!» y corre a hablar con los bailarines. El rodaje continúa de esta manera sincopada. Entre toma y toma, Bledel vuelve al *video village* y se sienta en silencio en un rincón, pálida y luminosa, mientras da tragos de agua y mira el móvil. Por fin consiguen rodar toda una escena sin contratiempos, pero cuando Logan inclina a Rory románticamente, el brazo de esta queda colgando inerte. «Parece un pez dando coletazos», dice Sherman-Palladino, y arruga la nariz. Al final dirige a la pareja para que terminen abrazados amorosamente en lugar de inclinados, desechando para siempre la mano pisciforme de Rory.

«¿Puedes sacar a la bailarina de ochenta y tres años?», pide en un momento dado Sherman-Palladino, riendo. Una anciana dama con el pelo rojo cortado al rape y un vestido corto de raso pasa delante de la cámara. Resulta que es su madre, Maybin Hewes, que fue bailarina. Sherman-Palladino señala que la ha emparejado con un bailarín profesional de *Bailando con las estrellas*. «La trata como a una diosa. ¡Al ver que todo el mundo la quiere y que a mí nadie me entiende me vuelven todas las angustias que tenía de niña!», bromea afectando una voz ofendida y encogiéndose de hombros con aire lastimero, como haría un humorista de la escuela de Borscht Belt.

Durante una pausa del rodaje, Bledel y Hewes se acercan al *video village* y se plantan delante de Sherman-Palladino como para llamar su atención. De pronto, la realizadora de la serie, sentada allí con su sombrero de fieltro lila, parece la mismísima Lorelai Gilmore, que tuviera que satisfacer a la vez las necesidades de su madre real y las de su hija de ficción, mientras dirige la compleja maquinaria que es una producción televisiva... ¡y todo eso hablando a una velocidad increíble!

Cuando *Las chicas Gilmore* se estrenó el 5 de octubre de 2000, nada hacía prever que llegaría a ser una las historias de mujeres más queridas de la televisión, ni que se convertiría en una serie de culto que había de merecer una secuela.

La serie, originalmente lanzada en la WB, una cadena nueva conocida sobre todo por emitir telenovelas de adolescentes como *Dawon's Creek* y *Siete en el paraíso*, llevaba un título poco afortunado que sugería que estábamos ante un vulgar drama familiar o una historia de jovencitas sensibleras. Lo mismo habría podido darse a conocer llevando un letrero al cuello que dijera: «No me toméis en serio». En sus siete temporadas, solo ganó un Emmy –al mejor maquillaje–, pese a que contaba con algunos de los mejores guiones y actuaciones de la época.

Solo un año antes de que *Las chicas Gilmore* se estrenara, la HBO había lanzado *Los Soprano* al firmamento de la cultura pop. Junto con *Bajo escucha*, esta serie estableció un modelo de calidad televisiva que identificaba profundidad y enjundia con personajes masculinos problemáticos, turbulenta energía masculina, luchas de poder sangrientas y violencia constante y altamente realista: pensemos en series como *Al margen de la ley*, *Dexter*, *Hijos de la anarquía*, *Rescue Me*, *Breaking Bad*... No es casualidad que este tipo de series las dirigiera siempre un hombre, para quien el violento antihéroe de la pantalla era una especie de trasunto de sí mismo. Las mujeres eran figuras secundarias en estos psicodramas masculinos y a las realizadoras que deseaban crear dramas menos machistas se les ponían obstáculos casi insuperables.

Casi por definición, pues, la televisión «seria» ofrecía pocas oportunidades a las mujeres tanto de ponerse delante como detrás de la cámara. La inmersión en la vida emocionalmente compleja de unas mujeres inteligentes que proponía *Las chicas Gilmore* hacía casi imposible que la serie pudiera considerarse seria. ¿Dónde estaba el furor asesino, los terribles dilemas morales en Stars Hollow? En lugar de eso, había pequeños conflictos cotidianos, aventuras amorosas y placeres. Tony Soprano estrangula a un hombre mientras lleva a su hija Meadow a visitar universidades; Lorelai, durante una visita parecida que hacen las Gilmore a Harvard, simplemente reflexiona sobre los vanos sueños que tenía cuando iba a la universidad y sobre sus inseguridades. La mezcla de comedia disparatada y amable y tranquilo drama emocional hizo que se la clasificara en la categoría de *dramedy* o «dramedia», un término despectivo que se aplica muchas veces a las series protagonizadas por mujeres que se consideran más o menos ligeras. *The Days and Nights of Molly Dodd* y *Sexo en Nueva York* fueron de las primeras series en llevar esa etiqueta, seguidas luego de *Weeds*, *Nurse Jackie* y *Girls*.

Si Sherman-Palladino creía que era posible crear una serie buena centrada en la mujer y que atrajera a mucho público era porque había empezado su carrera televisiva trabajando en una serie así. Había empezado a escribir para *Roseanne* a los veinte años y había conseguido la única nominación a los premios Emmy que tuvo la serie, con el episodio sobre Becky y los anticonceptivos, escrito por ella (con su compañera Jennifer Heath). «Empezar con *Roseanne* fue lo mejor y lo peor que me podía pasar», dice ahora, y eso por dos razones: porque el nivel era muy alto y porque Barr, a un coste emocional grande, había conseguido una libertad respecto de las cadenas de televisión por la que Sherman-Palladino lucharía toda su vida.

La primera vez que entrevisté a Sherman-Palladino –para un artículo de la revista *Village Voice*, en la que yo hacía la crítica televisiva–, bromeó diciendo que, en Stars Hollow, el presidente de Estados Unidos era Al Gore. Esa pequeña población típica de Nueva Inglaterra –una idealizada burbuja liberal–, era el tipo de lugar en que seguramente pensaba Hillary Clinton cuando dijo aquello de que «Hace falta todo un pueblo»: comunidad pintoresca pero avanzada, pequeña pero no estrecha de mente, tolerante con los extraños y con sus propios bichos raros. Y, sobre todo, una ciudad regida en gran medida por mujeres, en la que la independencia y la capacidad de la mujer se dan por descontadas. Está llena de empresarias y de jefas (como Lorelai, que regenta un hotel con Sookie, la cocinera perfeccionista y obsesivo-compulsiva). Y los ídolos de Rory son iconos de la mujer realizada y con autoridad como Christiane Amanpour, Gloria Steinem y Madeleine Albright.

Entretanto, en el mundo real, el mundo en el que George W. Bush llegó a la Casa Blanca en lugar de Gore, Estados Unidos se veía cada vez más dividida entre estados republicanos y estados demócratas. Los republicanos preconizaban políticas que, como las administraciones de Reagan y Bush que fueron el telón de fondo de *Roseanne* y *Murphy Brown*, recortaban presupuesto para la planificación familiar en favor de programas antiabortistas que solo educaban en la abstinencia. *Las chicas Gilmore*, que daba una visión consoladora de un país más amable y tolerante, fue una de las cosas que me ayudaron a soportar la «edad oscura» de la década de 2000. ¡Qué curioso que la serie vuelva a las pantallas en vísperas de un periodo aún más siniestro de reacción, y la secuela se estrene solo unas semanas después de las elecciones de noviembre de 2016! ¿No será que en la idílica ciudad imaginaria de Stars Hollow, Hillary Clinton ganó a Donald Trump?

En una fría mañana de noviembre de 2015, quedo con Sherman-Palladino en una pequeña cafetería de Brooklyn que hay muy cerca del apartamento que comparte con su marido. Ha hecho una pausa para salir del aislamiento que se han impuesto mientras escriben el guion de la secuela de la serie, que produce Netflix. Aparta con el codo un cochecito de bebé que le corta el paso como si fuera portador de una enfermedad contagiosa, se quita el gorro de leopardo que lleva y deja que caiga una cascada de cabello rizado negro que enseguida se retira. El móvil no para de sonarle con mensajes de texto que le envía Dan, que sigue en casa dando nueva vida a Stars Hollow.

Sherman-Palladino se crio en el Valle de San Fernando, Los Ángeles, en el mundo del espectáculo de antaño. Su madre era bailarina de musicales de Broadway; su padre, Don Sherman, humorista de Catskill primero y luego guionista y actor de televisión, apareció de niño en series como *The Monkees*, *Maude* y *Barney Miller*. Aunque no la educaron en la religión, mamó comedia judía; Jackie Mason y Shecky Green visitaban a menudo el hogar de los Sherman. El descubrimiento de un gastado ejemplar del disco *2000 Years with Carl Reiner and Mel Brooks* le cambió la vida, porque le dio a conocer al personaje del Anciano de dos mil años de Brooks. Voz cómica que era «rápida, furiosa, humana, cansina e hilarante», Brooks le infundió el deseo de formar parte de la tradición cultural judía. Como dijo una vez, «enseguida adopté un acento neoyorquino. Me volví del barrio Van Nuys vía Brooklyn (es decir, el Brooklyn de los años cuarenta)».

Después de formarse como bailarina, Sherman-Palladino recibió clases de la compañía de teatro de Los Ángeles The Groundlings, a los veinte años. En esas clases conoció a Jennifer Heath, que le propuso que escribieran los llamados «guiones *spec* o especulativos» (guiones de episodios de teleseries que están emitiéndose y que se presentan para solicitar un trabajo de guionista). Sherman-Palladino se apuntó a un curso de escritura de guiones de telecomedia en la Universidad de California en Los Ángeles, tras lo cual las dos amigas entraron a trabajar en *City*, serie pensada para la actriz de *Rhoda* Valerie Harper. Aunque *City* no duró mucho, les valió una oferta de trabajo en *Roseanne*. Por entonces Sherman-Palladino aún tenía la opción de hacer carrera en el baile y cuenta que recibió una llamada en la que le proponían un papel en el musical itinerante *Cats*. Después de pensárselo un poco, escogió *Roseanne* en vez de Rumpleteazer.

Roseanne Barr dice que enseguida le tomó cariño a Sherman-Palladino por su afición a los sombreros extravagantes y su perfeccionismo: «Es una de esas personas que siempre te presentan cosas divertidas. Más vale que me hagan reír o están despedidas. Algunas no me hacían reír. Ella sí».

Pasaron seis meses desde que Sherman-Palladino escribiera el primer guion especulativo hasta que consiguió trabajo en una serie. Nunca más volvería a ocurrir nada con esta facilidad casi mágica. Después de *Roseanne* creó la productora Dorothy Parker Drank Here, en homenaje al alma de la legendaria Mesa Redonda de Algonquín. En los años siguientes desarrolló varias telecomedias que nunca se estrenaron y una que sí se emitió, por poco tiempo: *Love and Marriage*, que contaba la historia de los Nardinis, una pareja obrera italoamericana que luchaba para criar a sus rebeldes hijos en Nueva York. La Fox despidió al director de entretenimiento John Matoian el mismo mes que se estrenó la serie, y su sucesor, Peter Roth, enseguida la canceló. A continuación trabajó en *El secreto de Verónica*, una serie cómica de finales de los noventa protagonizada por Kirstie Alley en el papel de una empresaria de la moda y producida por Marta Kauffman y David Crane, los creadores de *Friends*. Sherman-Palladino no se muerde la lengua a la hora de hablar de su experiencia en esta serie, que califica de «terrible». Crane, dice, «es una persona encantadora y tiene mucho talento, y daba gusto verlo trabajar. Pero, aparte de eso...», y enarca la ceja de manera significativa. La sala de guionistas «era horrible porque estaba llena de gente que quería trabajar en *Friends* e iba allí a hacer chistes groseros sobre Kirstie».

Trabajando en *El secreto de Verónica*, dice Sherman-Palladino, tocó fondo. «Se acabaron las telecomedias, creo que no están hechas para mí», le confesó a su marido. «Pues ve pensando qué quieres hacer», le dijo él.

En el otoño de 1999, Sherman-Palladino propuso ideas a varias cadenas de televisión. Una de estas cadenas era la WB, un canal nuevo con un presupuesto reducido y poca actividad en su haber, pero que había empezado a crearse un público en dos géneros poco tratados por las cadenas más consolidadas: la comedia afroamericana (*The Jamie Foxx Show*, *Cosas de hermanas*) y el drama adolescente (*Dawson's Creek*, *Buffy, cazavampiros*). Ya había creado plataformas para los hermanos Wayans, para Kevin Williamson y para el exguionista de *Roseanne* Joss Whedon.

Al final de la entrevista con los responsables de la WB, Sherman-Palladino mencionó que estaba pensando escribir una serie sobre una madre joven y su hija que son muy buenas amigas. Susanne Daniels, directiva de la cadena y admiradora de los guiones de Sherman-Palladino, tenía la idea de crear el personaje de una adolescente inteligente y compleja que no fuera muy sexi ni estuviera obsesionada con los chicos, y le propuso que escribiera un drama de una hora de duración basado en ese personaje. Sherman-Palladino accedió a desarrollar la idea, aunque se puso algo nerviosa; no solo tenía que trabajar en una historia que no tenía pensada, sino que era una guionista de episodios cómicos de media hora y no tenía experiencia en dramas de una hora.

Pero entonces hizo un breve viaje con Dan al pintoresco pueblo de Washington, Connecticut, y quedó maravillada: le encantaron los campos de calabaza y un bar en el que los clientes se servían café ellos mismos. Stars Hollow empezó rápidamente a poblarse en su imaginación y las protagonistas de su serie fueron cobrando forma: Lorelai Gilmore, una madre soltera de treinta y dos años, y Rory, su hija adolescente. Sherman-Palladino se imaginó a Lorelai como la hija única y rebelde de un matrimonio aristócrata de Hartford, Emily y Richard Gilmore. Se había quedado embarazada a los dieciséis años y había escapado de casa para poder criar a su hija en un ambiente más rural y humilde, a la vez que se abría camino en la vida hasta llegar a regentar un hotel como aquel en el que se alojaban Amy y Dan.

Pese a haberse criado en una familia rica, el personaje de Lorelai debe mucho a Roseanne Conner. «Gran parte de la mirada de Roseanne pasó a ella –dice Sherman-Palladino–. Lorelai tenía muchas más posibilidades que Roseanne Conner, pero su independencia y su voluntad de hacer las cosas por sí misma las debía directamente a Roseanne.»

En efecto, *Roseanne* condicionó decisivamente el enfoque que Sherman-Palladino dio a *Las chicas Gilmore*. «No sé si me di cuenta entonces, pero lo que aprendí con aquella primera serie fue a ver las cosas como Roseanne –dice–. En *Roseanne*, nada ocurría que no la afectase. Así, si a las hijas les pasaba algo, la pregunta era siempre: ¿cómo afectará eso a Roseanne? Su punto de vista lo permea todo. Es el centro de todo, como lo es Lorelai.»

A Daniels le gustó mucho el guion del episodio piloto, que contaba concisamente la relación entre madre e hija con el curioso telón de fondo de Stars Hollow. En una reunión que se celebró en la sede de la WB para esbozar futuras tramas, después de que la cadena hubiera aceptado producir la serie, Sherman-Palladino mencionó una futura lucha entre Lorelai y su mundana madre, Emily, de la que se ha distanciado. Incapaz de sufragarle a la brillante Rory un colegio privado, Lorelai acepta que sus padres paguen la matrícula; a cambio, su madre le arranca la promesa de que ella y Rory irán a cenar todos los viernes a la mansión familiar. Daniels propuso que incluyeran esta escena en el episodio piloto, introduciendo ya al espectador en uno de los temas centrales de la serie: los complicados vínculos entre estas tres generaciones de mujeres Gilmore y la compleja combinación de amor, dinero y deberes familiares que implican.

Emily Gilmore halla su razón de ser en la riqueza y la posición social y trata con superioridad a todos cuantos no se muestran a su altura, sea la criada (a la que cambia en cada episodio por no ser de su agrado, como hacía Murphy Brown con sus secretarias) o su hija. Por muy resentida que esté con Emily, Lorelai ha heredado su gusto por el duelo verbal. La relación entre ambas es una batalla constante por tener la última palabra. Esa primera cena familiar nos muestra la mezcla de lucha emocional y humor gestual que será característica de la serie, cuando vemos a los abuelos arrullar a Rory y menospreciar el éxito profesional de Lorelai. El ambiente se caldea y acaba en un enfrentamiento entre Lorelai y Emily a propósito del pecado original de *Las chicas Gilmore*: la decisión de Lorelai de criar sola a su hija.

«Te llevaste a esta niña y nos echaste de tu vida», le reprocha Emily, a lo que Lorelai contesta: «Porque querías controlarme». Y añade que supo madurar rápidamente. «Tuve que buscarme la vida y encontré un buen trabajo», dice, con un orgullo mezclado de petulancia. «Un trabajo de sirvienta –se burla Emily–. Con la cabeza y el talento que tienes…»

Acabada la cena, la cámara sigue a Lorelai y a Rory, que salen de la casa. «¿Parezco más pequeña? Me siento más pequeña», le dice Lorelai a su hija. En un episodio posterior confiesa que el día que truncó los sueños de sus padres diciéndoles que estaba embarazada «fue la única vez que me parecieron pequeños». Lorelai aprovecha cualquier ocasión para empoderarse.

Encontrar a las actrices adecuadas para interpretar a las Gilmore era fundamental. Alexis Bledel era una estudiante de la Universidad de Nueva York y modelo que no tenía experiencia como actriz; el día que hizo la prueba estaba constipada porque era invierno y había posado en una sesión de fotos en la que le echaban agua sobre el tembloroso cuerpo. Su estado enfermizo dio a la prueba el carácter de realismo soñoliento que

Sherman-Palladino buscaba para Rory. «No estábamos seguros de que sirviera para el papel, pero tenía algo. ¡Ya solo por los ojos! –dice Sherman-Palladino–. Era muy fotogénica... La gente decía que la cámara se enamoraba de ella, pero lo hacía de una manera muy particular.»

La veterana actriz Kelly Bishop gustó a Sherman-Palladino para el papel de gran dama de Emily Gilmore. Había ganado un premio Tony por su interpretación de Sheila, la sexi y sarcástica bailarina del musical *A Chorus Line* (parcialmente basada en su propia persona) y aparecía en películas como *Una mujer descasada* y *Dirty Dancing*. Bishop aportó una gravedad fría a la serie, sobre todo combinada con el porte digno de Edward Hermann, en el papel del campechano y afable Richard Gilmore. Conocido sobre todo por sus apariciones encarnando al presidente Franklin D. Roosevelt en varias películas de televisión, Hermann quedó prendado del guion («Había una estudiante de bachillerato a la que aburrían los chicos y maquillarse y quería leer *Los miserables*. Me pareció estupendo») y se ofreció para hacer una prueba.

Más difícil fue escoger actriz para el papel de Lorelai. Una larga serie de aspirantes pasaron por los estudios de la WB y fueron rechazadas. «No encontramos a Lauren hasta el puñetero último minuto», dice Sherman-Palladino en tono dramático. Lauren Graham había coprotagonizado unas cuantas comedias que no habían tenido éxito y se hallaba en ese momento trabajando en *M.Y.O.B.*, una comedia de escaso éxito que la NBC aún no había decidido cancelar. Sherman-Palladino, pues, se entrevistó con la actriz sabiendo que quizá no estaría disponible.

Graham recuerda que leyó las frases con Sherman-Palladino antes de hacer la prueba y que la sorprendió el afán de precisión de la realizadora. «Me dijo: "Muy bien, pero ¿puedes decir exactamente lo que está escrito?"». En otras comedias, a la joven actriz se la había animado a improvisar. Pero Graham pronto entendió que las frases de Sherman-Palladino «debían decirse exactamente como estaban escritas porque eran muy musicales».

Decidieron filmar el episodio piloto en Toronto con Graham en el papel protagonista, una decisión que Daniels dice que «la dejó aterrada». Si la otra serie en la que actuaba Graham proseguía, tendrían que buscar dinero para volver a rodar el episodio con otra actriz. Y el dinero no era asunto baladí, pues la cadena había financiado los primeros guiones de la serie de una manera bastante inusual: asociándose al Family Friendly Programming Forum, un consorcio de grandes anunciantes cuyo objetivo era promover una televisión sana y honesta. Por suerte, la otra serie de Graham fue cancelada y la WB empezó a producir *Las chicas Gilmore* en la primavera de 2000. Sherman-Palladino convenció a los responsables de la cadena de trasladar el rodaje a los estudios de la Warner Brothers, donde recrearon el imaginario pueblo de Nueva Inglaterra en los mismos decorados que se usaron para rodar *Vivir de la ilusión* y *The Waltons*. También tuvo que sustituir a dos actores que interpretaban los importantísimos papeles de Sookie (la mejor amiga de Lorelai y cocinera del hotel) y de Dean (que iba a ser el primer amor de Rory).

Sherman-Palladino estaba en su despacho vestida con una minifalda negra, unas botas militares y una camiseta en la que decía ANOCHE ME FOLLÉ A TU NOVIO cuando las directoras de casting Mara Casey y Jami Rudofsky entraron por primera vez para conocerla a ella y al productor Gavin Polone. Al ver cómo iba vestida y la extravagante decoración del despacho –un recinto cubierto de terciopelo fucsia que un empleado describió una vez como «el interior de la botella de Jeannie en *Mi bella genio*»–, las directoras de casting pensaron que Sherman-Palladino podría aceptar una propuesta poco ortodoxa para el personaje de Sookie: Melissa McCarthy, una actriz cómica poco conocida que actuaba con los Groundlings.

«Melissa vino y leyó y casi me meo de la risa –recuerda Casey–. ¡No podía parar de reír y eso no queda muy bien!» Sookie no era como los personajes por los que McCarthy era conocida en Groundlings, que eran, dice Casey, «grandes, locos y fabulosos, y comían pizza que recogían del suelo y se caían. Sookie no era un gran personaje pero Melissa fue capaz de infundirle su sensibilidad y su talento». Sherman-Palladino decidió apostar por ella, pese a que su físico rechoncho y carácter alocado no respondían a los cánones televisivos... ni siquiera para un papel secundario. «Fue una apuesta arriesgada –recordó Sherman-Palladino en la edición del festival ATX de 2015–. Melissa es diferente y lo diferente no siempre es fácil de defender.»

Casey enseguida vio que había dos maneras de abordar la cuestión del reparto: «O actores guapos o lo más raros posibles. Si un chico iba a enrollarse con Rory, tenía que ser guapo». Jared Padalecki vino de Texas para una visita breve y fue contratado para el papel del primer novio de Rory, Dean. Scott Patterson –el actor que interpreta a Luke Danes, el verdadero amor de Lorelai– empezó siendo un personaje que aparecía de vez en cuando en lugar de un personaje fijo debido al escaso presupuesto. Por eso los productores de la serie contrataban a actores sobre la marcha y los colaban de rondón en algún que otro episodio para no tener que pedir permiso a la cadena. Sean Gunn es un perfecto ejemplo de esta sigilosa estrategia: este actor de reparto fue contratado para el primer episodio en el papel de un instalador de cables. En el siguiente episodio volvía a aparecer en el papel de un repartidor de cisnes. Jami Rudofsky sabía que el padre de Sherman-Palladino había interpretado a varios personajes tocados con diferentes sombreros en la comedia de los ochenta *Gimme a Break* y propuso que hicieran lo mismo con Gunn. Al final acabó interpretando a Kirk, uno de los grandes personajes excéntricos de la historia de la televisión, que va a todos los trabajos en bici, es aficionado a hacer películas y sufre de terrores nocturnos que le hacen correr desnudo por Stars Hollow.

Los problemas iniciales de *Las chicas Gilmore* no eran solo de casting. Sherman-Palladino había escrito un guion del episodio piloto con mucho diálogo y los directivos le dijeron que tenía que acortarlo si quería que cupiera en el tiempo de metraje previsto. Pero como los diálogos de la serie se suceden a una velocidad vertiginosa, el episodio, una vez rodado, era quince minutos más corto. Otro problema era el del personaje de Rory: gran parte del argumento de los primeros episodios gira en torno a Rory y Lorelai, pero Bledel era una actriz demasiado novata, desde el punto de vista técnico, para interpretar escenas en solitario. Estaba como aturdida. «Así que Lauren y Alexis tenían que salir a la vez en todas las escenas», dice Sherman-Palladino. Como las demás historias y personajes no estaban tan desarrollados, todo se centraba en Lorelai y Rory, y todo el trabajo recaía en Graham y Bledel. «Las mataba a trabajar, pero no tenía más remedio, porque aún no sabía cómo serían las demás historias.»

Mediada la primera temporada, las agotadas actrices pidieron una tregua a la realizadora. Sherman-Palladino empezó a desarrollar otros personajes: Lane, la mejor amiga de Rory, y su enemiga, Paris; intereses amorosos (Dean y Jess por Rory, Max y Christopher por Lorelai). Y, por supuesto, Emily y Richard Gilmore: «Nos dimos cuenta de que teníamos allí a dos actores profesionales, ¿por qué no darles más que hacer?».

Graham volvió a ver hace poco el primer episodio y la impresionó lo lentamente que se desenvuelve la trama: «Nada pasa en veinte minutos y no nos importa porque hay algo cálido y atractivo en el lenguaje y en las personas. Vemos a una mujer a la que le gusta el café, a su hija, la vemos trabajando... Hasta casi la mitad del episodio no entendemos que necesita dinero para pagarle el colegio a la hija. En un episodio piloto de hoy día eso duraría tres minutos... con una explosión y un vampiro de por medio.»

Sin embargo, y en aparente contradicción con lo pausado de la trama, el ritmo de los diálogos es rapidísimo, parece una canción de los Ramones trasladada a la televisión o una película de Hepburn y Tracy a cámara rápida. «Es mi manera de escribir, me gusta el palique –me dijo Sherman-Palladino en 2004–. Ni el mejor Woody Allen lo haría tan bien. Esas personas se quitan la palabra de la boca. La comedia funciona mejor si va rápida, ni más ni menos.» El editor Raul Diablo suprimió fotogramas para que los diálogos se precipitaran y los personajes se movieran más rápido. «Si aceleramos algo, inmediatamente se vuelve más divertido», dice Sherman-Palladino.

En las pruebas, a los actores, «les decíamos siempre que debían saberse sus frases a la perfección –dice Casey–. No se trataba de que hablaran rápido, sino de que entraran en cuanto el otro acabara de hablar. Es como coger un ritmo.» Un supervisor cronometraba las tomas para mantener la velocidad. En la segunda temporada, Sherman-Palladino se ríe de su manía de hablar rápido: la compañera de debate de Rory, Paris, se queja de que Rory habla demasiado lento, a 135 palabras por minuto, cuando ella lo hace a 178. Cuando Rory replica que es el ritmo normal, Paris le dice, burlona: «Para ser un telonero de Willie Nelson, sí, pero no para ganar un debate».

Graham –que estudió inglés en la Universidad de Barnard, idolatraba a Katherine Hepburn y se formó interpretando obras de teatro de Kaufman y Hart– dice que nació para encarnar a la verborreica Lorelai. Enseguida aprendió a memorizar los larguísimos parlamentos, pero le costó más acostumbrarse a los prolongados trávelin, que requerían sesiones maratonianas de caminar y hablar pareciendo perfectamente natural. Esto aún era más difícil para la inexperta Bledel, por lo que Graham no paraba de mover a su hija de ficción para colocarla en el lugar correcto, lo que, de hecho, transmite al espectador una sensación más intensa de la intimidad que existe entre los dos personajes.

Al veterano actor Edward Hermann también le disgustaban los rigores de la serie y de cuando en cuando se rebelaba contra el deseo perfeccionista de Sherman-Palladino de que el guion se interpretara palabra por palabra en repetidas tomas. Sherman-Palladino recuerda con cariño que el actor gritaba: «¡No somos marionetas! ¡No somos marionetas!».

Cuando la serie se estrenó, el ritmo galopante y la cantidad de diálogos que los actores mantenían mientras caminaban hicieron que se la comparara con *El ala oeste de la Casa Blanca*. El drama coral sobre la Casa Blanca de Aaron Sorkin había empezado a emitirse un año antes, con gran éxito. Un artículo falso atribuido a Associated Press que se publicó en internet afirmaba que Sorkin «se había revelado como la voz principal» de *Las chicas Gilmore* y que «Amy Sherman-Palladino» era «el pseudónimo de un conjunto de guionistas formado por Sorkin, Patrick Caddell, guionista también de *El ala oeste de la Casa Blanca*, y Kevin Falls, exguionista de *Sports Night*». Sherman-Palladino aclaró el bulo en julio de 2001 durante una conferencia de prensa en la sede de la Television Critics Association, cuando le dijo a un periodista: «Lo gracioso del rumor es que ni siquiera decía que yo era una tapadera. Yo simplemente no existía. O sea, toda mi existencia quedaba borrada».

La idea de que Sorkin o cualquiera de esos hombres hubiera creado a Lorelai Gilmore es absurda. Cuando conocemos a Sherman-Palladino, no nos cabe duda de que el ADN del personaje sale directamente de su cabeza. Su conversación es un torrente de ingenio, levemente teñido de mal humor.

Aunque niega que Lorelai se base en ella, aduciendo que no tiene hijos ni deseo de tenerlos, sí admite que «muchos de mis puntos de vista, y, por supuesto, mi poca capacidad de atención, han pasado a Lorelai».

Algunos amigos actores de Graham le recomendaron que no aceptara el papel porque, según ellos, los personajes de madres son trampas mortales para una actriz joven. «Antes de que te des cuenta pasas de interpretar a la estudiante universitaria a interpretar a la madre. Las madres de la tele se parecen mucho y se pasan todo el tiempo doblando ropa y demás –reconoce Graham–. «Pero ser mamá era como la quinta cosa que hacía este personaje. Era una mujer dinámica, trabajaba, se oponía a sus padres y era muy amiga de su hija. Nada de esto es un estereotipo.»

La soltera Lorelai pasa por alto los modelos maternales tradicionales y decide educar a su hija con ayuda de todos los habitantes de Star Hollow, en lugar de buscarse a una pareja. Pésima cocinera, se lleva a la hija a comer a Luke's Diner más de lo que debiera y siempre tiene el frigorífico lleno de fiambreras. Unas autopsias mostrarían seguramente que un alto porcentaje del cuerpo de estas mujeres consiste en café y Pop Tarts (por lo que su tipo inverosímilmente perfecto y la tersura alabastrina de su piel debe atribuirse a la magia de Stars Hollow y de Hollywood). Lorelai casi nunca castiga a su hija, lo que no es necesario porque Rory es una chica sobrenaturalmente madura que busca orden en medio del caos que genera su madre.

El secreto del personaje de Lorelai es que fue concebido también como una adolescente. Al haber dado a luz a los dieciséis años, conserva una suerte de rabia y descaro propios de esa edad. Sin embargo, a Sherman-Palladino le costó mucho encontrar guionistas que entendieran la historia poco convencional que tenía en mente. «El primer año, los guionistas me miraban como si estuviera hablándoles en chino –recuerda–.

Tenía que repetirles que no estábamos escribiendo una historia de madre e hija, sino una historia de amigas, que Lorelai era también una niña. Hay momentos en los que tiene que aprender a ser madre.» Pero los guionistas, que solían tener muy poca experiencia, le daban lecciones morales. Y ella reescribía por completo los guiones.

Cuando acabó la primera temporada, Sherman-Palladino estaba rendida. Le rogó a Dan, su marido, que trabajaba en la comedia de la Fox *Padre de familia*, que la ayudara en calidad de productor ejecutivo. «Le dije que, si no lo hacía, se quedaría viudo. Y lo hizo. Así al menos pude contar con alguien que sabía cómo había que escribir la serie –dice sonriendo, y añade con tristeza–: Pero hubo muchas lágrimas por parte de los guionistas a los que despedimos. Despedimos a dramaturgos y a guionistas que habían ganado premios, a los mejores.»

Entre estos se contaba Jenji Kohan, que luego crearía *Weeds* y *Orange Is the New Black*. Escribió el episodio de la primera temporada de *Las chicas Gilmore* en el que Rory y Dean se dan el primer y tierno beso en un pasillo del supermercado y ella echa a correr con una bolsa de maicena. («Me han besado… ¡y he robado!», exclama Rory luego.) «Lo cierto es que la realizadora no quería guionistas y la obligaban a tenerlos –recuerda Kohan, sin rastro de amargura–. Yo cobraba mi sueldo pero era muy desagradable trabajar allí porque todo era muy difícil. A mí me cae muy bien Amy, pero ella quería hacerlo todo sola con su marido y quizá dos o tres personas más, y creía que nadie podía hacerlo como ella quería».

Cuando le pregunto a Sherman-Palladino si alguna vez colgó de algún sitio una lista de enemigos como hizo Roseanne Barr, contesta: «Yo no tenía una lista de enemigos puesta en la pared. No oficialmente.» Espero que acompañe sus palabras con una sonrisilla… pero en lugar de eso da un trago a su bebida.

«No sé lo que pasaba en la sala de guionistas –comenta Lauren Graham–, pero sí sé que, con el tiempo, Amy y Dan escribieron y dirigieron cada vez más episodios. Fue como si se dijeran: "Si quiero que esto se haga así, ¿por qué no lo hago yo mismo?".» Aunque la pareja trabajaba en perfecta simbiosis, Amy se dedicaba más a cuestiones de casting, dirección, edición, negociación con directivos y problemas de producción, mientras que Dan tendía a dirigir a los guionistas porque, como Sherman-Palladino reconoce, «él tenía más paciencia. Yo diría: "¡Dame, que lo reescribo!", y él diría: "Deja que intente que se parezca más a lo que quieres", lo que es un verdadero arte.»

La sensibilidad de Sherman-Palladino está siempre presente en la serie, lo que implica que todo lo que se decía en el guion pasaba por sus manos. Esto podía ser frustrante para los guionistas. «Amy sabía en qué consistía la serie y era su voz –dice Jane Espenson, que escribió para *Las chicas Gilmore* después de hacerlo para *Buffy, cazavampiros*–. Propusieras lo que propusieras, sabías que ella lo reescribiría con su voz. Era muy difícil que un diálogo tuyo quedara intacto.» Sheila R. Lawrence, que trabajó en *Las chicas Gilmore* y luego en la serie de Sherman-Palladino *Bunheads*, observa que, con todo, los guionistas participaban mucho en la estructura, la trama y los detalles de la serie. «Como éramos muy pocos y era una serie tan personal, todos dejábamos nuestra impronta de un modo u otro. En todos los episodios había un momento o una frase inspirados en la vida de algún guionista. Dan y Amy era muy buenos sonsacándonos esas cosas horribles y vergonzosas que nos ocurren en la vida, para que luego les pasaran a Rory, por ejemplo.»

A veces parecía que la ambición de Sherman-Palladino superaba los recursos de que disponía. El trabajo en *Las chicas Gilmore* era durísimo y la serie tenía un presupuesto muy ajustado si se comparaba con el de las series en las que había trabajado antes. Tenía una idea muy clara de cómo quería que fuera todo pero no siempre la experiencia suficiente para saber cómo hacerlo a la perfección: «¡Enseguida aprendí que había que pedir nieve! Se supone que la serie se ambientaba en Connecticut, por lo que se daba por supuesto que habría nieve disponible. Pues no: había que negociar para que nos la suministraran».

Estaba luego la búsqueda de directores que no fueran «como niños quejicas», en palabras Sherman-Paladino. «La misoginia estaba a la orden del día aquel primer año.» Pero admite que aquellos primeros conflictos pudieron deberse a malentendidos. «Yo venía del mundo de las series cómicas, en el que el guionista es el rey. No entendía que el director tiene su opinión. Y hubo mucha tensión porque yo lo ignoraba todo sobre cámaras pero sabía lo que quería.» Más de una tercera parte de los episodios de la serie serían dirigidos por mujeres, incluidos quince que dirigió la misma Sherman-Palladino.

A dirigir le enseñó Leslie Linka-Glatter, que había dirigido algunos episodios de *Twin Peaks*, así como el episodio piloto de *Las chicas Gilmore* y luego haría lo propio con muchos de *Homeland*. «Leslie me enseñó la técnica de filmar a actores que caminan y hablan –cuenta Sherman-Palladino–. Es bailarina y sabe cómo mover la cámara.» Linka-Glatter contribuyó a crear ese estilo visual de movimiento rápido que tiene la serie. Pero, al principio, Sherman-Palladino la sacaba de quicio. «Gritaba "¡Corten!", echaba a correr y yo tenía que seguirla. Al poco era divertido porque decía "¡Corten!" y echábamos a correr.» Y mueve los brazos como si fuera a salir disparada. «En eso consiste el proceso creativo: en algo tan excitante que podamos decirnos: "¡Te odio! ¡Te amo!". Cuando trabajamos con personas que buscan la misma calidad que nosotros, todo el mundo se esfuerza por hacerlo lo mejor posible.»

Pasó un tiempo hasta que Sherman-Palladino se sintió la dueña de la serie. «Si eres una mujer y eres demasiado agresiva, te ven como una bruja. Lo mejor es hacerse cargo de todo.

No conozco otra manera. A fin de cuentas, si no controlamos el montaje, ni elegimos la banda sonora, no veo cómo podemos decir que es nuestra serie.»

Programada para los jueves por la noche a la misma hora que la inmensamente popular *Friends*, parecía que tenía todas las de perder. Mientras que *Las chicas Gilmore* obtenía una media de 3,6 millones de espectadores por episodio esa primera temporada, *Friends* rondaba los 23 millones. (En una parodia del programa de humor *MadTV* titulada «Las chicas Gabmore», se burlaban luego: «¡Ocupa el puesto 92 de los índices de audiencia, pero el primero de la WB!»)

Cinco años antes, *Es mi vida* –una serie acerca de una perspicaz adolescente creada por Winnie Holzman– se había emitido también a la misma hora que *Friends*, solo para ser cancelada a los diecinueve episodios. Stu Bloomberg, de la ABC, declaró a *Los Angeles Times* en 1995 que el problema de *Es mi vida* fue que «solo la veían las adolescentes». Sin embargo, solo unos años después, ese mismo sector de la población se convertía en un foco de creatividad y consumo que explicaba el éxito de la revista *Sassy* y de las Spice Girls. En 1997, Nick Bennett, de la agencia de creación de marca Nickandpaul, predijo una especie de carrera del oro adolescente cuando las empresas se fijaran en aquel pujante mercado que eran las solteras de entre dieciocho y treinta y cuatro años: «Veremos montones de productos que reflejen esta nueva idea de la mujer. Todo el mundo se muere por sacar partido».

La WB estaba perfectamente preparada para abastecer de entretenimiento al público femenino joven con *Felicity* y *Buffy, cazavampiros*, pero también necesitaba mejorar sus índices de audiencia, siendo como era la sexta cadena de televisión (de seis). Atraer a espectadores masculinos se antojaba fundamental.

En la campaña de lanzamiento de la serie, Sherman-Palladino aseguró a *Entertainment Weekly* que «no era solo una serie de chicas… Y voy a incluir a varios hombres más». En el mismo artículo, Graham bromeaba con la esperanza que tenía la cadena de interesar al espectador masculino: «Por eso mis pantalones cortos serán muy cortos». De hecho, curiosamente Lorelai vistió unos vaqueros muy recortados en el segundo episodio, en el que lleva a Rory al colegio privado el primer día de clase, aunque parece menos un guiño sexual que una muestra de lo caótica y heterodoxa que es como madre. (Ese día trascendental se ha quedado dormida y descubre que la ropa que sería más apropiada la tiene en la lavandería.) Estaba claro, vistiera como vistiera, que Lorelai era una MILF (siglas inglesas de «madre que me follaría»), término argótico que empezó a usarse por la misma época en que se estrenó la serie, gracias a la taquillera *American Pie* (1999).

«La serie se titula *Las chicas Gilmore* y va de mujeres: ya solo por eso teníamos que convencer a nuestro novio de que la viera con nosotras –concede Graham ahora–. Quizá hubo personas que pensaban que la serie no era para ellas porque iba de chicas. Son algunos de los guiones más inteligentes que he leído en mi vida, pero había un prejuicio…» Un prejuicio que relegaba una serie hecha por mujeres a los márgenes de la cultura. En muchos sentidos, *Las chicas Gilmore* justifica esta reputación. La delicada voz de la cantautora independiente Sam Phillips sonaba en todas las escenas. Sherman-Palladino ha comparado la música «encantada» de Phillips con la escritura de Joan Didion, y le dijo a un periodista: «Sonaba como si saliera de la cabeza de las chicas. Si en su cabeza sonara música en ciertos momentos de gran emoción, si fueran seres de carne y hueso, esa sería la música que oirían.»

Nunca hubo mucho peligro de que *Las chicas Gilmore* no pasaran el test de Bechdel. Esta prueba la inventó la dibujante de cómics Alison Bechdel (inspirándose en comentarios de su amiga Liz Wallace) para calcular las veces que los personajes femeninos de las obras de ficción hablan entre sí de temas que no son los hombres. En la mayoría de las escenas de la serie vemos a dos o más mujeres hablando. Lorelai charla con Rory y con su madre Emily, pero también con la cocinera Sookie; Rory se franquea regularmente con su mejor amiga Lane Kim (Keiko Agena) y al final halla comprensión en su exrival, la corrosiva Paris Geller (Liza Weil). Stars Hollow también es un lugar utópico donde florece la empresa femenina. Mia, dueña del hotel Independence Inn, contrató a Lorelai de adolescente y tuteló su ascenso de sirvienta a directora; Miss Patty regenta la academia de baile donde se reúnen los ciudadanos; Gypsy lleva el taller mecánico del pueblo; la madre de Lane Kim posee una tienda de antigüedades, y Sophie Bloom (interpretada por la cantautora Carole King) es la dueña de la tienda de música que le permite a Lane tocar la batería.

Uno de los hilos conductores de la serie es el deseo de Lorelai de que Rory anteponga la ambición al amor. Aunque a causa de su embarazo adolescente Lorelai nunca estudió en la universidad, proyecta su fantasía juvenil de estudiar en Harvard en su hija; Rory se rebela una primera vez cuando opta por Yale y luego de nuevo cuando deja (por poco tiempo) esta universidad para dedicarse a organizar fiestas mundanas, vivir con sus abuelos y comprometerse con el rico guaperas Logan (Matt Czuchry). Este mundo pudiente y privilegiado es lo que más detesta Lorelai. Al final, sin embargo, Rory sueña con ser reportera. Sabe que la relación de dependencia que tiene con su madre puede dificultárselo: «Será muy difícil ser una Christiane Amanpour e informar en directo desde una trinchera en Teherán con mi mamá al lado». Amanpour hizo un cameo en la serie, por cierto, como lo hizo la exsecretaria de Estado Madeline Albright, esta última en una secuencia onírica en la que interpreta a Lorelai, y en la que, abrazada en la cama a Rory, le cuenta a esta la historia de su nacimiento.

El énfasis que pone la serie en la capacidad de la mujer es constante pero complejo. En la segunda temporada, Paris le pide a Rory que se presente con ella a las elecciones del instituto, después de descubrir que los alumnos la encuentran sumamente competente pero desagradable, como le pasa a Hillary Clinton. «Tú caes bien», le dice, manifiestamente asqueada. Las dos chicas forman una extraña alianza que tiene éxito y que continúa en la universidad, donde ambas trabajan en el *Yale Daily News.* Paris es la editora jefe y no sorprende que sea severa. «El trabajo será duro –arenga al personal–. Tiene que ser duro. No toleraré nada que no sea perfecto. Recordad que soy vuestra jefa, no vuestra madre.»

Esto mismo habría podido decir Sherman-Palladino. El mismo perfeccionismo que hacía de ella una jefa exigente la convertía también en una empleada difícil. «Todas las semanas me llamaban diciéndome que iban a despedirme, que no estaban contentos con lo que hacía, que no hacía caso de lo que me decían, bla, bla, bla –cuenta, encogiendo las rodillas contra el pecho–. Al final les dije: "Despedidme de una vez o no volváis a llamarme. Tenéis estas dos opciones, porque es como hablar con mi madre todas las semanas. Siento que estéis tan decepcionados, pero trabajo veinticuatro horas al día siete días a la semana y no doy más de mí".»

El ideal platónico de una serie que tenían en la WB era *Dawson's Creek* y Sherman-Palladino dice que no entendían su estilo narrativo, menos dependiente de la trama: «Las series de la cadena eran muy empalagosas, llenas de angustias, abrazos y lágrimas. Estaban acostumbrados a que las escenas fueran muy cortas. Mi ritmo narrativo y mi estilo de rodar los irritaba porque a mí no me gustan los primeros planos y todo lo que ellos hacen son primeros planos». Corrían rumores de que los estudios estaban pensando en despedirla.

En la tercera temporada, los índices de audiencia de *Las chicas Gilmore* mejoraron ligeramente y los críticos empezaron a elogiar la serie, considerándola una joya oculta. Pero el perfeccionismo de Sherman-Palladino exigía del personal largas horas de trabajo y mucha inventiva. En 2004 me dijo que eran «incapaces de delegar. Dan y yo nos pasamos el día tiempo cerciorándonos de que todo esté perfecto». Añadió que su talentoso personal estaba acostumbrado a las prisas: «Llamamos a medianoche y decimos: "¡Mañana necesitamos una biblioteca!" y el escenógrafo dice: "Vale". Es un caos controlado, pero que funciona».

Incluso hoy Lauren Graham parece algo cansada cuando dice: «Era extenuante, y lamento decirlo porque la serie era de una calidad excelente. Pero las frases, la longitud de las escenas y la resistencia física que se necesitaba para interpretar secuencias tan largas no era lo normal en la tele. Se parecía más al teatro. Había escenas de diez páginas que se filmaban en una sola toma, caminando y hablando… Sí, era un trabajo de locos».

Sherman-Palladino tenía también la mala costumbre de repartir los guiones en el último momento. «Nos daban los guiones al final, por ejemplo, la misma mañana del rodaje –dice Graham–. Y cuando te dan los guiones la mañana del rodaje, si hay una escena en la que hay una réplica de la ciudad esculpida en queso en medio de la mesa de la cena… ¡no se puede hacer en una mañana!». Varios miembros del personal vieron que la tardía entrega de guiones era una astuta táctica para evitar la injerencia de los responsables de la cadena, algo de lo que Graham no se dio cuenta hasta tiempo después: «Años más tarde leí una entrevista que le hicieron a Aaron Sorkin en la que decía: "Yo entrego mi guion en el último momento, porque ¿qué pueden hacer entonces?"».

Muchos miembros del personal de *Las chicas Gilmore* reconocen que Sherman-Palladino tenía fama de ser «difícil» o «irascible». Sin embargo, después de trabajar con ella en *Las chicas Gilmore* y en *Bunheads*, la guionista Sheila R. Lawrence se sorprende de las «cosas que sacaba adelante, y no lo digo solo por su capacidad creativa. Yo la veía en los rodajes tratando de poner paz entre, por ejemplo, el director de fotografía y el escenógrafo, y era muy buena mediadora. Hacía que todo el mundo se sintiera a gusto, escuchado. Las personas no siguen peleándose si ella les hace reír».

La tensión creció a propósito de una posible secuela en forma de serie protagonizada por Jess, el pícaro novio de Rory, interpretado por el galán Milo Ventimiglia. *Windward Circle*, como se titulaba la serie, nunca se estrenó, aparte del episodio piloto, que se emitió como uno más de *Las chicas Gilmore* en la tercera temporada. Pero cuando Sherman-Palladino encareció la importancia de los personajes masculinos en la campaña de lanzamiento de la serie, no mintió. La base de la serie eran los personajes femeninos –algo muy revolucionario para la televisión–, pero no vivían en un mundo exclusivamente estrogénico. Luke, Jess, Dean, Richard Gilmore, todos interpretaban papeles secundarios pero ricos en las sietes temporadas que duró la serie, junto con el padre de Rory, Christopher; Michel, el colega del hotel; Logan, el novio de Rory, e incluso Doyle, el novio de Paris (interpretado por Danny Strong, que luego sería el guionista de las películas *Cambio de estrategia* y *El mayordomo*, y cocreador de la exitosa serie de televisión *Empire*).

De hecho, cuando Netflix anunció una continuación ambientada en el presente, muchos de los comentarios de internet se referían a los chicos Gilmore. La serie había terminado bruscamente dejando a Luke y a Lorelai llenos de confusión y a Rory rompiendo su compromiso con Logan para centrarse en el periodismo, aunque sin dejar de albergar sentimientos hacia sus pasados amores Dean y Jess. ¿A qué chico había acabado escogiendo Rory? Durante un encuentro de los actores que tuvo lugar en el festival ATX de Austin, Jared Padalecki (Dean) y Matt Czuchry (Logan) declararon que apostaban por Jess. (Era la opción bonita: de carácter travieso pero complejo, Jess se llevó un día el ejemplar de *Aullido* de Allen Ginsberg que Rory tenía en su habitación y se lo devolvió anotado para que ella lo entendiera mejor.) Las historias románticas daban impulso a la serie, pero también eran uno de los aspectos más tradicionales de ella. El tipo de relación con tensión sexual que hace que nos preguntemos «¿Se enrollarán o no se enrollarán?» es típico de las teleseries, como la de David y Maddie en *Luz de luna*, Sam y Diane en *Cheers*, y Scully y Mulder en *Expediente X* (*The X-Files*). La primera vez que vemos a Luke y a Lorelai juntos, ella está rogándole que le sirva una quinta taza de café en el bar de él y Luke se la niega, en broma: «¡Yonqui!». Y en un episodio posterior de la misma temporada, le pide de pronto que se case con él. «¿Qué?», pregunta ella, pillada por sorpresa. «Solo quería que te callaras», le dice él, sin acritud.

Sherman-Palladino tuvo gran cuidado de que el personaje de Luke fuera un buen tío, gruñón pero caballeroso, digno de Lorelai. Es el hombre rudo soñado que puede enfrentarse a Lorelai pero también darle lo que necesita: café, pastel, más café, conversación inteligente, reparaciones domésticas, apoyo emocional y margen de libertad. Luke y Lorelai se pasan cuatro temporadas chocando uno con otro y su amistad va estrechándose aunque otros asuntos desafortunados los separen. Cuando Lorelai se compromete con otro, Luke le construye una jupá, un palio nupcial judío. (Ninguno de los personajes es judío, pero Sherman-Palladino aplicaba una variante del viejo proverbio hollywoodiense: «Para guionistas, los judíos; para actores, los británicos». El lema preferido de Lorelai era, pronunciado con acento yiddish: «Oy with the poodles already!») Al final del episodio los vemos debajo de la jupá, en el jardín de ella: eso nos da una pista clara de lo que ocurrirá, aunque aún han de pasar varias temporadas para que Lorelai se dé cuenta de que ama a Luke. El torpe cortejo acaba en una escena deliciosamente romántica que tiene lugar a la luz de la luna en la puerta del hotel recién abierto de Lorelai. Pero justo mientras se besan por primera vez, se oye un alarido que hiela la sangre y vemos a Kirk que, completamente desnudo, presa de uno de sus terrores nocturnos, pasa corriendo delante de la pareja, lo que priva de todo sentimentalismo el final de la cuarta temporada.

A diferencia de esas historias típicas de la cultura pop en las que una mujer obsesionada con el amor da caza a un hombre reacio a comprometerse, Lorelai es tan ambigua como Luke. «Son dos personas que llevan sin pareja mucho tiempo, nunca se han casado y son muy independientes –me dijo Sherman-Palladino en 2004–, con lo que no será nada fácil que se junten.»

A raíz de una caída de la audiencia en la cuarta temporada, dice Sherman-Palladino, los directivos amenazaron con cancelar la serie. Rory estaba haciendo la maletas para irse a Yale, lo que rompería el dúo clave que formaban madre e hija; en adelante las dos mujeres tendrían que hablar, con su acelerado ritmo, por correo electrónico o teléfono. Sherman-Palladino dice que siempre había pensado relatar los años universitarios de Rory, para mostrar a la joven abriéndose paso hacia la emancipación. La realizadora defendió su posición. «Si sabes hacia dónde va la historia y sabes que está bien, te pagan un montón de dinero por llevarles la contraria –dice ahora encogiéndose de hombros–. Tenemos que estar dispuestos a que nos despidan.»

En 2005, un público más numeroso empezó a descubrir los encantos de la serie, en buena medida porque estaba llena de referencias culturales. Los personajes mencionaban oscuras bandas de música y hacían alusiones literarias y políticas como si hubiera un concurso al final de cada episodio, circunstancia que conquistaba a unos internautas que acababan de descubrir los blogs. (Blogger se creó solo un año antes de que *Las chicas Gilmore* se estrenara y Television Without Pity, un sitio pionero de resúmenes y comentarios de series televisivas, nació de un blog de fans de *Dawson's Creek* en 2002.)

Mientras que la popularidad de la serie crecía, los actores y el personal llegaban cansados a la sexta temporada. El carácter coral de la serie se había reforzado con los años y Stars Hollow se había convertido en una utopía vagamente multicultural, con personajes de diferente edad, raza y condición. Esto había disminuido un poco la presión que soportaban Graham y Bledel... aunque no lo bastante.

«Habíamos llegado a tal hartazgo que las tres estábamos dispuestas a matarnos entre nosotras», dice Sherman-Palladino con un suspiro. Las actrices estaban tan descontentas que Amy y Dan intentaron convencer a los responsables de los estudios de que contrataran a otro cámara para acortar los tiempos de rodaje, y pidieron también más personal y que les prometieran que habría dos temporadas más (los contratos eran de un año). Pero fue en vano. Cansados de esperar, los realizadores liaron los bártulos y abandonaron los estudios. El 20 de abril de 2006, un comunicado de prensa declaraba que Amy Sherman-Palladino y Daniel Palladino dejaban la serie.

«Mi intención era volver pero la negociación fracasó y creo que pilló un poco por sorpresa a todo el mundo», confiesa Sherman-Palladino. Muchos miembros del equipo no lo supieron hasta que terminó la sexta temporada. «Nos quedamos hechos polvo –dice la directora de casting Mara Casey–. Fue una falta de respeto a Amy y a Dan por parte de la cadena. No sé hasta qué punto les dolió.»

La serie continuó otra temporada bajo la dirección de David Rosenthal y otros guionistas a los que Sherman-Palladino había formado. La locuacidad característica siguió en la séptima temporada, Luke y Lorelai riñeron, se reconciliaron y volvieron a reñir, y Rory se esforzó por sentar la cabeza después de una temporada en la que se había descarriado. Casey dice: «Seguimos tratando de construir el mundo como nos lo habían dejado pero se hacía... raro». Algo faltaba claramente: la voz de Amy Sherman-Palladino. Para los espectadores, era como ver cuerpos conocidos poseídos por espíritus extraños.

«La última temporada, y aunque los guiones eran a veces muy buenos, yo sabía que no era lo mismo», confiesa Lauren Graham. Pidió figurar como productora y ese año empezó a desempeñar un papel más activo en la serie, lo que más adelante la ayudaría a escribir y producir sus propios proyectos. Fue, dice, una mezcla de «cansancio y de sentir que aquello no era lo que habíamos empezado haciendo» lo que las llevó a ella y a Bledel a rechazar un considerable aumento de sueldo por quedarse una temporada más, la octava.

«Hay que ser joven y un poco iluso para demostrar tamaña integridad artística –continúa–. La gente, otros miembros del reparto, nos tomaron por locas, aunque no me enteré hasta después. Cuando maduramos en esta profesión, nos damos cuenta de que no pasa nada por seguir un año más en una serie. Pero entonces pensé que quedarme podría disminuir la fuerza de la serie y perjudicarla. Me importaba de verdad.»

El último episodio de *Las chicas Gilmore* se emitió el 15 de mayo de 2007: el pueblo organizaba una fiesta para despedir a Rory, que se licenciaba por la Universidad de Yale y partía a cubrir la campaña de Barack Obama de 2008 para una revista on line. Luke se pasó despierto toda la noche cosiendo toldos para hacer una tienda gigante y Kirk regaló a Rory una banda que había hecho con un camisón de su madre. El episodio dejaba un sabor agridulce y muchos cabos narrativos sueltos. Sherman-Palladino había discurrido mucho cómo terminar la serie, hasta las últimas palabras que pronunciarían sus personajes, y no pudo soportar ver el final que le dieron otros. Llegó a fantasear con la idea de concluir la serie pero sabía que era un sueño absurdo y pasó a otra cosa: una nueva serie para la Fox, *The Return of Jezebel James.*

La serie era una comedia tradicional rodada con varias cámaras que protagonizaban las actrices de cine independiente Parker Posey y Lauren Ambrose en el papel de dos hermanas separadas que se reúnen cuando una le pide a la otra que se quede embarazada por ella. Antes incluso de que la serie se estrenara, Posey se quejaba al *New York Times* del trabajo agotador: «Me siento como un trapo húmedo que hubieran escurrido, estirado, planchado y colgado a secar». La serie se canceló tras solo tres episodios. Sherman-Palladino regresó a la pequeña pantalla en 2012 con *Bunheads*, una chispeante comedia dramática sobre una bailarina de variedades de las Vegas que acaba en un pueblo dando clases de ballet a unas niñas. La protagonizaba la actriz de Broadway Sutton Foster en el papel de Michelle, una mezcla de Lorelai y Miss Patti, con Kelly Bishop en el papel de su irritable suegra y compañera de cháchara. Pese a la admiración de público y crítica, el canal de televisión ABC Family la suspendió a los dieciocho episodios.

Entretanto, la leyenda de *Las chicas Gilmore* crecía. La ABC Family repuso varias veces la serie durante casi una década, logrando nuevos fans que saboreaban detalles en foros, blogs y podcasts. Aparecieron páginas web dedicadas a los libros de Rory y a la banda sonora de la serie, y hasta un foro consagrado a las referencias gastronómicas.

El año 2014 fue un gran año para los fans de la serie: Netflix empezó a emitir las siete temporadas, dando a conocer Stars Hollow a una nueva generación de espectadores que eran demasiado jóvenes cuando se emitió por primera vez, así como a aquellos que la habían desdeñado antes. Si en 2000 la serie había podido parecer un entretenimiento feminista y casi de culto, en 2014 el feminismo y las series de culto tenían caché cultural. En septiembre, el especialista Stephen Colbert tuiteó así la buena nueva: «¡Obama nos trae de nuevo la guerra de Irak y *Las chicas Gilmore* vuelven en Netflix! ¡Es un milagro de #ThrowBackThursday!».

La serie demostró ser muy adictiva. Stars Hollow siempre había sido una fantasía escapista sobre una América más amable, inteligente e izquierdista, pero ahora tenía también encanto de época. El reloj se había parado justo antes de los teléfonos inteligentes y la conectividad permanente. Y por su estilo denso y sinuoso se diferenciaba de la televisión del momento, que dependía de los giros argumentales.

«*Las chicas Gilmore* transgrede muchas normas del drama, pero funcionaba porque parecía la vida real –dice Jane Espenson, una de las guionistas de la serie–. La vida real no se estructura como el drama. Me hizo ver cuántas reglas podemos saltarnos sin dejar de interesar.»

Pasemos a 2016: todos estos años de rumores en internet, fantasías de fans y negociaciones entre bastidores han obrado el milagro: *Las chicas Gilmore* reviven. Compuesta de cuatro episodios de noventa minutos que se emiten en Netflix, *Las cuatro estaciones de Las chicas Gilmore* es a la vez una miniserie de televisión y una película, escrita y dirigida íntegramente por Amy Sherman-Palladino y Dan Palladino con presencia de todos los principales actores (menos Edward Hermann, que falleció en 2014).

Lauren Graham había seguido haciendo carrera en los años posteriores al fin de *Las chicas Gilmore*: protagonizó la serie de la NBC *Parenthood*, escribió una novela y desarrolló sus propios proyectos televisivos. Cuando volvió a Stars Hollow, se sintió muy desorientada... y no solo en sentido figurado. «Habían reconstruido los decorados pero al parecer nadie sabía exactamente las dimensiones que debían tener, pues ¿por qué iban a saberlo? ¿Quién iba a imaginarse que volveríamos? –dice atropelladamente, a lo Lorelai–. Así que lo reconstruyeron igual pero ligeramente diferente, lo que confería a todo un aire surrealista».

En lugar de sentirse abrumada por los largos diálogos con trávelin, que requerían vocalizar perfectamente, ahora le gustaban. «Antes me parecía que me limitaban, pero ahora me resultaban muy estimulantes.» Dice que Sherman-Palladino bromeaba diciéndole que haría recitar a Lorelai el monólogo más largo de la historia de la televisión. En el último episodio de *Las cuatro estaciones de las chicas Gilmore*, dice Graham con orgullo, Lorelai pronuncia el recitado «más largo que he hecho nunca en la tele».

Este recitado tiene lugar cuando Lorelai abandona Stars Hollow para hacer una excursión por la naturaleza, que le ha inspirado el libro de Cheryl Strayed *Salvaje* y en la que espera desentrañar lo que siente por Luke y asimilar el pesar que experimenta por la muerte de su padre, un hombre emocionalmente reprimido. Llama a su madre y le cuenta un buen recuerdo de infancia que tiene de Richard Gilmore. Rememora un día que hizo novillos porque un chico le dio calabazas; su padre la sorprende sentada sola en el centro comercial, llorando. «Esperé que me gritara, me castigara, me encerrara para siempre, que me dijera lo mucho que lo había decepcionado, pero no ocurrió nada. Cuando tuve el valor de mirarlo, lo vi allí, delante de mí, con un pretzel, un enorme pretzel cubierto de mostaza.» Esta escena hace patente al espectador la maestría con la que la serie sabe evocar íntimos traumas familiares... y, claro está, lo importante que es la comida en las relaciones de los protagonistas.

Las cuatro estaciones de las chicas Gilmore condensa toda una temporada de «gilmorismo» en cuatro episodios. Sherman-Palladino da rienda suelta a su amor por el musical con un «show dentro del show» (en el que aparece Sutton Foster, la estrella de *Bunheads*) y con la escena del club de baile que yo presencié, en la que participan Rory y Logan. Vemos a Kirk, que proyecta su película y pasea a su mascota, un cerdo; vemos una actuación del grupo musical de Lane, Hep Alien, y oímos alusiones y vemos cameos que solo un obseso de la cultura pop puede digerir. Y, por último, al final, oímos las esperadísimas últimas palabras de Sherman-Palladino, que nos devuelven a los orígenes de la serie, en un elegante círculo narrativo que, con todo, nos deja bastante inquietos.

Graham comprobó con alivio que la secuela seguía fiel al planteamiento original de que la historia girase en torno a la vida emocional de las mujeres más que en torno al amor. «Los hombres eran secundarios –insiste–. Y tampoco se trataba de "tenerlo todo". Lorelai tiene una profesión, amistades, tiene a su hija, tiene a su familia. Es progresista sin proponérselo, simplemente porque lo es.»

La cuestión social siempre estuvo latente en la serie. A diferencia de Roseanne Conner, Lorelai Gilmore disponía de una seguridad económica a la que podía recurrir, pero ella rechazó el mundo privilegiado de sus padres y, orgullosa, prefirió buscarse la vida. En cambio, Rory siempre tendió a lo contrario: tentada por el lujo, su pasión por el periodismo y la vida independiente parece poco convincente. Si antes era el personaje soñador más amable de la serie, ahora casi nos desagrada... astuta inversión que se nos antoja muy contemporánea.

Jami Rudofsky, director de casting que volvió a trabajar en *Las cuatro estaciones de las chicas Gilmore*, dice que muchas de las tensiones que se vivieron en la producción original no volvieron a repetirse. El guion estaba escrito íntegramente antes de empezar a rodar, por ejemplo, con lo que no hubo prisas de última hora. Aún más importante, dice, fue que «Netflix y todo el mundo saben que la idea es de Amy y creo que les parecían bien todo los actores que proponíamos. Era como si se dijeran: "Si Amy lo quiere, ¡sea! Sabemos que sabe lo que hace"». Y aunque Sherman-Palladino controlaba todos los aspectos de la producción, Rudofsky la encontraba como más suave. «Amy tiene una actitud distinta, sabe que están dándole otra oportunidad.»

Graham sintió esto muy intensamente en el rodaje de la secuela. «A veces no tenemos más que una oportunidad. Y cuando estamos ocupados abriéndonos camino podemos no darnos cuenta de que es la gran oportunidad.» Pensando en lo felices que parecían los Palladino viendo a sus personajes cobrar nueva vida, le pregunto a Graham si notó algún cambio en sus maneras: «¡Oh, estaban contentísimos!», exclama, y se echa a reír cuando recuerda una escena en la que Amy hizo que Kirk persiguiera una y otra a su cerdo por la calle en mitad de la noche.

«Por un lado, Amy y Dan son unos neoyorquinos duros y cínicos, pero, por otro, son capaces de disfrutar viendo correr a un cerdo por la calle y de crear un pueblo de fantasía en la que todo el mundo come la basura que le da la gana. Da nostalgia de… no sé de qué. Esos personajes apenas hablan por teléfono, no usan tecnología, son como de otra época. Y gracias a Dios. Es el mundo de Amy y nos hace vivir en él.»

IV

LOS MONÓLOGOS DE LA VAGINA:

EL IMPERIO TELEVISIVO DE SHONDA RHIMES

El cruce de Sunset Boulevard con Gower Street fue antaño un centro neurálgico de Hollywood. Hoy quedan pocas huellas de la edad de oro de los estudios cinematográficos, aparte de un centro comercial decorado al estilo del Salvaje Oeste, cuyo nombre –Gower Gulch– rinde un dudoso homenaje a los vaqueros que acudían a los estudios de la Columbia Pictures con la esperanza de que los contrataran en alguna película del Oeste. Pero en el mismo sitio en el que antiguamente estuvieron estos estudios se erige ahora la sede de un nuevo foco del entretenimiento de masas: Shondaland.

Si nos asomamos por la entrada principal de Sunset Gower Studios, veremos lo que parece una calle de pueblo pintoresca flanqueada de pequeños edificios; en tres plantas de oficinas tiene su sede la productora de Shonda Rhimes. Dentro hay una sala de reuniones decorada con un cartel de *Crossrados: hasta el final*, la película de 2002 que Rhimes escribió para Britney Spears; un trastero lleno de objetos arrinconados, como un buzón promocional de *Anatomía de Grey*; un cuarto de juegos infantil, y la sala de guionistas de *Scandal*, dentro de la cual hay varias personas repanchigadas en sofás.

Si nos aventuramos a entrar en el sanctasanctórum de la productora, vemos un rótulo de letras blancas enormes que dice SHONDALAND, como la M gigante del apartamento de Mary Richards en *La chica de la tele*. A mano derecha está el luminosísimo despacho de Shonda Rhimes, que otrora ocupara el actor, director y productor Warren Beatty. A mano izquierda está el de la socia de Rhimes, Betsy Beers, una sala revestida de madera que se construyó el fundador de la Columbia, Sam Cohn. Admirador de tiranos, Cohn se inspiró en el despacho del dictador italiano Benito Mussoluni, «tan grande que todos los que entraban se sentían a la vez abrumados e insignificantes», como observó uno de los biógrafos del magnate. Es sabido que Cohn ponía micrófonos en sus estudios y hacía esperar horas a la gente. «Aquí en Shondaland procuramos no hacer lo mismo», me dice Beers con una sonrisa mientras me enseña los objetos más notables del despacho, entre ellos una fiambrera de la película *Faster, Pussycat! Kill! Kill!*

En el cuarto de baño, Beers me enseña un armario con una puerta secreta y unos escalones de madera gastados por el que Cohn hacía salir a las coristas y actrices en ciernes que acababan de concederle sus favores sexuales. Rhimes y Beers se preguntan en broma en qué despacho hubo más actividad sexual, si en el de Beatty o en el de Cohn. También se complacen en el hecho simbólico de que dos mujeres –que han creado algunas de las teleseries más exitosas del siglo XXI– ocupen aquel templo de testosterona, aquel bastión del machismo hollywoodiense.

«Me gusta pensar que el viejo Harry se revuelve en su tumba al ver que una mujer con una gruesa alfombra blanca se sienta en su despacho. Es un poco como decirle: "Jódete" y resulta muy reconfortante.»

La historia de Shondaland está salpicada de reconfortantes «jódetes». En una época en la que los personajes femeninos no convencionales que se veían en la televisión podían contarse con los dedos de una mano, Rhimes coló a una legión de ellos en horarios de máxima audiencia. Feminizó los géneros médico, político y legal y rehabilitó el muy desprestigiado concepto de «serie de chicas», demostrando a los responsables de las cadenas que sus «mujeres oscuras y sinuosas» (como le gusta llamarlas) podían rendir mucho. Llevó la diversidad racial y la cuestión del género a la televisión de masas, pero de tal manera que millones de espectadores lo aceptaron más como un espectáculo que como una lección de civismo, sobre el que pudieron tuitear, comentar y hacer memes.

Rhimes creó en la pequeña pantalla un reino utópico en el que unas mujeres inteligentes mandaban en los hospitales, los tribunales y la política; en el que no existían los techos de cristal y el poder de la mujer era un hecho cotidiano, que no llamaba la atención. En unas cuantas series de gran éxito, inventó personajes de todas las razas que podían hablar tan rápido como Lorelai, gruñir tan elocuentemente como Roseanne y comerse el mundo como Murphy. Shondaland era en cierto sentido un mundo ilusorio como el de *Las chicas Gilmore*, el mundo como tendría que ser y no como es: un lugar en el que la raza no solo era irrelevante sino casi invisible, en el que las mujeres perseguían sus ambiciones sin tener que renunciar a la felicidad y podían abortar, trabajar en lugar de casarse, experimentar con la sexualidad y equivocarse.

Y, lo que es mejor, Rhimes y Beers hicieron realidad los ideales de este mundo soñado, convirtiendo Shondaland en una burbuja que valía muchos millones de dólares y estaba en medio de la industria televisiva, un lugar de mujeres guionistas, directoras y productoras.

Una niñita que, sentada en la despensa de una casa de las afueras de Chicago, crea un reino fantástico con latas de conserva: este es el primer recuerdo de infancia que tiene Rhimes. Cuando aún no había aprendido a escribir, ya grababa los cuentos que se inventaba en un magnetófono; después llenó diarios encuadernados en tela con ríos de palabras. Rhimes dice que estos mundos imaginarios la ayudaron a pasar una infancia en la que muchas veces era la única chica negra de la clase, además de que era tímida y estaba gordita. Llevó un diario de su paso por el instituto y la universidad; en la Universidad de Darmouth salió del cascarón y empezó a escribir para la revista que allí se editaba y a actuar en las obras de teatro que montaban. El último curso dirigió una representación de *The Colored Museum*, obra teatral satírica de George C. Wolfe que repasa los estereotipos culturales afroamericanos. Se licenció en escritura creativa.

«La verdad es que pensaba que sería novelista –me dice Rhimes–. Ese era mi plan. Pero cuando empecé a escribir obras de teatro y guiones, fue como si me hubiera sentado al piano y hubiera descubierto que ya sabía tocar. Me dije: "Esto es lo que quiero hacer".»

Terminada la universidad, se apuntó a un curso de escritura de guiones en la escuela de cine de la Universidad del Sur de California, doctorándose en 1994 con una prestigiosa beca y una tesis en forma de guion, *When Willows Touched*. Drama gótico centrado en un cadáver que se pudre en un campo de maíz y ambientado en el segregado Sur de los años treinta, *When Willows Touched* interesó a Will Smith y a Jada Pinkett Smith. Will Smith había sido ya el primer mecenas de Rhimes, a la que había encargado dirigir un cortometraje titulado *Blossoms ans Veils* con un reparto que incluía a Pinkett Smith y a Jeffrey Wright. Miramax le propuso un acuerdo para rodar tres películas, la primera de las cuales, *Willows*, escribiría y dirigiría ella. Otro de los proyectos de Rhimes, la comedia interracial *Human*

Seeking Same, contaba con Demi Moore. Y estaba escribiendo un guion basado en la vida de la escritora Hettie Jones, seguidora del movimiento beat que se casó con el poeta LeRoi Jones antes de que este se convirtiera en el nacionalista negro Amiri Baraka. Pero, como tan a menudo ocurre en Hollywood, estos proyectos quedaron en agua de borrajas.

Cinco años después de doctorarse, Rhimes no tenía películas en su haber, pese a lo mucho que había trabajado; pero su gran salto se produjo en la HBO cuando escribió *Introducing Dorothy Dandridge*, una película biográfica protagonizada por Halle Berry en el papel de la pionera actriz afroamericana. Ganó cinco Emmys y enseguida le pidieron a Rhimes que escribiera una secuela de la película adolescente *Princesa por sorpresa* y la de Britney Spears *Crossroads: hasta el final*.

Su paso del cine a la televisión se debió en parte al azar... y en parte a la decisión, tomada al día después del 11-S, de adoptar a una niña. (Como le dijo a Oprah, la tragedia le hizo ver que «si el mundo iba a acabar mañana, había cosas que quería hacer».) Bautizó a su hija con el nombre de Harper, por la autora de *Matar a un ruiseñor*, Harper Lee. Tenía entonces treinta y dos años y, como no sabía lo que significaba ser madre soltera, pensó que podría trabajar sin niñera. Encerrada en casa con Harper y un guion que debía acabar en un mes, Rhimes devoró televisión. Dio la casualidad de que el año 2001 fue un año de cambio en la televisión: *Buffy, cazavampiros* y *Sexo en Nueva York* estaban en su mejor momento y *Los Soprano* empezaba a triunfar, allanando el terreno para historias más complejas y de más recorrido. Ya frustrada por el ritmo lento de la industria del cine, Rhimes se dejó conquistar por las nuevas posibilidades que ofrecía la pequeña pantalla.

Sus agentes llegaron a un acuerdo con Touchstone/ABC Studios, que le presentaron a Mark Gordon y a Betsy Beers, productores de cine que veían también el florecimiento de la televisión creativa. En el mundo del cine, dice Beers, exactriz y cómica, «una trabajaba seis o siete años en algo sin saber nunca si se iba a hacer, y, si se hacía, después de trabajar seis o siete años, se estrenaba un fin de semana y podía fracasar. Seis o siete años de trabajo tirados por la borda.» En cambio, en la televisión, el tiempo que transcurría entre concepción y realización era mucho más corto. Las dos mujeres, que vieron que tenían el mismo gusto e ideas similares, se pusieron a trabajar juntas en una nueva historia.

Rhimes no recuerda la primera vez que se reunió con los responsables de la cadena para proponerles una serie, porque, dice, hubo muchos pasos en falso. «Cuando me decidí a escribir una serie, empecé a proponer toda clase de ideas. Se me ocurrían mil cosas diferentes porque no sabía cómo funcionaba aquello.» Acabó escribiendo un guion sobre cuatro mujeres corresponsales de guerra que informaban, bebían y practicaban sexo en zonas de conflicto.

«Las dos veníamos del cine y no teníamos ni idea de lo que era un presupuesto, con lo que escribíamos escenas de acción larguísimas que seguramente costarían un riñón», recuerda Beers con una sonrisilla. Pero la cadena tenía dudas que iban más allá de lo económico: la guerra con Irak era inminente y una serie sobre unas reporteras juerguistas rayaba en el mal gusto. El proyecto fue abandonado, pero una directiva de la cadena, Suzanne Patmore, la animó a volver a intentarlo.

«La segunda vez me centré mucho más –dice Rhimes–, porque no quería escribir un guion que no se filmara. Quería hacer un episodio piloto.» Le preguntó a los de los estudios qué quería el jefazo de la ABC, Robert Iger, y le dijeron que le interesaba un clásico de la televisión, el drama médico. Rhimes había trabajado de voluntaria en un hospital cuando iba al instituto y ella y su hermana eran aficionadísimas a los documentales de medicina de Discovery Channel. «Era perfecto porque a mí me encantaba el tema y me sería muy fácil. Y dije: "Si Bob quiere una serie de médicos, escribiré una serie de médicos".»

En la primavera de 2003, la ABC era la tercera de las cuatro grandes cadenas de televisión y luchaba desesperadamente por aumentar sus índices de audiencia ofreciendo programas de telerrealidad baratos como *Extreme Makeover: reconstrucción total* y *Are You Hot? The Search for America's Sexiest People.* Los directivos sabían que no se salvarían a menos que se replantearan de arriba abajo su pobre programación. La directora del departamento de entretenimiento, Susan Lyne, llevaba un tiempo buscando una «serie de chicas» que fuera sexi, se basara principalmente en los personajes y llenara el vacío que había dejado *Sexo en Nueva York*, que acababa de terminar después de seis años emitiéndose en la HBO. Aunque tradicionalmente las series emitidas en horario de máxima audiencia eran más vistas por las mujeres que por los hombres, las que giraban en torno a personajes femeninos no acababan de funcionar.

La ABC recurrió a un proyecto que llevaba un tiempo en el cajón: *Mujeres desesperadas.* Si se hacía bien, podía aunar lo audaz de *Sexo en Nueva York* con lo meloso de *Melrose Place.* Los directivos se dieron prisa porque querían estrenarla en el otoño de 2004, junto con una cara serie de ciencia ficción ambientada en una isla desierta que se titulaba *Perdidos.* Mientras los de la ABC se concentraban en estas dos tablas de salvación, Rhimes y Beers desarrollaban tranquilamente su historia, que titularon *Surgeons.*

«Nadie se fijaba en nosotras –dice Rhimes–. Estaban haciendo *Perdidos*, estaban haciendo *Mujeres desesperadas.*» Al ver que me río, protesta usando una de las famosas frases de Grey: «¡En serio! Nadie nos presionaba. A nadie le importaba. Tenían las mejores teleseries de tíos y de tías que podían imaginar y estaban contentísimos. Así que nos dejaban hacer lo que nos daba la gana.» Lyne llamaba a su serie «Es mi vida hospitalaria», un guiño a la brillante pero cancelada serie adolescente *Es mi vida* y posiblemente una muestra de lo poco que esperaba la cadena de ellas.

Para Beers, lo bueno del guion consistía en la capacidad que tenía Rhimes de transmitir la complejidad de la vida de unas mujeres a través del encorsetado formato de una serie que había de emitirse en horario de máxima audiencia. «En esa época no se veía mucha cosa en la tele que reflejara lo que yo era, ni por la manera como se representaba a las mujeres ni por la manera como se representaba a las personas en el trabajo.» A Beers le encantaba ver plasmado un mundo en el que «una podía ser buena en su trabajo, ser competitiva, ser de piel oscura e interesante y aun así tener muy buenos amigos. *Surgeons* era todo lo que no se veía normalmente en la tele, un mundo completo que era diferente y parecía América.»

Titulada *Anatomía de Grey*, la serie giraba en torno a la joven cirujana en prácticas, Meredith Grey, cuyas cavilaciones íntimas, con voz en off, enmarcarían todos los episodios. A Beers y a los directivos de la ABC les gustaba la idea de que los protagonistas fueran novatos en su profesión. «Si adoptamos el punto de vista de las personas que no saben muy bien lo que hacen, el público se identificará con los que trabajan en el hospital y con las presiones de su oficio.» En el episodio piloto, uno de los médicos en prácticas casi mata a un paciente en su primera operación quirúrgica, lo que le vale el mote de 007, porque tiene «licencia para matar». Todos los personajes de la serie la joderán una y otra vez.

Y nunca mejor dicho, porque el episodio piloto arranca precisamente con Meredith jodiendo: vemos que echa de su casa a un tío bueno con el que se ha acostado y sale para su nuevo trabajo, donde descubre que el guapo desconocido es su nuevo jefe. En 2004, este comportamiento de «golfa», como se diría, preocupó a algunos directivos de la cadena. Beers recuerda una reunión en la que ella y Rhimes eran las únicas mujeres: «Un caballero en concreto al que no hacía gracia el episodio piloto confesó que no entendía cómo podía una mujer ser tan irresponsable. ¿Qué clase de mujer haría eso? Yo levanté la mano y dije: "Yo"».

Beers agita su ondulada melena rubia y sonríe: «Sorprende que los directivos de una cadena crean que las mujeres no hacen esas cosas, porque es evidente que las hacen. Yo quería ver una serie con la que pudiera identificarme».

En los albores del siglo XXI, los personajes femeninos de la tele tenían pocas opciones. Cierto es que *Las chicas Gilmore*, con sus mujeres inteligentes e independientes, empezaba a cambiar las cosas, pero aún presentaba una versión de la realidad relativamente amable y casta. Cierto también que *Sexo en Nueva York* había ampliado mucho el abanico de comportamientos que podía adoptar una mujer en la tele, gracias a Carrie, Miranda, Samantha y Charlotte, que siempre estaban a vueltas con dilemas como amor o deseo, compromiso o independencia, zapatos con tacón o sin tacón. Pero su idea de la independencia a veces se reducía al sexo, estatus en los medios de comunicación y consumismo. («¡Hago lo que quiero!», exclama en un momento dado Charlotte, para justificar su decisión de dejar el trabajo al casarse.) Al final de la serie, la carrera profesional de las protagonistas había acabado siendo un simple telón de fondo de sus historias de amor.

Rhimes quería que sus mujeres «lo tuvieran todo» de verdad, como había prometido Helen Gurley Brown: sexo desenfrenado, buenos amigos, un trabajo importante. El cuarteto inicial de jóvenes médicas de la serie –Meredith Grey, Cristina Yang, Izzie Stevens y Miranda Bailey– eran personajes creados sobre la base de la ambición y el carácter competitivo. Esto las apartaba a veces del modelo tradicional de la mujer agradable, pero eran cualidades que su creadora entendía de una manera visceral. Cristina, licenciada con honores por la Escuela de Medicina de Stanford, es un álter ego de Rhimes en forma de mujer ingeniosa y valiente, «que es extraordinaria y está segura de su talento». Rhimes quiso que Cristiana pudiera «actuar, pensar y vivir como yo soñaba con hacerlo». También puso partes de sí misma en el personaje de Meredith: «Yo no soy blanca, rubia ni delgada, pero ella fue a la Universidad de Dartmouth, como yo. Ella es competitiva, como yo. Las dos tenemos una madre estupenda», declaró Rhimes en una de las primeras entrevistas que le hicieron.

Las mujeres de *Anatomía de Grey* están ávidas de experiencia y se pelean por cuerpos maltrechos y por las heridas más exóticas. «¡Son como golosinas! Pero con sangre, que es mucho mejor», dice Cristina, que babea al ver a las víctimas de un terrible accidente de bici. Ella y Meredith reconocen enseguida que son almas gemelas y seres sarcásticos que pueden dejarse de cumplidos y competir por ser mejores en el trabajo y más listas en el amor.

Beers supo que estas «hermanas malas» tenían que ser el centro de la primera temporada: «Me encanta la relación de estas dos mujeres, dos personas muy diferentes en su manera de ver las cosas pero a las que une la admiración que se profesan y el feroz instinto de protección mutua. Shonda sabe cómo expresar sentimientos que tenemos pero que no siempre vemos en la pantalla».

Aunque Rhimes es famosa por sus finales llenos de suspense y sus asombrosos giros argumentales, lo más sorprendente del episodio piloto de *Anatomía de Grey* consiste quizá en que la gran revelación no tiene que ver con una operación quirúrgica difícil ni con un abrazo amoroso; tiene que ver con el triste bagaje emocional de Meredith Grey por la relación con su madre.

Cirujana eminente que imperó en aquel mismo hospital, la doctora Ellis Grey está ahora sumida en la demencia. «La abrumadora responsabilidad de ser digna hija de su madre mientras esta se halla cada vez más incapacitada... esto me pareció conmovedor –recuerda Beers–. Mi madre tuvo Alzheimer y aquello era parte de la historia, que hubiera algo a lo que muchos hemos tenido que enfrentarnos en algún momento de nuestra vida.»

Rhimes entregó el guion del episodio piloto a finales de 2003. Fue la última producción que la ABC programó para la temporada de otoño y entró por los pelos.

Rhimes y Beers eran como el ciego que guía al ciego por el mundo de la televisión: ninguna de las dos había producido nunca una serie. Estuvieron «muy unidas» mientras hacían aquellos primeros episodios, recuerda Rhimes. Enseguida trabaron una estrecha amistad, tomaron la costumbre de acabarse una a otra las frases y aprendieron a respetar los límites de la otra. «Siempre decimos que solo una puede perder la cabeza cada vez, solo una puede estar dispuesta a renunciar cada vez.»

Para Rhimes, lo mejor de no conocer la reglas de la tele fue que no sabía que las violaba. «La verdad es que no respeté ninguna regla ni seguí ningún consejo –confiesa–, más que nada porque no sabía que había que seguir instrucciones ajenas ni temía que algo no pudiera hacerse. Yo me lo pasaba pipa, escribir para televisión me salía de lo más natural y seguí a lo mío porque sentía que sabía lo que quería.» Como no tenía experiencia en la realización de series, al principio la asistió James Parriott, productor ejecutivo, que ayudó también a dirigir al equipo de guionistas. La idea de que hubiera una sala de guionistas se le hacía rarísima a Rhimes, que se había pasado años sola en casa escribiendo guiones de cine.

«Si no aprendemos a recibir instrucciones, reescribir guiones y conocer bien el proceso, no sabemos cómo funciona la cosa –dice Krista Vernoff, que había escrito para *Embrujadas* y *Wonderfalls* antes de incorporarse al equipo de guionistas de la primera temporada de *Anatomía de Grey*. «Jim Parriott y yo enseñábamos a Shonda a hacer televisión. Tenía muchísimo talento, pero venía del cine y al principio no quería entrar en la sala de guionistas. Se quedaba parada en la puerta como presa del terror.»

Otra consecuencia de la ingenuidad de Rhimes fue que decidió practicar lo que en el mundillo se llama «colorblind casting», o la elección de actores sin tener en cuenta su origen étnico, lo que propició la famosa diversidad de Shondaland, donde hay médicos, abogados y políticos de toda condición racial y sexual. «Cuando Shonda escribía un guion, no daba indicaciones de cómo debían ser los actores –recuerda Beers–. Simplemente queríamos actores de todas las razas. Luego descubrimos que aquello no era nada normal –continúa–, pero era estupendo, porque, como decía Linda Lowy, la directora de casting, ¡podíamos disponer de todos los actores!»

Lowy se había especializado en casting cinematográfico, pero, igual que Rhimes y Beers, se había desengañado del mundo del cine. «En aquella época todo se simplificaba, nada se financiaba debidamente.» Pronto se vio buscando actores para llenar las salas del Seattle Grace Hospital.

«Shonda me dijo claramente: No voy a dar el apellido de ningún personaje. Quiero que elijas a los actores del modo en que ves el mundo. Lo único que te pido es que el personaje de la doctora Miranda Bailey sea una preciosa actriz rubia caucásica porque quiero que todo el mundo piense que es una chica encantadora y al final acabe siendo el terror de sus compañeros.» Lowy propuso a la actriz de Broadway Kristin Chenoweth para el papel de Bailey, una cirujana a la que apodan «la Nazi».

Por entonces, sin embargo, les llegó una audición grababa en vídeo de Chandra Wilson, una actriz de teatro afroamericana que actuaba en ese momento en la obra de Tony Kushner *Caroline or Change.* Chenoweth tenía más renombre, pero Wilson –que no era ni rubia ni caucásica– transmitía una fuerza latente y consiguió el papel.

Una cosa fundamental para la serie era encontrar a las perfectas Meredith y Cristina. Ellen Pompeo no tuvo que hacer ninguna audición: le ofrecieron el papel de Meredith después de que protagonizara la película *El compromiso* con Jake Gyllenhaal e hiciera una prueba para el episodio piloto de otra serie de la ABC. En cambio, encontrar actriz para el papel de Cristina se convirtió en una experiencia traumática para Rhimes, a la que no convencía la actriz que los estudios proponían. Rhimes se dio cuenta de que el salto de guionista a realizadora de serie era enorme y requería tomar decisiones constantemente y estar dispuesta a defenderlas. ¿Debía batallar para conseguir a Sandra Oh, una actriz coreanocanadiense conocida por películas independientes como *Double Happiness* y *Entre copas*?

Según Lowy, contratar a Oh supuso un punto de inflexión en la carrera de la futura reina de Shondaland. «Como realizadora de la serie que era, tuvo que plantarse y decir: "Quiero que sea ella y punto".»

Mientras que Suzanne Patmore Gibbs y otros de la ABC defendían la serie, el recién nombrado presidente de la cadena, Steve McPherson, no las tenía todas consigo. «Me decía cosas horribles –le dijo Rhimes a un periodista–. Empecé a llevar la cuenta de las veces que me decía cierta palabrota.» McPherson impuso que incluyeran a un tipo duro en la serie, lo que obligó a crear tardíamente el personaje de Alex Karev, un chulo de la clase obrera interpretado por Justin Chambers.

(Rodaron nuevo material con él y lo insertaron en el episodio piloto meses después de que este se filmara.) Rhimes recuerda que la cadena también intervino en el segundo episodio, en el que Alex y Cristina compiten por ver quién de los dos da más malas noticias a los pacientes. A los directivos no les gustaba el humor morboso de Rhimes. «¡Que los médicos bromearan a propósito de un paciente moribundo o que odiaran a un paciente era tabú, y yo decía que no tenía nada que ver con los pacientes, sino con cómo se plantean los médicos su trato con ellos! –exclama–. Ellos ven la medicina con una mirada irreverente. No es un disparate, es humano.»

Krista Vernoff recuerda que, cuando repasó su copia del guion original del episodio piloto, se dio cuenta de lo inusual que era el estilo de Rhime entonces, cuando imperaba el de la serie *Ley y orden*. «Era una serie en la que lo importante eran los personajes, en un momento en que este tipo de televisión había dejado de hacerse hacía años.» Su agente la avisó de que era probable que no produjeran la serie porque, dice Vernoff, «Shonda quería hacer algo que no se había hecho antes: coger una comedia romántica y darle formato de drama médico.»

Actores y equipo trabajaron muchas horas al principio. «Hacíamos jornadas de dieciséis y diecisiete horas –dice Chandra Wilson con un suspiro–. Prácticamente vivíamos allí, creando la serie, buscando el tono. Incluso una vez, en la primera temporada, paramos la producción para replantearnos qué tono queríamos darle.»

El lanzamiento por todo lo alto de *Perdidos* y *Mujeres desesperadas*, en el otoño de 2004, aplacó el pánico que tenía la ABC por los malos índices de audiencia. *Perdidos* se convirtió en el estreno más visto de la cadena desde 2000, récord que superó el de *Mujeres desesperadas* unas semanas después. (Esta última llegaría a ser la cuarta serie más vista de la temporada, mientras que *Perdidos* fluctuó en torno al puesto trece.) *Anatomía de*

Grey, la hermanastra olvidada, se vio obligada a arañar audiencia en la sombra hasta el Domingo de Pascua de 2005. Con poca publicidad, la programaron para las diez de la noche, emitiéndose después de *Mujeres desesperadas* en sustitución temporal, a mitad de temporada, de una nueva serie, *Boston Legal*.

Las primeras críticas de la serie fueron poco entusiastas: Alessandra Stanley, del *New York Times*, dijo que era una «versión de *Urgencias*, en plan "las mujeres al poder"», y Paul Brownfield, de *Los Angeles Times*, la descalificó diciendo que era «una mezcla de *Sexo en Nueva York*, *CSI: en la escena del crimen*, *Urgencias* y *Vida de un estudiante*, amenizada con una banda sonora de rock alternativo que parece sacada de una de esas compilaciones que se compran en los grandes almacenes. Peor fue Tom Shales, del *Washington Post*, que la tildó de «sobreactuada y sentimental», aunque concedió que Ellen Pompeo «tiene una de las sonrisas más radiantes que se han visto nunca en una serie de médicos».

No es de extrañar que la serie desconcertara a los críticos; aunque *Anatomía de Grey* se presentaba como una especie de crónica hospitalaria, las intenciones de Rhimes era muy distintas. Insertos en escenas de realismo médico, había diálogos inteligentes, rock indie a cargo de Rilo Kiley y Tegan and Sara, breves historias de relaciones interpersonales en la onda de las que se relataban en *Las chicas Gilmore*. Los males de los pacientes eran importantes sobre todo por la manera como afectaban a la propia y agitada vida de los médicos. La rápida sucesión de crisis emocionales y físicas de la serie se convirtió en una forma de droga televisual. Como en cada episodio crecía el número de adictos, la cadena decidió mantener la serie el resto de la temporada. Con esto los guionistas dispusieron de más episodios para ir desarrollando la relación entre los protagonistas y el romance entre Meredith y su maravilloso jefe, el doctor Derek Shepherd, alias doctor McDreamy (interpretado por Patrick

Dempsey). En el último episodio de la temporada, Rhimes da un mazazo a Meredith (y a los espectadores) al introducir al personaje de la doctora Addison Shepherd (Kate Walsh), la esposa secreta del doctor.

Para entonces veían la serie más de veintidós millones de personas. La ABC aprovechó para reponerla en el verano de 2005 y, cuando ese otoño empezó a emitirse la segunda temporada, *Anatomía de Grey* se había convertido en un fenómeno cultural. La ABC programó emitirla nada menos que al acabar la final de la Super Bowl en 2006 y para la ocasión Rhimes escribió un episodio en dos partes lleno de suspense, en el que había un paciente con una bomba de relojería dentro del cuerpo. Aquel episodio tuvo treinta y ocho millones de espectadores, el mayor índice de audiencia obtenido por un episodio desde el último de *Friends* unos años antes, y un número altísimo en el más repartido panorama del momento.

«Empezamos la segunda temporada y luego el episodio de la Super Bowl con un subidón», recuerda Chandra Wilson.

Pronto todo lo que hacían los actores era noticia y ocurrieron cosas sorprendentes: Isaiah Washington, que interpretaba al doctor Preston Burke, el amado de Cristina, fue acusado de emplear un insulto homófobo en los rodajes y, tras meses de mala publicidad, la ABC anunció que lo echaba de la serie. Katherine Heigl, que aprovechó su papel de Izzie para hacer carrera en el cine, desencadenó una tormenta mediática al criticar públicamente los guiones de la serie, dando a entender que no había sido nominada a un Emmy porque su personaje no tenía la calidad suficiente. Todo indicaba que la cosa empezaba se estaba desquiciando.

«Era la primera vez que me veía envuelto en un caso como ese, con paparazzi acechando a los actores en sus casas y siguiéndolos allí adonde fueran», confiesa Vernoff, aludiendo oscuramente a «problemas mentales» de algunos de los actores. «Había allí muchos dramas de por medio.»

El éxito de *Anatomía de Grey* acabó para siempre con el prejuicio dominante en la industria de que el espectador no vería series de mujeres ni de personas de color.

Rhimes se alegró mucho de que su serie de mujeres ejerciera tal atracción. Cuando la periodista de *Los Angeles Times* Mary McNamara visitó a los guionistas de la serie en los Prospect Studios en la primavera de 2005, Rhimes le contó: «Los guionistas hombres gruñen a veces y dicen: "Eso es muy de mujer". Y yo digo: "Por esas cosas de mujer veo yo la tele. Conque se queda"».

Habiendo más del doble de mujeres guionistas que de hombres, la perspectiva masculina quedaba constantemente eclipsada. «Nuestros personajes masculinos hacen cosas que sabemos a ciencia cierta que ningún hombre haría», declaró Parriott a *Los Angeles Times.* McDreamy, por ejemplo, era una figura puramente fantástica. Fue concebido como un manjar suculento para que las mujeres se dieran un festín, le explicó Rhimes a otro periodista, «de manera que, cuando veamos la televisión, podamos volvernos a nuestro novio y decirle: "¿Por qué nunca me dices esas cosas?"».

Inevitablemente, esto hizo que la serie fuera ridiculizada y considerada la versión televisiva de la literatura femenina: una afición trivial. Desde luego, trivialidad había mucha, junto con una larga serie de tragedias y traumas. Con los años, Meredith extrajo la bomba del cuerpo del paciente del episodio de la Super Bowl; se ahogó y fue resucitada; sobrevivió a un accidente de avión, a un aborto y a una cesárea, y presenció una matanza en la que su marido fue herido y sus colegas fueron asesinados. Pero para Rhimes, *Anatomía de Grey* era una especie de máquina de Rube Golderberg que producía placer: un drama muy bien estructurado y elegantemente escrito que ofreció excitantes emociones a intervalos regulares durante más de una década, a la vez que coló ideas sobre género, sexualidad y raza.

Una de las primeras batallas que libraron fue a propósito de la palabra «vagina». Krista Vernoff recuerda que escribió un episodio de la segunda temporada en el que la obstetra y ginecóloga Addison le explica a una paciente cómo va a comprobar la dilatación de su cuello uterino. Pero el departamento de moral y buenas prácticas de la cadena no les permitía usar la palabra en cuestión. «"¡Es una médica! ¡Es anatomía!", le decía yo a la mujer del departamento. Discutimos a grito limpio y me fui a ver a Shonda hecha una furia», cuenta Vernoff. Pero en lugar de declarar la guerra por una palabra, Rhimes le dijo que reuniera a todos los guionistas. «Vamos a inventar un palabra que suene peor que "vagina" pero que no tenga sentido. Si es un palabra sin sentido, no pueden rechazarla.» A Blythe Robe se le ocurrió «vajayjay». Rhimes usó esta palabra en el episodio que se emitió después del partido de la Super Bowl, con lo que el eufemismo se convirtió en un fenómeno popular. Y al final convencieron a los de la cadena de que les dejaran usar el término anatómico correcto.

«El verdadero fenómeno cultural fue que legitimamos y normalizamos el uso de la palabra "vagina"», dice Vernoff. «En la tele, en un contexto médico, se podía decir "pene" sin que nadie se escandalizara, pero no se podía decir "vagina" . Es lo que más me enorgullece de mi carrera: cada vez más gente educa a sus hijas para que nombren sus partes por su verdadero nombre anatómico sin que piensen que es una palabra obscena.»

El aborto era un tabú que los directores de series evitaban nerviosamente (la legendaria excepción fue un episodio de *Maude* que se emitió en 1972 justo antes del fallo del juicio de Roe contra Wade, a raíz del cual la Corte Suprema despenalizó el aborto). Rhimes trató de pasada el tema al final de la primera temporada cuando Cristina, liada en secreto con el doctor Burke, se queda embarazada. Convencida de que un hijo no tiene cabida en su vida, decide abortar. Cimenta su amistad con Meredith porque en la clínica da los datos de Grey para que la llamen en caso de emergencia: «Te he puesto a ti –le dice–. Eres mi persona.»

«Eres mi persona»: esta simple frase sella el vínculo cada vez más profundo que existe entre estas dos mujeres con una intensidad que recuerda la primera declaración de amor de unos enamorados. Se convirtió en una especie de lema para las mujeres solteras de todo el mundo.

Al final, sin embargo, Cristina no tiene que abortar; se desmaya y descubren que tiene un embarazo ectópico. Rhimes me dice que los responsables de la cadena no le prohibieron exactamente tratar el aborto: «Aún no habíamos llegado al punto del "no puedes", pero... –Hace una pausa–. Al principio discutíamos sin cesar. Era como empujar una bola enorme montaña arriba porque, para mi horror, nada se había hecho antes. Era espantoso. Que si las mujeres no eran guapas, que si no eran amables, que si eran competitivas... todo era un problema. Decidí no luchar por lo del aborto de momento. No podía. La batalla me habría agotado.»

Se batió en retirada, pero solo temporalmente. Años después, en la octava temporada, Cristina –ya casada, pero más centrada en su trabajo que nunca– vuelve a quedarse embarazada, esta vez de su marido, el doctor Owen Hunt. Owen y Meredith intentan convencerla de que tenga al hijo, pero ella se niega. «Tenéis que entenderlo», les dice. Ellos lo entienden. Meredith, en concreto, dice que «la culpa de no querer a su hijo» le «amargaría la vida». Y Cristina sigue adelante con el aborto. La cosa tendrá consecuencias emocionales que afectarán a su matrimonio, pero al menos se le permite tomar una decisión y convivir con ella.

«Por fin llegamos a un punto en el que me dije: "Voy a contar la historia como creo que hay que contarla y no dejaré que nadie me diga que no" –dice Rhimes enérgicamente–. Pero nadie me dijo nada. Y no creo que fuera solo porque yo tenía el capital, sino porque el mundo de la televisión y el mundo en general habían progresado también.»

Rhimes había empezado *Anatomía de Grey* siendo una guionista introvertida que tuvo que aprender a dirigir una serie, con todo lo que ello conlleva, sobre la marcha. La cantidad de tareas y presiones la hicieron muy desgraciada los primeros años. Beers abandonó otros proyectos para asociarse con ella en la productora Shondaland. «Yo tengo una mente puramente creativa y me dedico a los actores, a los guiones, a hablar con los directores, a la edición, a la música –dice Rhimes–. Y Betsy se ocupa de todo lo demás.»

En cuanto aprendieron a dirigir la serie, el dúo empezó a plantearse crear otra derivada de ella. El personaje de la doctora Addison Shepherd había sido concebido como un revulsivo argumental puntual, pero Walsh lo había hecho a la vez divertido y atractivo. Un episodio de mayo de 2007 de *Anatomía de Grey* sirvió de episodio piloto para *Sin cita previa*, una nueva serie que arranca cuando la ya divorciada Addison se reúne con un grupo de antiguos colegas –médicos sofisticados, atractivos y multirraciales, interpretados por Taye Diggs, Amy Brenneman, Merrin Dungey (pronto sustituido por Audra McDonald) y Tim Daly– en una clínica privada de Los Ángeles. Si en *Anatomía de Grey* veíamos a unos «jóvenes que no sabían cómo hacer su trabajo ni vivir su vida», dice Beers, en *Sin cita previa* vemos a treintañeros que «ya saben desempeñarse mejor como personas».

Algunos espectadores y críticos compararon negativamente los nuevos personajes de *Sin cita previa* con los intensos protagonistas de *Anatomía de Grey* y hubo cierta confusión respecto de lo que debía ser la nueva serie. «Creo que la cadena esperaba una segunda parte de *Anatomía de Grey* –reconoció Beers en un acto público años después, es decir, una continuación pura y simple de la serie original–. Nos pusimos a producirla a toda prisa sin tener muy claro lo que queríamos contar. Al principio, eso perjudicó a la serie.» Incluso Suzanne Patmore, directiva de la ABC, observó en su momento que «llegamos a olvidarnos de que Addison era la cirujana cojonuda». Pero el destino intervino en forma de huelga de guionistas en noviembre de 2007, huelga que suspendió la producción cuando se llevaban emitidos nueve episodios de lo que debía ser una temporada de veinticinco, lo que les dio tiempo a rectificar. Beers observa que «para empezar, nos paramos a reflexionar sobre lo que queríamos hacer. Y así nació la serie sobre los dilemas morales y éticos que ahora vemos.» Programar la emisión de *Sin cita previa* para después de *Anatomía de Grey* y hacer que aparecieran los mismos actores en algunos episodios de ambas series (lo que en inglés se llama *crossover*), contribuyó a mejorar los índices de audiencia de la serie novel. Al final de la segunda temporada, Addison y compañía tenían, de media, más de nueve millones de espectadores.

Anatomía de Grey y *Sin cita previa* se filmaron en lugares distantes de Los Ángeles, y correr de uno a otro puso a prueba la energía de Rhimes. Aunque ella siguiera considerándose una guionista introvertida, era ya un personaje poderoso con un equipo cada vez más numeroso y enormes responsabilidades.

«Shonda no aparecía mucho por la sala de guionistas –dice Sheila Lawrence, exguionista de *Las chicas Gilmore* que luego trabajó en *Sin cita previa*–. Se pasaba por allí dos o tres días a la semana, oía nuestras propuestas, nos decía lo malas que eran y se iba. En sus series, el proceso era el siguiente: el primer borrador del guion se leía en voz alta delante de todos los guionistas, luego Shonda emitía su juicio y nos daba todas las instrucciones pertinentes allí mismo. Era humillante.» Pero peor era, dice, el factor intimidatorio: «Es probable que se extrañe si supiera el miedo que infundía, pero cuando nos enterábamos de que venía Shonda, empezábamos a decir: "¡Saca a ese perro de aquí, que odia los perros! ¡Mueve el sofá, que no le gusta sentarse de espaldas a la ventana!". Nos echábamos a temblar».

Vernoff dice que para triunfar en Shondaland hay que tener una personalidad fuerte y ser capaz de plantar cara a la jefa. «Shonda quiere que le demos guerra pero tenemos que ser valientes y estar a la altura de su carácter», dice con cariño. Después de lo ocurrido con Heigl, Rhimes aplicó lo que ella llamaba una política de «gilipollas, no» y los que congeniaban con ella se quedaban en Shondaland muchos años, por lo que aquello parecía una gran familia. Guionistas, actores y personal solían pasar de una serie a otra o desarrollaban las suyas propias, como Peter Nowalk, que empezó de ayudante en *Anatomía de Grey* y llegó a crear *Cómo defender a un asesino*. Los actores interesados en desarrollar otras facetas podían dirigir episodios; Chandra Wilson llegó a ser una de las directoras más prolíficas de *Anatomía de Grey*.

Wilson entró en Shondaland siendo una novata de la televisión como sus jefas y vio como Rhimes aprendía a dirigir un negocio de muchos millones de dólares. «Tuvo que decirse: "¡Ah!, ¿soy la jefa? ¿La gente se dirige a mí porque soy la que mando?"». Wilson recuerda vívidamente el día que fue a ver a Rhimes y le dijo que estaba embarazada, dando por supuesto que suprimirían su personaje de la serie. «Shonda dijo: "¿No pensarás que voy a despedirte?"», cuenta Wilson, dando a entender que no se creía lo que oía. Lejos de despedirla, la jefa anunció que la doctora Miranda Bailey se quedaría también embarazada. (Por supuesto, tratándose de Shondaland, Bailey se pone de parto el mismo día que su marido tiene un accidente de coche del que resulta gravemente herido.)

El embarazo real de Wilson inspiró un hilo argumental que ahondaría en su personaje y permitiría a la serie tratar el tema de la maternidad de la mujer trabajadora y sus complicaciones, algo de lo que Rhimes sabía mucho. «No pocas veces el dilema de Bailey ha consistido en preguntarse: ¿cómo concilio todas estas cosas? –dice Wilson–. ¿Son legítimas las ambiciones profesionales cuando se es madre y esposa? Sé que también Shonda se ha visto en esta situación. Escribe lo que vive.»

Rhimes puso en práctica sus principios fuera del plató y creó lo que Wilson define como un lugar de trabajo solidario con los padres. Shondaland no tardó en contar con un cuarto de juegos muy activo. La actitud de Shonda, dice Wilson, es «no fijarse en lo que hacen las demás series, sino hacer lo que yo creo que hay que hacer».

Si bien *Anatomía de Grey* era progresista por su actitud con las cuestiones de género y la comunidad LGTB (como demuestra la suntuosa boda de las lesbianas Callie y Arizona en un momento en que el matrimonio homosexual era objeto de debate legal), había un tema del que los personajes de la serie apenas hablaban: la raza. Los médicos negros, latinos y asioamericanos medraban (o no) dependiendo de su talento, sin impedimentos debidos a discriminación o prejuicios. Rara vez los que se reúnen en la sala de descanso hablan de problemas o trato desigual en el trabajo causados por sus relaciones interraciales. Como Rhimes declaró una vez al *New York Times*, ella y sus amigos «nacimos en una época posterior a la lucha por los derechos civiles y de las mujeres y dábamos por supuesto que vivíamos en un mundo diverso». Ese era el mundo en el que sus personajes médicos vivirían: una meritocracia en la que lo que triunfaba era el talento.

La realidad de la televisión es que el color de la piel sigue importando en Hollywood mucho más de lo que harían suponer las décadas de falsa adhesión tributada a los ideales de la diversidad. La mayoría de los actores no blancos se ven relegados a papeles de comparsa o meramente testimoniales... si tienen suerte. Según un informe del Centro de Estudios Afroamericanos Ralph Buncle de la Universidad de California en Los Ángeles, los actores blancos coparon el 76 por ciento de los papeles de las series emitidas por la televisión convencional en la temporada 2014-2015, el 79 por ciento de los de las series de televisión por cable y el 74 por ciento de los de las series emitidas en línea. En medio de este panorama decididamente desigual, Shondaland se antoja una tierra prometida en la que gentes de todos los colores trabajan juntos y se acuestan unos con otros sin escándalo ni conflicto.

Chandra Wilson cuenta que la primera vez que vio el episodio piloto de *Anatomía de Grey* «me dije: "¡Guau! La serie me resulta familiar", pero no supe decir por qué. Ni siquiera cuando filmábamos me daba cuenta de que era porque Isaiah, Sandra y yo salíamos a la vez en la pantalla, ¿sabes a lo que me refiero? No tendría que ser excepcional, pero hasta que lo veías en la tele no te dabas cuenta de lo mucho que lo echabas en falta».

Esto fue un gran paso adelante para la tele y una oportunidad para los actores reducidos a optar solo a papeles secundarios que representaban estereotipos étnicos. La serie de Shondaland creó más papeles complejos para actores de color que casi ninguna otra. Sin embargo, algunos críticos temieron que este casting hecho sin prejuicios raciales contribuyera a impulsar una corriente asimilacionista que borrara la especificidad cultural. Por ejemplo, la estudiosa afroamericana Kristin J. Warner, en su libro *The Cutural Politics of Colorblind TV Casting*, dice que este tipo de casting permite a la industria del entretenimiento dar una impresión de igualdad de oportunidades sin tener que ofrecer un contenido que se aleje demasiado de la experiencia de los espectadores blancos mayoritarios y, por tanto, sin exponerse a perderlos. En otras palabras, el casting racialmente no discriminatorio fomenta la diversidad en el plano laboral pero solo si los guiones renuncian a reflejar un mundo realmente diverso en el que los protagonistas experimentan la realidad de manera diferente porque factores como la situación socioeconómica y los prejuicios raciales disminuyen sus oportunidades y afectan a sus condiciones de vida.

Aunque el papel de Cristina lo interpreta Sandra Oh, una actriz coreana, el personaje no se identifica especialmente como asioamericana. Un episodio de la segunda temporada en el que se introduce a la madre de Cristina nos da una pista del porqué: su madre la educó en la fe judía del segundo marido, un cirujano oral de Beverly Hills. Es un dato interesantísimo, pero que nunca lleva a una exploración más profunda. Sandra Oh ha confesado que la falta de especificidad cultural de su personaje la decepciona. «Me pesó porque pensé que podía ser una gran idea, o incluso dar lugar a muchos chistes. Pero los productores se negaron a desarrollarla, porque estaba decidido de antemano –declaró a la revista *KoreAm Journal* al dejar la serie en 2014. Y añadió–: Ahora lo que quiero hacer no es pintar lo iguales que somos, sino pintar nuestras diferencias, quiénes somos exactamente».

En lugar de empezar suponiendo que todos los personajes serán blancos, el proceso de casting de Shondaland es abierto. La descripción inicial del personaje no especifica su raza, dice Lowy: «Shonda tiene una idea clara de cómo quiere que sea el personaje, pero me pide que le lleve a actores para que todo empiece a girar en torno a la persona concreta que tiene delante. A veces, cuando entrevistamos a actores, Shonda, pensando cómo escribir para esa persona, se queda callada y Betsy y yo nos ponemos a hablar por los codos simplemente para que el actor no se vaya y ella pueda hacerse una idea de cómo funcionará».

No es que a Rhimes, que dirigió *The Colored Museum* cuando iba a la universidad y empezó su carrera en la televisión con una película biográfica de la actriz afroamericana Dorothy Dandridge, no le interesen las particularidades de la identidad negra. A veces hasta incluyó referencias culturales negras en *Anatomía de Grey*, como cuando contrató a Diahann Carroll (protagonista de la serie de 1968 *Julia* y una de las pocas heroínas negras de la historia de la televisión) y a Richard Roundtree (conocido por su papel en la película de explotación negra *Shaft*) para que interpretaran a los padres del doctor Burke, encarnado por Isaiah Washington.

Es que Rhimes tenía decidido que sus personajes no se definieran por la raza y ella misma se resistía a que la etiquetaran de «realizadora negra», porque la sublevaba la falsa adhesión de los medios de comunicación a todo lo que tuviera que ser normal (en este caso la «diversidad»). Desmiente la idea de que ella y su equipo estén traspasando límites de ninguna clase y me asegura: «No creo estar rompiendo ninguna lanza». En sus memorias, *Year of Yes*, dice que es «primera, única, diferente»: «Creo que estamos un poco hartos y lo que desearíamos es que la gente dejara de pensar lo bien que hacemos algo aunque seamos negros, asiáticos, mujeres, latinos, homosexuales, parapléjicos, sordos…».

Señala lo absurdo que es que la feliciten por crear personajes de todos los colores y tratarlos «como si fueran… gente normal».

Una inteligente mujer negra conoce los secretos más terribles del gobierno estadounidense y colabora y se acuesta con el presidente, que es republicano, blanco y un hombre casado y está dispuesto a aplastar a la Corte Suprema de justicia para mantenerse en el poder. El presidente tiene a su lado a un jefe de gabinete que es homosexual y contrata a un asesino a sueldo para que elimine a una becaria que tuvo una aventura con el presidente; a una vicepresidenta de fe evangélica que se carga a su marido, también homosexual, y a una primera dama intrigante que al final se presentará a presidenta.

Si reducimos la serie *Scandal* a su mero argumento, nos sonará a un chiste que hubiera hecho un profesor de ciencias políticas al que se le hubiera ido un poco la olla. Es como si Rhimes hubiera centuplicado los tímidos esfuerzos que hacía Hollywood en defensa de la diversidad y, dando poder a individuos de comunidades marginadas, hubiera dejado que camparan a sus anchas.

La idea de *Scandal* se les ocurrió a raíz de una reunión que tuvieron en 2009 con Judy Smith, exjefa de prensa de George H.W. Bush y experta en gestión de crisis que ayudó a personajes como Monica Lewinsky y el alcalde del Distrito de Columbia Marion Barry. Por entonces Rhimes y Beers estaban desarrollando unas cuantas series escritas por otros guionistas de televisión y habían dado algún que otro paso en falso, como la breve serie *Off the Map*, «un drama médico ambientado en el extranjero». Aunque fascinadas por la figura de esta mujer, dejaron que la idea de una serie inspirada en ella madurara más de un año.

Olivia Pope, el álter ego ficcional de Judy Smith, salió al fin de la imaginación de Rhimes convertida en un ser seductoramente perverso: por un lado, es una vengadora justiciera que actúa en defensa de sus clientes y del bien público; por otro, es una mujer atormentada por el amor que siente por el presidente,

Fitzgeral Grant, alias Míster Wrong. Como Judy Smith, Olivia Pope era afroamericana. No fue una decisión baladí: *Scandal* sería la primera serie de televisión desde *Busquen a Christie Love* de 1974 que tuvo a una mujer negra por protagonista. Así como Judy Smith fue una de las pocas mujeres negras que penetró en los sanctasanctórum de Washington, así Olivia Pope sería uno de los pocos personajes femeninos negros que llegaría a lo más alto del escalafón televisivo.

Kerry Washington, famosa por interpretar el papel de la esposa de Ray Charles en la película *Ray*, obtuvo el papel de Olivia Pope. Dice que construyó el personaje de la dignísima Olivia siguiendo el ejemplo de varias mujeres poderosas que conocía, entre ellas Judy Smith y la misma Rhimes: «Shonda se parece mucho, mucho a sus personajes. Me hace gracia ver las cosas que expresa de sí misma a través de Olivia».

Pero había un problema con el hecho de pasar, por así decirlo, al otro lado del espejo político: Washington tenía vínculos con la Casa Blanca del mundo real. Había hecho una apasionada campaña a favor de Barack Obama y en 2009 había sido nombrada miembro del Comité de Artes y Humanidades del presidente. Washington quería asegurarse de que no hubiera confusión posible entre el político de ficción de *Scandal* y Obama, ni la reputación del primer presidente negro de Estados Unidos se viera manchada. El presidente Fitzgerald Grant (Fitz) tenía que ser blanco, pues. Según la directora de casting Linda Lowy, no tuvieron que buscar muy lejos. El actor y director Tony Goldwyn (que se dio a conocer en la película de 1990 *Ghost, más allá del amor*) era un rostro conocido en Shondaland desde que ayudó a realizar *Anatomía de Grey*. Goldwyn aspiraba a un papel en otra serie de la ABC, pero no lo consiguió. En cuanto se enteró de que estaba disponible, Lowy corrió al despacho de Rhimes y lo llamaron. No se molestaron siquiera en hacer una prueba para ver si había «química» entre él y Washington y le ofrecieron directamente el papel de presidente.

También se dieron prisa en escoger a la actriz que interpretaría a Quinn Perkins, una joven blanca que formaría parte del equipo de «gladiadores» en la agencia de gestión de crisis de Olivia, Pope & Associates, haciendo las veces de una Alicia en el País del Vicio que cae por la madriguera de conejo de la injusticia política junto con el espectador. Como Goldwyn, la actriz Katie Lowes llevaba un tiempo en Shondaland, en algunos papeles menores en *Anatomía de Grey* y *Sin cita previa*. Pero recuerda que se quedó aterrada cuando leyó el papel de Quinn delante de «las mujeres más poderosas de Hollywood». Rhimes le dijo que leyera más rápido. «Yo nací y me crie en Nueva York y toda la vida me han dicho que hable más despacio –dice de corrido–, pero Shonda quería crear sobre todo un "ritmo"»: el ritmo vertiginoso que había de caracterizar la serie como había caracterizado *Las chicas Gilmore*. Las decisiones se tomaron también a toda prisa. Normalmente, el siguiente paso sería hacer audiciones y ensayos para que los vieran los directivos de los estudios y de la cadena, pero Rhimes mandó a Lowes que informara a la actriz de que había conseguido el papel.

A veces, los actores y el personal trabajaron toda la noche en el episodio piloto, esforzándose por crear el precioso pero sórdido tono de la serie, así como su ritmo trepidante. «La primera línea del primer guion es, literalmente, que la gente tiene que hablar muy rápido –explica Rhimes–, porque son personas ocupadas y nadie tiene tiempo para nada.» Lowy dice que los primeros días de la serie, Rhimes se sentaba en los rodajes con un cronómetro para calcular la velocidad del diálogo.

«Olivia no tiene tiempo de hablar más despacio para que los demás la entiendan –bromea Rhimes, que añade–: Kerry siempre dice que hacía que Olivia Pope hablara tan rápido como yo.»

Como Cristina, Meredith y Bailey, Olivia es una persona ambiciosa y, aunque dice que es un «sombrero blanco» (y viste con ropa de colores claros), su trabajo verdadero consiste en mancharse las manos limpiando las cloacas del poder. Habla y se mueve con rapidez y precisión, como si quisiera dejar enseguida atrás la dudosa ética de sus actos. Olivia es alguien de fuera que actúa como alguien de dentro y la actriz encarna silenciosamente la complejidad y equivocidad del personaje. Después de todo, gran parte de la acción real ocurre secretamente en el interior de Olivia, una interioridad poco vista en una heroína televisiva por no decir en una heroína negra.

Rhimes quiere que sus actores digan exactamente lo escrito en el guion. De hecho, confiesa que hizo una especie de pacto con Washington (y con todos sus actores): «Su trabajo no es juzgar a su personaje, ni decir: "Creo que mi personaje no diría esto". Su trabajo consiste solo en saber cómo y por qué su personaje hace lo que hace y que resulte verosímil». Eso no significa que la actriz no tenga sentimientos acerca de las oscuras maquinaciones de Olivia. Cuando Washington leyó el guion que revelaba que su personaje ayudó a amañar la elección de Fitz, lloró durante todo el camino al trabajo. Olivia Pope no iba a ser un dechado de virtudes; sería tan imperfecta y débil como el Tony Soprano de *Los Soprano* y el Walter White de *Breaking Bad*.

Como ocurriera con las anteriores series de Rhimes, *Scandal* recibió críticas divididas tras su estreno, muchas de ellas en la línea de la de Matt Roush en *TV Guide*: «Quizá no sea de premio Peabody, pero si no nos importa ver una serie que no teme resultar demencial, esta puede hacer al caso». (Por cierto, la serie ganó un premio Peabody y varios Emmy.) Los índices de audiencia también fueron discretos al principio, pero subieron cuando empezaron a usar las redes sociales, gracias en parte a Kerry Washington, que sugirió a Rhimes que tuitearan los mensajes de los actores en cada episodio.

En la primavera de 2013, *Scandal* inspiraba más de cien mil tuits de espectadores por episodio; hasta sacerdotes negros tuiteaban sobre la serie tratando de comunicarse con los fieles vulnerables, como observó la guionista Stacia L. Brown en la revista *The Atlantic*. El sacerdote Tejado Hanchell tuiteó a propósito de un episodio: «#DearSingleSister Podéis libraros de vuestro "Fitz", pero no podéis hacerlo solas. Buscad ayuda».

Fue fácil hacer que las diferencias raciales parecieran irrelevantes en el circuito cerrado de un hospital de Seattle o de una clínica californiana. ¿Cómo funcionaría eso en una serie sobre una mujer negra liada con un presidente republicano, blanco y casado?

Rhimes dice que quería que su Washington D.C. fuera un trasunto de la capital de Estados Unidos que pareciera salido de una pesadilla y ofreciera una historia alternativa a la oficial. «En su versión de ciencia ficción, el Despacho Oval estaría literalmente colocado en la Boca del Infierno, ¿entiendes lo que quiero decir? –afirma con una risita, aludiendo a la puerta del inframundo de *Buffy, cazavampiros*–. Hablamos de un afán de poder que consume y destruye la mente de las personas. Y lo contraponemos a esa esperanza desesperada y a ese sueño de patriotismo que todos queremos que sea América.»

Los detalles estrictamente políticos resultaban irrelevantes en una serie que funcionaba más bien como un melodrama movido por el deseo: deseo de poder, de estatus, de gloria, sexual. Una figura aparentemente heroica podía revelarse como un villano en cualquier momento. Mientras las viles acciones de los personajes fueran motivadas por sentimientos creíbles y furores carnales, los espectadores seguirían aceptándolas de buen grado. Esto era especialmente cierto cuando sus acciones iban acompañadas por guiños maliciosos, como cuando uno de los leales pero sanguinarios hombres de Olivia se queja con toda sinceridad: «Razón tienen los que dicen que si queremos muerto a alguien, más vale que lo matemos nosotros».

Ya en las primeras temporadas, sin embargo, había algunas llamadas de atención sobre el tema de la raza. La relación de Olivia y Fitz descansa en un desequilibrio de poder y, en una escena retrospectiva que nos lleva a los primeros días de su amorío, ella le reprocha: «Me siento un poco como tu Sally Hemings», aludiendo a la relación que Thomas Jefferson, padre fundador de la nación, tuvo con su esclava, madre, al parecer, de sus hijos. Están en el Rose Garden, y Fitz, descorazonado, la acusa de «jugar la baza de la raza» y no entender cómo funcionan las cosas. «¡Soy tuyo! Tú me controlas… Aquí no hay Sally ni Thomas que valgan. No eres la víctima de nadie, Liv. ¡Soy todo tuyo!» Rhimes dice que, en guiones anteriores, escribió y luego borró la alusión a Hemings y Jefferson; creía que, sin más contexto, era demasiado fuerte.

Al final de la segunda temporada, la conciencia racial se hace claramente patente en *Scandal.* Igual que, en el episodio piloto de *Anatomía de Grey*, la madre de Meredith aparecía en un momento de revelación emocional («¿Mamá?»), en el último episodio de la segunda temporada de *Scandal* el padre de Olivia sirve para dar un giro al argumento («¿Papá»), al quedar desenmascarado como el jefe de una camarilla todopoderosa de la CIA.

«Olivia Pope ha estado viviendo una vida muy particular como mujer de color, viéndose con un hombre blanco –me dice Rhimes pensativamente–. Cuando aparece su padre, aparece la negritud de una manera muy real, es decir, aparece la conciencia del poder negro al estilo de los años setenta, en ese padre que parece preguntarse: "¿Dónde está la hija a la que crie?"». Olivia vive en un mundo mayormente blanco, creyendo que ha trascendido su condición racial, o quizá huido de ella. Rhimes quería que el padre de Olivia, Eli Pope (magistralmente interpretado por Joe Morton), sirviera de catalizador, dice, para obligarla a «plantarse en medio de la América negra moderna y descubrir quién es».

Vestida con una elegante chaqueta blanca, la normalmente imponente Olivia apenas es capaz de mirar a su padre cuando este reaparece en su vida en la segunda temporada. «¿No te crie para algo mejor? ¿Cuántas veces te he dicho que tenías que ser... qué? El doble...» Con los ojos gachos, ella murmura roncamente: «El doble de buena». Él acaba la idea: «Tienes que ser el doble de buena que ellos para obtener la mitad de lo que ellos tienen», repitiendo palabras que les resultan muy familiares a muchos niños no blancos. Lo que él quería para ella no es que fuera la querida de un niño mimado que es presidente.

Olivia parece ser más que nada un producto de las decisiones de su padre: protegerla de su peligrosa madre terrorista, enviarla a los mejores internados, pagarle la carrera de derecho a cambio de que cene con él los domingos. Eli se siente frustrado porque no controla la vida de su hija, lo que lo asemeja un poco a Emily Gilmore, si Emily fuera la jefa de una agencia de servicios secretos. Aunque Olivia no para de afirmar su independencia, se pasa gran parte de la serie yendo y viniendo entre hombres que quieren decidir por ella.

«¡No necesito protección! –le grita a su condescendiente amante Fitz cuando este le promete que se la llevará a una casa idílica de Vermont–. ¡No soy la chica a la que salvas! Estoy bien. Mi padre dirige la organización de espionaje más importante del país.» En realidad, descubre Olivia al fin, ella es la peste de la serie. Como querida negra de un presidente conservador, es el escándalo. Esta circunstancia hace que la serie se vuelva más y más desoladora, con un Eli que le recuerda constantemente a su hija que, por muy alto que ascienda, «esa gente a la que has preferido en mi lugar» no la verá como una igual. «Nunca serás uno de ellos.»

En el verano de 2014, Rhimes siguió por la tele las protestas que tuvieron lugar en Fergusson, Missouri, a raíz del asesinato por la policía de Michael Brown, un adolescente de dieciocho años, el último de una larga serie de jóvenes negros desarmados muertos a manos de la policía.

«Me despertaba en plena noche con una imagen en la mente: la de un padre sentado en una tumbona con una escopeta en el regazo, viendo el cadáver de su hijo en medio de la calle. Había sido un año de brutales asesinatos por parte de la policía y estaba volviéndome loca», dice Rhimes. Le pidió a la guionista afroamericana Zahir McGhee que escribiera un episodio que empezara con el enfrentamiento entre la policía de Washington y el padre de un adolescente que yace muerto en la calle, a solo unas manzanas del Capitolio. El padre del chaval (interpretado por Courtny B. Vance), escopeta en mano, pide justicia. Una activista negra del barrio llamada Markus Walker llega con una tumbona para que el padre pueda hacer guardia sobre el cadáver de su hijo. La policía le pide a Olivia que intervenga –seguramente porque es afroamericana–, pero el intento de esta de mediar no convence a Markus.

Rhimes provoca un enfrentamiento entre Olivia y Markus, esta última «una negra con gran conciencia social, una activista, que viene a decirle a Olivia: "Te crees una gran defensora de la causa, pero ¿cuándo fue la última vez que estuviste en un barrio negro o te preocupaste por lo que pasa aquí? Estás ocupada ayudando a un presidente republicano a mantenerse en el poder". Para Olivia Pope era muy violento enfrentarse a esta parte de sí misma».

El guion se inspiró, cuenta Rhimes, en conversaciones reales que tuvieron ella y McGhee: «Él hacía de Markus y yo de Olivia Pope y discutíamos en mi despacho». Es un episodio que revela la doble conciencia de Olivia y los límites de su poder: lo más que esta mediadora puede hacer para solucionar el caso es demostrar que el chaval no llevaba un arma: era un móvil. Algunos espectadores se sintieron decepcionados por el feliz desenlace, poco realista: detienen al agente de policía, se evitan las protestas y la violencia. Rhimes defendió la decisión en Twitter, diciendo que los guionistas debatieron mucho este final: «Decidimos mostrar el sueño realizado, la idea de lo posible, y no la desesperación que hoy sentimos».

El episodio se filmó en el otoño de 2014. Su emisión estaba prevista para el 5 de marzo del año siguiente y Rhimes temió que para entonces hubiera quedado anticuado, pero resultó de mucha mayor actualidad. El 4 de marzo de 2015 se publicó un informe del Departamento de Justicia condenando los sucesos de Ferguson, y los altercados entre la policía y jóvenes negros continuaron, una tragedia que siguió viva y dio origen al movimiento Black Lives Matter.

Hay una escena de *Scandal* que se me ha quedado grabada para siempre. No es la de una tremenda puñalada trapera ni la de una ardiente cita amorosa. Es la imagen de Olivia Pope tratando de escapar del secuestro del que ha sido víctima como parte de una maniobra política contra Fitz. Usando el alambre del sujetador, desenrosca una tubería del lavabo del baño y golpea con ella a sus captores. El pelo negro, normalmente lacio y brillante, ha vuelto a su forma natural, una mata encrespada. Huye corriendo y las palabras de su padre le retumban en los oídos: «Tienes que ser el doble de buena».

Olivia –resulta de pronto claro– carga en todo momento con el peso de representar –para sus colegas blancos de la Casa Blanca y para sus espectadores blancos de la tele– un ideal de mujer afroamericana, igual que lo carga Rhimes detrás de la cámara. Enfundada en sus elegantes vestidos y con su pelo planchado, debe ser perfecta, o al menos el doble de buena que los demás. Y lo es.

La palabra «melodrama» suele tener una connotación vulgar y poca culta y se aplica a menudo (aunque no exclusivamente) a las telenovelas y demás espectáculos pensados para un público femenino. La estudiosa de la cultura pop Linda Williams observa en su libro *Playing the Race Card* que el término significa más o menos lo mismo hoy que en el siglo XIX: un espectáculo que inspira «demasiada sensación y sentimiento, una manipulación de las fibras sensibles que traspasa los límites del buen gusto». Todo esto vale para *Scandal*. Pero Williams ve también en el melodrama «el principal medio con el que la cultura de masas estadounidense se ha "hablado a sí misma" del constante dilema moral de la raza», incluyendo en este marco el juicio televisado de O.J. Simpson y (curiosamente) la serie *Bajo escucha*. *Scandal* pone a prueba los límites de la capacidad que tiene el melodrama de soportar estos extremos de escabrosidad y seriedad. Puede que el principal deseo de Rhimes sea entretener, pero también es una provocadora, que tiende trampas culturales en medio de su «tonto» espectáculo.

Rhimes y Beers ya lucharon con la cadena de televisión para que las mujeres de *Anatomía de Grey* pudieran ser desagradables o golfas; ahora lo daban por concedido. Por eso Quinn, que empezó siendo una especie de representante de la espectadora blanca normal, evoluciona hasta convertirse en una asesina sádica que antes prefiere torturar a un hombre que convivir con él. En *Scandal*, la primera dama Mellie Grant, una esposa y ama de casa con permanente, se transforma en una política temible. Elegida senadora, obstruye leyes de quienes quieren seguir financiando la organización Planned Parenthood. En el mismo episodio en el que vemos a Mellie defendiendo esta organización, Olivia renuncia al final perfecto con el presidente y decide abortar. La cámara hace zoom sobre su cara mientras el médico practica la operación. Parece resignada, o quizá aliviada. No hay diálogo, solo oímos a Aretha Franklin cantando «Silent Night» y su «Aleluya» suena quedamente de fondo.

Rhimes dice que lo del aborto no escandalizó ni a los de la cadena ni al público en general, pero a muchos espectadores les disgustó la decisión de Olivia.

«La gente ha mamado una creencia profunda, un cuento de hadas que debe mantenerse a toda costa. Yo tuve muchas conversaciones en las que me decían que Olivia quería tener hijos. Y yo replicaba: "¿Podéis decirme en qué momento de qué guion o episodio dice Olivia que quiere tener hijos?". Y todos se callaban. No habían caído en que nunca lo había dicho.» Rhimes les decía a estas personas: «Habéis imaginado eso porque quizá pensáis que es la manera como habría que vivir. Pero ella se siente muy agobiada. Es su acto de libertad.»

La realizadora exhala un profundo suspiro. «Fue un momento muy interesante para mí porque me di cuenta de que, aunque el personaje estaba ejerciendo su derecho a decidir, nadie quería aceptarlo.» Al menos, los espectadores esperaban que hubiera una gran pelea cuando Fitz lo supiera. Pero Rhimes se negó a satisfacer este deseo de que Olivia pagara por su acto. «Así que escribí una escena en la que él lo descubre y lo acepta. La gente vio aterrada que él aceptaba la decisión que ella había tomado y que una mujer no era castigada por no querer vivir un cuento de hadas.»

Rhimes se encontró con el mismo problema cuando Sandra Oh decidió abandonar *Anatomía de Grey* en la décima temporada y tuvo que pensar en una salida para el personaje de la doctora Cristina Yang. A esta le ofrecen dirigir un hospital de Suiza y parte dejando atrás su relación con Owen… y enojando a muchos fans.

«La franja de edad de los espectadores de *Anatomía de Grey* va de los doce a los setenta y dos años», explica Rhimes, añadiendo que la sorprendió «ver que mucha gente de todas esas edades se escandalizó y le dijeron: "¿Por qué no tiene ella un final feliz?". Y yo contestaba: "¡Lo tiene!"». Dice que la sublevaba ver que para tantos fans un final feliz equivalía a casarse: «Un hombre es un compañero de viaje en la vida de una mujer, no el fin último de su existencia». Rhimes se basaba en su propia experiencia y en su actitud profundamente ambivalente respecto del matrimonio. En sus memorias, confiesa que rompió su propio compromiso por preservar su independencia.

En este sentido, Cristina era en buena medida un trasunto de ella: «Le di mi pasión por el trabajo. Le di mi amor por algo más grande que cualquier amor, algo que la atraía más que ningún tío: un talento creativo que estaba fuera de su alcance pero que siempre querría alcanzar».

Cuando sale del hospital por última vez y se despide de su «hermana mala» Meredith, Cristina le dice unas sabias palabras acerca de su relación con McDreamy (que a esas alturas es su marido): «Eres una cirujana muy dotada con una cabeza extraordinaria. No dejes que tu marido te eclipse. Es encantador, pero no es dios. La diosa eres tú». Es como si Shonda se asomara a la pantalla y hablara directamente a sus espectadoras.

En 2014, Rhimes era la mejor baza de la ABC, uno de los pocos directores de serie que tenía asegurado un público en la franja de edad de los dieciocho a los cuarenta y nueve años. Firmó un contrato con la cadena que, según *The Hollywood Reporter*, era «seguramente uno de los más ricos de la tele», con un valor, se decía, de decenas de millones de dólares. La programación de la noche de los jueves de la ABC pronto estuvo reservada para series producidas por Shondaland, empezando por *Cómo defender a un asesino*, un thriller protagonizado por Viola Davis en el papel de Annalise Keating, una abogada enérgica y catedrática de derecho con una cartera llena de secretos.

Annalise pertenecía a la tradición de las anteriores heroínas rhimesianas (inteligentes, ambiciosas y vagamente inescrutables), pero era obra de Peter Nowalk. Este, guionista novel en *Sin cita previa* en 2007, había ido escalando puestos con *Anatomía de Grey* y *Scandal* antes de proponer la idea de esta serie a sus jefas. Beers dice que lo que enseguida le gustó de *Cómo defender a un asesino* era que, aunque Annalise Keating se halla en el apogeo de su carrera profesional, «constantemente lucha con sus demonios. Camina por una cuerda floja tendida entre sus responsabilidades y sus propios problemas profundos». Al mismo tiempo, como afroamericana poderosa que es, debe ser una representante admirable de su raza. El mundo de Keating, como el de Olivia Pope, es un mundo sin respuestas blancas o negras. «Todo es gris», dice Beers.

Así como los personajes de Shondaland mezclaban cada vez más elementos delirantes con otros reconocibles (como el hecho de que la primera dama de *Scandal*, Mellie Grant, se presente a presidenta contra un hombre de negocios del tipo de Trump), la propia Rhimes hizo una incursioncita en el mundo agitado de la política real. En marzo de 2016, Annalise, Olivia y Meredith (¿o eran Viola Davis, Kerry Washington y Ellen Pompeo?) aparecieron en un anuncio televisivo en apoyo de la entonces candidata demócrata Hillary Clinton, dirigido por el mismísimo Fitz, Tony Goldwyn.

«Todos los días me levanto e interpreto a una mujer inteligente, compleja, muy preparada, activa, que lucha denodadamente por la justicia, que se preocupa y da voz a los que no la tienen, que cae pero siempre se levanta... –dicen las actrices, con Rhimes–. Nuestros personajes son de la tele, pero el mundo real tiene a Hillary Clinton. Es leal, trabajadora, lucha por lo que es justo, por vosotros, sin retroceder, defendiéndonos a todos.»

Katie Lowes recuerda el día que Clinton fue a visitar el plató de *Scandal* durante un rodaje vespertino. «En medio de todo el personal de seguridad, Hillary entra en el estudio 13, nos lleva a visitar el Despacho Oval y nos explica las diferencias entre el verdadero Despacho Oval y el de ficción. Era completamente surrealista.»

Unos meses después, Rhimes y Beers cancelaban sus vacaciones de verano para atender la petición que les hicieron de rodar un cortometraje sobre la vida de Clinton que se proyectaría en la convención nacional demócrata en la que oficialmente se presentaría como la primera candidata de la historia que optaría a la presidencia del país. Rhimes declaró entonces a la revista *People* que, «dados los tiempos "trumpenescos" que corren, nos pareció muy buena idea».

Y, añade: «¿Lo mejor? Que no tuve que inventarme ningún giro argumental». El público estadounidense lo hizo por ella.

Betsy Beers puede decir lo que se tarda exactamente en ir del plató de *Scandal* en Gower a Prospect Studio, donde se filma *Anatomía de Grey*. Pocos realizadores varones de la historia de la televisión han producido y desarrollado tantas series al mismo tiempo, y desde luego es la primera vez que lo hacía una mujer afroamericana. Rhimes sentía una enorme presión supervisando un negocio de muchos millones de dólares. «Cuanto más populares eran las series, más plena y angustiosamente consciente era yo de lo que nos jugábamos –escribió en *Year of Yes*–. Si fracasaba, fracasaba algo más grande que yo. Sería un desastre cuyas consecuencias durarían décadas.»

En un plano más práctico, los actores y el personal de sus series siempre querían verla más. Chandra Wilson dice que se sentía la ausencia de la «matriarca» en el rodaje de *Anatomía de Grey*. «Sé que no es fácil cuando una dirige un imperio, no puede estar en todas partes al mismo tiempo, pero cuando Shonda aparece por el plató parece que todo sale mejor. Solo que entonces ella siente que estorba porque todos la invitamos a sentarse, le preguntamos si quiere agua... ¡Y eso la pone nerviosa! Pero tiene muchos hijos y todos quieren verla.»

En el seno de lo que Beers llama la «compañía de repertorio» de ella y de Rhimes, esta última procura crear cierta intimidad. En el papel de Quinn, Katie Lowes se ha visto sometida a varias experiencias horrorosas; en una escena de *Scandal* la torturan y un colega corrupto le tira de los dientes. (Cosas como esta les suceden mucho a los socios de Olivia Pope.) Inmediatamente después de un ensayo en el que probaba a meterse utensilios dentales en la boca, Lowes recibió un correo electrónico de Rhimes. «Me decía: "¿Qué tal ha ido? ¿Estás bien? Por favor, dime cómo te sientes".» La realizadora sabe que no puede pretender que los actores representen escenas delicadas si estos, como dice Lowes, «no se sienten seguros y ven que se preocupan por ellos».

Krista Vernoff dice que entendió a Rhimes un día que se pelearon, en los primeros años de *Anatomía de Grey*. «Le dije: "¿Por qué eres tan mala conmigo? Si yo le hablara a la gente como tú me hablas a veces…". Y ella me contestó: "Krista, ¿aún no te has dado cuenta de que soy Cristina?"» Vernoff rompe a reír al recordarlo. Pero la otra cara de la moneda de Cristina Yang, continúa Vernoff, es «una gran lealtad a las mujeres. Sigue siendo la persona a la que llamaría si matara a alguien y necesitara ayuda para enterrar el cadáver. Luchamos por lo mismo.»

V

LA TELECOMEDIA Y LA SOLTERA:

ROCKEFELLER PLAZA DE TINA FEY, *NEW GIRL* DE LIZ MERIWETHER Y *THE MINDY PROJECT* DE MINDY KALING

En diciembre de 2006, el polemista Christopher Hitchens lanzó un ataque contra la mitad de la población. En «Por qué las mujeres no son divertidas», un artículo de tres mil palabras publicado en la revista *Vanity Fair*, Hitchens decía que la generalizadora afirmación del título era una verdad evidente. El argumento era confuso, cuando menos: como, según él, el humor nace de las funciones del cuerpo humano, las mujeres son incapaces de disfrutar de la «suciedad» porque, como madres que son, les toca ser maduras. Pero, en lugar de explicar mejor por qué el 50,4 por ciento de la humanidad no es, por naturaleza, divertido, Hitchens dejaba caer sin quererlo la razón de por qué las mujeres divertidas son una amenaza para muchos hombres: «Como el humor es señal de inteligencia, podría ser que los hombres no quieran que las mujeres sean divertidas. Quieren que sean su público, no su rival».

Lo más curioso del ataque de Hitchens fue el momento en el que lo lanzó: cuando las mujeres empezaban a ocupar un lugar preeminente en el género de la telecomedia. Tina Fey había propiciado un resurgimiento del programa *Saturday Night Live* con mujeres divertidísimas como Amy Poehler, Maya Rudolph y Kristen Wiig. *Rockefeller Plaza*, su propia serie, que se estrenó solo unos meses antes de que saliera a la venta ese número de *Vanity Fair*, era en sí misma un argumento en contra de la desdeñosa afirmación de Hitchens.

Rockefeller Plaza se inspiraba a grandes rasgos en *La chica de la tele*: contaba la vida de una productora de televisión soltera y las juergas que sus colegas mayoritariamente hombres se corren entre bastidores. Pero si Mary Richards personificaba la versión amable y respetuosa de la mujer liberada de los años setenta, Liz Lemon (interpretada por Fey) era una heroína ambigua en una era posfeminista. Frente al famoso coraje de Mary, estaba el escepticismo cascarrabias de Liz. «Feminista neoyorquina de la tercera ola, con estudios superiores, soltera que se cree feliz, con muchas ocupaciones y poco sexo, que compra cualquier revista en cuya portada ponga "cuerpo sano" y cada dos años se pone a aprender a coser... una semana», así es como el nuevo jefe de Liz, el directivo de televisión Jack Donaghy (Alec Baldwin), la describe la primera vez que se ven, adscribiéndola a un microsector de la población con cruel exactitud.

¿Cómo resolvemos el misterio que es Liz Lemon? ¿Es la brillante productora de una serie de televisión o la subalterna sumisa de su paternalista jefe? ¿Un ejemplo del poder de la mujer o un ejemplo de lo que quieren los hombres? ¿Una perdedora cutre y gafuda que come queso o una mujer que no desentonaría en la portada de una revista? Fey y sus guionistas se propusieron desmantelar sistemáticamente el estereotipo de la mujer soltera construido por la telecomedia, allanando de paso un camino que pronto tomarían *New Girl* y *The Mindy Project*.

Alumna excelente y virginal, Tina Fey se divertía de adolescente insultando a los chicos populares y a los que se saltaban las reglas. En la Universidad de Virginia, consagró su agudeza verbal al teatro, escribiendo, dirigiendo e interpretando obras como *Sunday Girls*, drama en un acto del último año de carrera que trata sobre un grupo de amigas que se juntan en la boda de un exnovio común. Tras licenciarse en 1992, marchó a Chicago en el viejo Pontiac de su padre. Durante el día trabajaba en la Asociación de Jóvenes Cristianos (YMCA por sus siglas en inglés) de Evanston, lo que le dejaba las noches libres para estudiar comedia de improvisación en la escuela de teatro The Second City, de donde salieron muchos de sus ídolos. Allí conoció a su futuro marido, Jeff Richmond, así como a su futura socia Amy Poehler. Fey y Poehler formaron parte de una de las compañías itinerantes de esa escuela de teatro.

Fey soñaba con una comedia en la que rigiera una «meritocracia sin prejuicios de género», pero no la encontró en The Second City: la presencia femenina en las compañías itinerantes de la escuela era muy escasa. Las cosas no estaban mejor en el programa *Saturday Night Live* en 1997, año en que la contrataron de guionista. Solo tres de los veintidós guionistas que había entonces en aquel programa eran mujeres, y de los once actores, solo había tres actrices, normalmente en papeles secundarios. En los siguientes años, un creciente número de mujeres artistas (Molly Shannon, Ana Gasteyer, Rachel Dratch, Maya Rudolph, Amy Poehler, Kristen Wiig) fueron escalando puestos, en parte gracias al trabajo de Fey y de guionistas como Paula Pell, que escribían sketches como «Old French Whore!», un concurso que emparejaba prostitutas sifilíticas con adolescentes americanos, y «Talkin' 'Bout 'Ginas», un número basado en *Los monólogos de la vagina* interpretado por Anna Nicole Smith, Gayle King y Joan Rivers («La última vez que me acerqué a mi vagina, ¡espanté a los murciélagos!»). Había parodias de anuncios de compresas y del programa de entrevistas *The View*. Aquello obedecía al propósito de Fey de escribir buen material para las actrices del programa... y era a la vez una campaña disimulada a favor de la discriminación positiva.

J.J. Philbin, que era ayudante de guion y había cumplido veintiún años cuando Fey entró en el programa, dice que la mujeres «lo tenían difícil» en *Saturday Night Live*. «Tina se ganó el respeto de una manera realmente admirable. No temía hacer cosas que parecieran *comedia de mujeres*, como *The View*, pero lo hacía con tanto ingenio y atrevimiento que los hombres no podían menos de respetarla. Al final, Lorne Michaels entendió que Tina tenía algo muy especial y la promocionó.»

En 1999, Michaels nombró a Fey guionista jefe; era la primera mujer en ocupar este cargo en los veinticinco años de historia del programa. Con Fey empuñando el timón, el programa rápidamente empezó a reflejar el espíritu de su época. Al año siguiente, después de verla actuar en un audaz número en directo mano a mano con Dratch, Michaels le propuso que hiciera una prueba para el puesto más codiciado del programa: presentar el informativo humorístico «Weekend Update» junto con Jimmy Fallon. De pronto, a los veintinueve años, Tina Fey se convirtió en una cara conocida, con sus gafas de bibliotecaria y su aire impasible. Pero fue en 2004 cuando, presentando «Weekend Update» con su antigua compañera de la escuela de teatro Poehler, alcanzó su madurez artística. El cariño entre las dos era evidente y dio al dúo una seguridad no solo en ese programa sino cuando, luego, presentaron los premios Globos de Oro y protagonizaron películas como *Mamá de alquiler* y *Hermanísimas*. Saber que tenía al lado a un alma gemela volvió a Fey aún más intrépida.

Tras ocho años en *Saturday Night Live*, Fey propuso a Kevin Reilley, de la NBC, hacer una telecomedia sobre una productora de informativos de una cadena de televisión por cable. Reilly le pidió que se basara en su experiencia en *Saturday Night Live* y en 2005 Tina tenía escrito el borrador del guion del primer episodio de *Rockefeller Plaza*, que trataba del triángulo formado por Liz Lemon, el consejero delegado conservador Jack

Donaghy y la arisca superestrella Tracy Jordan. Alec Baldwin y la estrella de *Saturday Night Live* Tracy Morgan aceptaron los dos últimos papeles; Dratch interpretaría a Jenna, la estrella de *The Girlie Show*, el programa de humor de la serie que se basaba en *Saturday Night Live*. Quedaba una última cuestión: ¿quién interpretaría a Liz Lemon?

Embarazada de su primer hijo como estaba, Fey dudaba si podría estar a la altura de un papel principal. Poehler la animó: ¿acaso temieron los cómicos Jerry Seinfeld y Ray Romano no ser lo bastante buenos para protagonizar una serie de televisión? Visto así, Fey no dudó en que debía encarnar a Liz. Después de todo, la comedia sería un reflejo esperpéntico de sus propias experiencias en un mundo de la comedia que parecía un club masculino. Fey comparó una vez un número de *Saturday Night Live* con el libro de cocina de Jessica Seinfeld *Deceptively Delicious* que enseñaba a esconder espinacas en las galletas de los niños: «Todos visteis un sketch que era feminista y no os disteis cuenta porque iba envuelto en humor». En *Rockefeller Plaza*, metería a una compleja heroína feminista en una masa de absurdo y disparate.

Fey había aprendido de Lorne Michaels en *Saturday Night Live* lo útiles que eran combinaciones como la que formaban Spock y Kirk en *Star Trek*: entre los guionistas había intelectuales de la revista humorística *The Harvard Lampoon* que sabían cómo crear un sketch y beber en la actualidad política, y expertos en el tipo de improvisación que se enseñaba en The Second City que tiraban de instinto cómico, daban rienda a su excentricidad y se inspiraban unos en otros. Procedente de Harvard, contrataron a Robert Carlock, que llegaría a ser realizador de la serie junto con Fey y consejero de esta. Exeditor de *The Harvard Lampoon* y exguionista de *Saturday Night Live*, Carlock había trabajado en las telecomedias *Friends* y *Joey*. Por guionistas tenía a veteranos como Jack Burditt, de *Frasier*, y Matta

Hubbard, Dave Finkel y Bret Baer, que habían trabajado en *Joey*. También había guionistas menos experimentados, como los actores de improvisación Kay Cannon y Donald Glover, este último licenciado desde hacía tan poco que seguía viviendo en una residencia estudiantil de la Universidad de Nueva York cuando empezó a trabajar en *Rockefeller Plaza*.

«Recuerdo que Tina estaba sentada en la cabecera de la mesa y Donald y yo en la otra punta, los dos con los ojos muy abiertos, como diciendo: "¿Qué hacemos aquí?"», dice Cannon. Ambos harían una carrera independiente basada en su peculiar sensibilidad. Cannon escribió la película *Dando la nota* y la serie de Netflix *Girlboss*, ambas protagonizadas por chicas, después de trabajar un tiempo en *New Girl*; Glover, que actuó en *Community*, pasó a crear y protagonizar *Atlanta*, una comedia dramática sombría y poco ortodoxa. Dado que el núcleo de *Rockefeller Plaza* era un programa de números de humor, Cannon y Glover pudieron dar a los guiones un estilo improvisador y juguetón. «Nosotros éramos como los bufones oficiales del grupo», dice Cannon.

Desde principios de la década de los noventa, la NBC anunciaba sus telecomedias de los jueves por la noche con el eslogan: «No te lo pierdas». *Seinfeld*, *Will and Grace*, *Frasier* y *Friends* eran series con unos índices de audiencia tan elevados que las demás cadenas apenas se molestaban en competir los jueves. Pero en 2006, la programación cómica de la cadena era muy pobre. *Will and Grace* y *Friends* habían acabado, y la serie derivada de esta última, *Joey*, fracasó. Las únicas series que esperaban que el espectador «no se perdiera» eran la extraña comedia proletaria *Me llamo Earl*, una adaptación del documental satírico británico *The Office*, y *Rockefeller Plaza*.

Mientras esta última telecomedia se concretaba, sin embargo, la NBC había empezado a producir también otra serie sobre un programa en directo del tipo de *Saturday Night Live. Studio 60 on the Sunset Strip* no era exactamente lo mismo que *Rockefeller Plaza*: era un drama sobre maquinaciones y conflictos personales entre bastidores. Pero se parecía tanto que resultaba inquietante, sobre todo teniendo en cuenta a las influyentes personas que había detrás. El creador, Aaron Sorkin, acababa de triunfar con *El ala oeste de la Casa Blanca*, y entre los protagonistas se contaban la estrella Matthew Perry, de *Friends*, y Bradley Whitford, de la misma *El ala oeste de la Casa Blanca*. La NBC afirmaba que eran series muy diferentes y podían coexistir. Fey, nada convencida, se quejó a *The New Yorker*, con amargura mal disimulada, de su «mala suerte» por tener que «competir con el guionista más poderoso de la televisión». Otra decepción fue que su amiga Rachel Dratch fue descartada del reparto, para contratar en su lugar a la más glamurosa Jane Krakowski, con lo que el personaje de Jenna pasó de ser una loca zarrapastrosa a ser una vieja gloria del mundo de espectáculo ridículamente presumida.

Studio 60 se estrenó en septiembre de 2006 y *Rockefeller Plaza* un mes después. Pero pronto hubo una señal de que la batalla la ganaría Fey: muchos críticos prefirieron *Rockefeller Plaza*. *Studio 60*, escribió Ken Tucker en *Entertainment Weekly*, «tendrá un reparto de más clase y diálogos más sofisticados, pero, con la mitad de palabras y el doble de diversión, *Rockefeller Plaza* tiene a Alec Baldwin en el papel del nuevo jefe de Fey, que es solo una pizca más severo que el implacable agente inmobiliario que es en la película Éxito a cualquier precio».

En el episodio piloto, Jack Donaghy, el elegante y derechista jefe de la cadena, quiere mejorar los índices de audiencia del programa cómico femenino de Liz Lemon *The Girlie Show* y se propone que sea menos... femenino. Para atraer al público masculino de la fundamental franja de edad de los dieciocho a los treinta y cuatro años, Donaghy contrata a Tracy Jordan, la indómita estrella afroamericana de clásicos a lo Tyler Perry como *Who Dat Ninja?* y *Sherlock Homie*. Alec Baldwin transmite un magnetismo formidable desde el primer momento que aparece en pantalla, y Tracy Morgan, con su aire travieso pero encantador, resulta no menos intenso. Pero los demás elementos cómicos tardaron más en encajar.

«Aquel primer año nos costó mucho hacernos una idea de lo que era la serie –recuerda Cannon–. Como era muy complicado articular y escribir los guiones, trabajábamos muchas horas. Aquel primer año solíamos ir al apartamento de Tina, en Upper West Side, por ejemplo tres o cuatro guionistas. Le dábamos las buenas noches a su hija Alice cuando se iba a la cama y cuando se levantaba, a las seis y media de la mañana, aún estábamos allí.» Cannon recuerda que, un día, iba en el metro con su colega guionista Jack Burditt cuando se tocó el pelo y se quedó con un mechón en la mano. «"¡Creo que estás un poco estresada!", me dijo Burditt.»

Eso mismo, perder el pelo por estrés, podría pasarle perfectamente a Liz Lemon. Especie de Wendy adicta al trabajo y siempre pensando en el País de Nunca Jamás y en sus Niños Perdidos, Liz se concentra en su trabajo en detrimento de su vida social. Si tuviera que elegir entre una cita amorosa y quedarse a trabajar hasta tarde para luego irse a casa, envolverse en su batamanta y ponerse a ver programas de telerrealidad mientras come queso, no hay duda de que escogería esto último. En otras palabras, *Rockefeller Plaza* hizo humor disparatado con una mujer que anteponía el trabajo a su vida personal, como hacen millones de hombres sin que llame la atención.

Liz es un personaje asexuado, por definición; no se cuida, ni falta que le hace. Fey quería desmontar el estereotipo dominante de la soltera glamurosa de *Sexo en Nueva York*, saber «cómo es la anti-Carrie Bradshaw», como dice Tracey Wigfield, que empezó siendo ayudante de guion en *Rockefeller Plaza* y ascendió a productora. «Liz es una mujer consagrada a su vida profesional. Quisiera empezar una relación cuando ya llevara cinco años», es decir, cuando la pasión ha dado paso a una inercia cómoda y al simple compañerismo.

Rockefeller Plaza dio con su tono en diciembre de 2006 con el episodio titulado «Tracy Does Conan». Escrito por Fey, era el séptimo episodio de la primera temporada y transmitía el mensaje de que la serie optaba definitivamente por el disparate. El plan de Liz de romper con su siniestro novio se ve frustrado por un problema laboral: tiene que convencer a Tracy para que acepte aparecer en el programa de entrevistas de Conan O'Brien. Pero Tracy no se ha tomado la medicación y sufre alucinaciones con un monstruo azul (hilarantemente interpretado por Dratch, papel que le dieron a guisa de premio de consolación por haber perdido el de Jenna). En cierto momento, Liz encuentra a Tracy literalmente prendido del techo. La trama se acelera cuando Liz empieza a recorrerse medio Manhattan en su intento de aplacar los celos de Jenna y la psicosis de Tracy, que el médico de este, el doctor Spaceman (pronunciado «Spachemin»), describe como «tendencia al delirio provocada por una fama excesiva». Al final del episodio, la pobre Liz está tan cansada que no puede ni romper con su novio y se queda frita en el sofá mientras se come una hamburguesa con queso.

Tras este episodio, dice Bret Baer, los guionistas entendieron por fin lo que buscaba Fey: un torbellino de pura acción y adrenalina lleno de alusiones satíricas a la cultura pop. «Nos quedamos mirando y exclamamos: "¡Ajá!" –dice, y suspira con asombro–. La serie empezó a funcionar a este nivel superalto y todos sentimos que nadie había hecho aquello antes.» Cada lance de comedia bufonesca va acompañado de un diálogo agudísimo que pinta a los personajes con sorprendente lujo de detalles emocionales, lo que hace que el espectador se interese hasta por el más ridículo y caricaturesco de ellos. «Trabajamos mucho para ver hasta qué punto podíamos forzar los límites y descubrimos que no había límites. Así que seguimos adelante.»

Este poner a prueba los límites dio como resultado el episodio «Black Tie», el último de los doce originalmente previstos por la NBC. Pensando que era su canto del cisne, los guionistas dieron rienda suelta a su más alocada fantasía con la fiesta de cumpleaños del príncipe Gerhard, un aristócrata austríaco producto de una unión endogámica interpretado con patetismo (y con una mano postiza diminuta) por Paul Reubens, alias Pee Wee Herman. Jenna, ávida de medro social, trata de seducir al príncipe Gerhard: aunque este no puede bailar («Por desgracia mi cuerpo no produce líquido sinovial»), viven un momento encantado antes de que el buen hombre caiga muerto, por ser incapaz de digerir el champán.

En este episodio temprano se insinúa un posible romance entre Liz y Jack. Cuando Liz le pregunta a su jefe si la invitación a la fiesta es una cita galante, Jack lo niega. (Él solo sale con modelos y mujeres de mundo.) Sin embargo, la química entre los dos es evidente. Al final de la velada Jack parece que va a acariciarle la cara a Liz... pero lo que hace es quitarle las joyas que le ha prestado para la ocasión.

Fey informó muy pronto a los guionistas de que Jack y Liz nunca serían pareja. *Rockefeller Plaza* no era una comedia romántica, aunque de cuando en cuando usara algunas convenciones del género. Fey dijo entonces: «Quiero resistir la tentación de convertir la serie en un culebrón. ¿Acabarán o no acabarán juntos? ¡A quién le importa! *Anatomía de Grey* siempre nos ganará en eso. Lo nuestro no es más que una telecomedia». Es verdad que Rhimes daba a sus series toques de humor y sarcasmo, pero en última instancia sus historias invitaban al espectador a sumirse por una hora en la omnicomprensiva fantasía de Shondaland. En cambio, si te perdieras unos minutos a *Rockefeller Plaza*, echarías de menos un montón de chistes y gags visuales. Fey tomó prestados aspectos de la *screwball comedy* o comedia de enredo romántica clásica –diálogo ingenioso y veloz, actitudes culturales conflictivas, situaciones absurdas–, pero evitó la consumación que tradicionalmente esperaba a la pareja al final de la película. Liz y Jack tienen relaciones con otras personas a lo largo de las siete temporadas de la serie, pero ninguna de ellas es tan sólida como la amistad que los une. Los dos están comprometidos con su profesión, se admiran mutuamente y reservan su verdadera pasión para el trabajo.

Mientras se rodaba «Black Tie», Kevin Reilly, de la NBC, llamó para decir que la cadena seguiría produciendo la serie el resto de la temporada, pese a los pobres índices de audiencia. (*Studio 60*, por su parte, fue cancelada.) *Rockefeller Plaza* ganó un Emmy a la mejor serie cómica. En la recogida del premio, Fey, rodeada de los actores y productores, dio las gracias a «nuestras docenas y docenas de espectadores».

Fey pasó de ser una cómica de culto a ser una figura conocida cuando empezó a imitar satíricamente a Sarah Palin en *Saturday Night Live* durante la campaña presidencial de 2008. Pero *Rockefeller Plaza* abordaba los asuntos de actualidad con mucho más disimulo. Fey quería «hablar de política, de cuestiones de género, económicas y raciales de una manera interpersonal», declaró Carlock a un entrevistador. Jack Donaghy se lanza a menudo a aventuras prorrepublicanas: financia a un candidato al congreso tipo Trump que quiere reducir el Estado «a su mínima expresión», queda con la exsecretaria de Estado Condolezza Rice (que hace un cameo) y deja un tiempo la NBC para trabajar en la administración de Bush.

Liz Lemon, por su parte, es una liberal biempensante cuyas creencias muchas veces se revelan poco firmes o hipócritas. Uno de mis episodios favoritos, «Rosemary' Baby», pone a prueba su profesión de fe feminista. Invita a su ídolo, Rosemary Howard (interpretada por Carrie Fisher), una guionista radical de los años setenta. Pero cuando Rosemary propone hacer un número con personajes caracterizados de negros para el programa *The Girlie Show*, Liz se escandaliza: «¡No podemos tocar el tema racial! ¡Es demasiado delicado!». Las nuevas pretensiones políticas de Liz hacen que Jack pierda la paciencia y le diga que no es una radical como Rosemary: «Tú eres como yo... Pura fachada». Ella se da cuenta de que Jack tiene razón cuando él la despide y ve la casa miserable en la que vive Rosemary. Liz vuelve a su bien remunerado trabajo en el Rockefeller Center, donde Jack (como para demostrar que sí se puede tocar el tema racial en la tele) ayuda a Tracy a superar sus problemas familiares imitando la voz de personajes negros de telecomedias como *Sanford and Son* y *Buenos tiempos*.

La emisión de *Rockefeller Plaza* coincidió con el auge de la blogosfera feminista, con sitios como Feministing, Angry Black Bitch y Jezebel, que trataban con humor temas como los derechos reproductivos, los juguetes sexuales y la doble moral hollywoodiense. En el episodio de 2011 «TGS Hates Women», se parodian los llamados «blogs de mujeres» con el sitio Joan of Snark, una versión apenas disimulada de Jezebel, «una molona web feminista en la que las mujeres hablan de lo mucho que hemos conseguido y solo salen famosas con cuerpos feos».

La página web acusa al programa de sexista y Liz se defiende diciendo que ella es una buena feminista: «Yo sostengo a las mujeres. ¡Soy un sujetador humano!». Para demostrarlo, contrata a Abby (Cristin Milioti), una joven humorista muy de moda, para que «femirrevolucione» el programa. Cuando ve que Abby habla como una niña y viste de lo más provocativa, Liz acusa a la joven cómica de perjudicar el movimiento feminista. «¿Qué diferencia hay entre tú, que usas esas gafas para parecer inteligente, y yo, que uso mi sexualidad?», le contesta Abby. Fey le dijo a Terry Gross, del canal NPR, que en este episodio los guionistas quisieron explorar la ambivalencia en lugar de dar una solución simplista. «Es un tema muy complejo... la manera como las mujeres se muestran y como se juzgan unas a otras.»

Aunque se había convertido en un ídolo para jóvenes inteligentes e ingeniosas de todo el país, Liz Lemon provocó mucho examen de conciencia en la blogosfera del mundo real. Después de todo, sus defectos se parecen bastante a clichés sexistas, como el hecho de que se preocupe tanto por su reloj biológico. Se deja tutelar por el paternalista Jack Donaghy y se rodea casi exclusivamente de hombres. Por ejemplo, su programa «de chicas» tiene muy pocas mujeres guionistas y las pocas que hay nunca dicen nada. En una crítica muy comentada de su blog Tiger Beatdown, la escritora Sady Doyle tachó el «lizlemonismo» de una especie de «semifeminismo»: Liz Lemon es alguien que «se alegra de que exista un movimiento feminista que lucha por el progreso no necesariamente de las mujeres, sino de una clase particular de mujeres, las "lizmonistas" precisamente, y quizá de unos cuantos amigos que siempre están de acuerdo con ella».

Pero esta crítica está ya incluida en la serie. No es casualidad que Liz sea una semifeminista privilegiada, más bien racista y bastante trepa, secretamente adicta a los programas de telerrealidad basura aunque públicamente proclame inquietudes políticas. Los guionistas explotan el potencial cómico de su hipocresía en cuanto tienen ocasión. El sexismo de la industria televisiva sirve también para hacer un chiste recurrente: la «desfeminización» del programa de Liz *The Girlie Show* empieza cuando contrata a Tracy Jordan y acaba, en la última temporada, cuando el programa se remodela y queda convertido en un espectáculo para hombres llamado *Bro Body Douche Presents the Man Cave*. ¿El eslogan? «Televisión del carajo.»

Fey triunfó como una cómica que sabía relacionarse con los hombres, pero cada vez más dedicó su cáustico ingenio a denunciar las desigualdades de género en Hollywood. «Sospecho, y escuchadme bien porque es cosa seria, que, para el mundo del espectáculo, el mejor ejemplo de "locura" es una mujer que no para de hablar aunque ya nadie quiera follársela», se quejó en un artículo de 2011 para *The New Yorker*, titulado «Confesiones de una madre trabajadora». Su solución era sencilla: las mujeres con poder tienen que contratar a más mujeres. «Por eso me siento en el deber de seguir en este mundo y luchar por conseguir un puesto en el que pueda crear oportunidades para otras, y por eso no tengo tiempo de tener otro hijo, a menos que lo tenga, en cuyo caso no será asunto de nadie y nunca lo lamentaré a menos que me arruine la vida.» Fey tuvo a su segundo hijo ese mismo año y no le arruinó la vida. Y siguió contratando y ayudando a mujeres guionistas y directoras con talento, como Tami Sagher, Nina Pedrad y Lang Fisher.

Aunque *Rockefeller Plaza* ganó en total 16 premios Emmy (y tuvo 103 nominaciones), sus índices de audiencia nunca fueron muy altos. Si la NBC hubiera cuidado más su programación, seguramente habría cancelado antes la serie. Cuando esta se acercaba a su séptima y última temporada, Fey empezó a pensar qué fin dar a sus personajes. La condición de Liz Lemon de mujer soltera y sin hijos había dado mucho juego cómico… y también emocional. Kay Cannon sentía que una de sus funciones principales como guionista era infundir sentimientos en una serie por lo demás cargada de gags. «Nos preocupaba saber de quién se enamoraba Liz Lemon, si iba a "tenerlo todo" y lo que eso significaba para ella.»

La cuadragenaria Liz había empezado a salir con un chico más joven y desempleado llamado Criss Cros (James Marsden).

En un episodio de la sexta temporada titulado «Murphy Brown Lied to Us», reconoce que se había planteado adoptar, pero cambió de idea después de cruzarse en el vestíbulo de la oficina con una madre aterrada que quiere tener una vida laboral. Se había dado cuenta de que el icono de la televisión de los ochenta no era sino una ilusión del feminismo. «Murphy Brown tenía a toda la redacción de su parte –le dice Liz a Criss–. Jim Dial, Frank Fontana, Corky, incluso Miles, a su manera»: todos ayudaron a Murphy, la madre trabajadora, a criar a su hijo.

Al comienzo de la séptima temporada, sin embargo, Fey les dijo a los guionistas que quería que Liz adoptara niños. La idea era permitir que la protagonista pasara por algunos de los hitos tradicionales de la vida adulta, le dijo a un periodista, «pero sin tratarlos con romanticismo» ni olvidar «quién había sido ella hasta entonces».

Una de las escenas finales transcurre en un local de estriptis, un guiño al episodio piloto en el que originalmente Tracy y Liz pactaron trabajar juntos en *The Girl Show* con la idea de «romper las cadenas de los tíos blancos que quieren vernos fracasar». Beth McCarthy-Miller, que dirigió los últimos episodios de la serie, recuerda lo mucho que les costó hacer que los chistes tuvieran chispa cuando todo el mundo estaba tan emotivo. «Estábamos en el club de estriptis y todo era muy personal y emocionante. Tina rompió a llorar, Tracy rompió a llorar y al poco todos los demás rompimos a llorar también –dice McCarthy-Miller con cariño–. Creo que no nos engañábamos si pensábamos que aquellos eran los mejores guiones que escribiríamos en la vida.»

Acabada la serie, los guionistas se desperdigaron por todos los confines del mundo televisivo. Dave Finkel, Bret Baer, Kay Cannon y Nina Pedrad se reunieron pronto en *New Girl*, mientras que Jack Burditt, Tracey Wigfield y Lang Fisher acabaron colaborando en otra telecomedia sobre una soltera, *The Mindy Project*.

Cuando *Rockefeller Plaza* empezó a emitirse, Tina Fey ocupaba una posición única en el mundo de la televisión: era una realizadora a la que una cadena de televisión había encomendado crear y protagonizar una telecomedia disparatada sobre una feminista inteligente e insatisfecha que se emitiría en horario de máxima audiencia. Cuando la serie salió de antena, lo que fue un fenómeno aislado se había convertido en un género: había solteras por todas partes.

En el otoño de 2011, todas las grandes cadenas de televisión lanzaron una telecomedia femenina creada por una mujer. La CBS estrenó *Dos chicas sin blanca*, creada por Michael Patrick King, de *Sexo en Nueva York*, y la provocadora cómica Whitney Cummings, que interpretaba también su propia serie en la NBC, *Whitney*. La ABC lanzó la mordaz *Suburgatory*, de Emily Kapnek, programando para mitad de temporada *Don't Trust the Bitch in Apartment 23* de Nahnatchka Khan. Y la Fox emitía *New Girl*, de Liz Meriwether. Los críticos observaron un elemento común en esta repentina eclosión de comedias femeninas, pero no tenían claro por qué las cadenas actuaban tan en sincronía.

Quizá la tendencia nacía del éxito de Tina Fey, o del deseo de los responsables de las cadenas de aprovechar el público femenino joven movilizado por los blogs feministas. ¿O era efecto del enorme éxito de *La boda de mi mejor amiga*? Escrita por Kristen Wiig y Annie Mumolo, esta última película se hizo descaradamente un sitio en la historia del cine desde su estreno en abril de 2011. Protagonizada por Wiig y Maya Rudolph, de *Saturday Night Live*, y por Melissa McCarthy, de *Las chicas Gilmore*, la comedia recaudó más de 288 millones dólares en todo el mundo. Aunque muchas de las telecomedias de 2011 estaban hechas cuando la película llegó a las salas, es probable que *La boda de mi mejor amiga* acabara de convencer a los directivos de Hollywood de darles luz verde o imprimirles un mayor impulso. «Cuando escribí mi serie no se veía nada parecido en la tele –observó Nahnatchka Khan, la creadora de *Don't Trust the Bitch in Apartment 23*–. ¡Y ahora es la moda!»

La mayoría de estas comedias femeninas se beneficiaban de la creciente tolerancia hacia la ordinariez que tenían las cadenas de televisión. *New Girl* dedicó todo un episodio a la historia de una cita con un hombre que tenía el pene muy pequeño, y en *Dos chicas sin blanca* hacían tantas alusiones a la anatomía femenina que Whitney Cummings bromearía luego: «Me pagué la casa a base de humor vaginal». A los seis meses, los hombres empezaron a quejarse de que el medio se inclinaba demasiado de parte de las mujeres. «Estamos llegando al colmo de la televisión vaginal, al punto de saturación vulvar –declaró Lee Aronsohn, cocreador de *Dos hombres y medio*, a la revista *Hollywood Reporter*–. Basta, nenas, lo hemos pillado: tenéis reglas.»

Aunque *New Girl* dedicó todo un episodio («Menzies») a la menstruación, en general ocultaba las miserias de las mujeres. La comedia nacía más bien de la fricción que se creaba entre la figura de una chica típicamente femenina y el mundo de camaradería masculina en el que se veía introducida. En el episodio piloto, la maestra de escuela Jessica Day –interpretada por Zooey Deschanel, a esas alturas ya muy identificada con el arquetipo de la *manic pixie dream girl* o «duendecilla chiflada» con la que sueñan los hombres– rompe con su infiel novio y se traslada a un apartamento que comparte con tres amigos. A medida que la serie avanza, las diferencias de género se borran: Jess se vuelve una amiga más, sin perder su carácter de ensueño, y los hombres se quitan la máscara viril y se muestran inesperadamente dulces, vulnerables y raros.

«De veinteañera solo quería escandalizar a la gente, me encantaba decir las cosas más tremendas –dice la creadora de *New Girl*, Liz Meriwether, sentada a la mesa de su despacho de Los

Ángeles. Las limitaciones impuestas por la cadena la obligaron a buscar maneras más originales de impresionar al espectador–. En la tele solo se puede decir "vagina" o "pene" un número limitado de veces y hay que saber elegirlas. –Sonríe cuando dice esas palabras como lo haría una adolescente y añade–: Muchas veces esas limitaciones daban como resultado algo mucho más gracioso.»

El despacho de Meriwether está situado en los estudios de la Fox, al volver la esquina del bungalow de *Los Simpsons*, a cuya entrada hay una enorme mano amarilla de Homer que sostiene un donut rosa. Las oficinas de *New Girl* tienen un aspecto más neutro y podrían confundirse fácilmente con las de una compañía de seguros o una empresa de venta telefónica, si no fuera por las bicicletas amarillas con la marca de la serie que hay en el vestíbulo, un reciente regalo hecho al personal. Cuando asoma la cabeza por la puerta para presentarse, Meriwether va tan desaliñada que por un momento la confundo con una estudiante en prácticas. Acaba de terminar de rodar la sexta temporada y tiene los ojos vidriosos y el pelo revuelto, como quien lleva mucho tiempo inmerso en algo y sale a tomar aire. «Me pasa lo que a los buzos, tengo la impresión de que emerjo a la vida normal después de un duro trabajo y me encuentro con que había olvidado que vivía en este mundo», dice, con una voz gutural y divertida.

Meriwether creció adorando a la Angela Chase de *Es mi vida*. En el bachillerato, que cursó en Ann Arbor, Michigan, fue una gran amante del teatro, se vestía como una desgarbada álter ego adolescente de Claire Danes e iba afinando su agudo sentido del humor. En la Universidad de Yale usó ese humor para escribir obras de teatro breves como *Nicky Goes Goth*, protagonizada por su compañera de clase Zoe Kazan en el papel de Nicky Hilton. Acabada la carrera, consiguió que el festival Fringe de Nueva York le produjera la obra, que llamó la atención de una compañía de teatro independiente. Esta le encargó que escribiera algo aún más osado: *Heddatron*, una versión futurista de la *Hedda Gabler* de Henrik Ibsen que fue muy elogiada.

A los veintiséis años, Meriwether tenía una reputación en el mundo teatral neoyorquino. Pero lo que ella quería era escribir comedia y con esa idea marchó a Los Ángeles. Gracias a la colaboración entre la compañía de teatro Naked Angels y la cadena de televisión Fox, en 2006 Meriwether firmó con esta última un contrato para crear una serie sobre cuatro chicas que compartían piso en Nueva York. La tituló *Sluts*, «putas», en sintonía con su declarado gusto por el escándalo y la provocación. «Todo el mundo preguntaba: "¿Para qué filmar siquiera el episodio piloto?". Nadie creía que pudiera ser una serie», dice. Con todo, aquel episodio dio pie a nuevos proyectos. Una comedia antirromántica titulada *Fuckbuddies* se convirtió al final en la película de Ivan Reitman *Sin compromiso*, protagonizada por Natalie Portman y Ashton Kutcher, con Mindy Kaling y Jake Johnson en el papel de los mejores amigos de los amantes.

A todo esto, Meriwether trabajaba en el proyecto de otra teleserie. Como *Sluts*, esta trataba de cuatro amigas. Pero de aquella primera experiencia había aprendido que a las cadenas les interesaban poco las series sobre jóvenes amigas. Lo que querían los directivos era atraer al espectador varón joven, porque eso les facilitaba vender luego los derechos de emisión. «El modelo de negocio es este: si consigues que los hombres vean tus series, ganas dinero –dice Meriwether, moviendo la cabeza–. Íbamos a reuniones en las que venían a decirnos que teníamos que atraer al espectador varón.»

Así que, esta vez, tres de los compañeros de piso serían tíos. Originalmente titulada *Chicks and Dicks*, pronto sería rebautizada *New Girl*.

Mindy Kaling hizo en su día una clasificación de los papeles femeninos de las comedias románticas. Estaba la «tonta guapa», perfecta en todos los sentidos pero que constantemente mete la pata, defecto menor que la hace más simpática; la «rara etérea» (también llamada «duendecilla chiflada»), cuyo único designio narrativo es hacer que el protagonista masculino rompa con su rutina y empiece a hacer locuras y salvajadas; la «mujer profesional», que no para de gritar: «¡No tengo tiempo!», y la «mejor amiga pícara», cuyo única razón de ser es hacer de comparsa de la protagonista. Meriwether no tenía esta clasificación en mente cuando se dispuso a escribir una serie sobre cuatro «mejores amigas pícaras», pero a la larga adoptó el punto de vista de Kaling.

Las cadenas de televisión no tenían problemas con que los tíos fueran bichos raros, pero Meriwether temió que la Fox le impusiera una protagonista menos boba o que estuviera más buena. En cambio, el presidente de la Fox, Kevin Reilly (el directivo que había apostado por *Rockefeller Plaza*), le dijo a la primeriza realizadora que su trabajo consistía en hacer que la voz singular de la protagonista se oyera siempre.

Jess se basó al principio en la misma Meriwether. Pero cuando Zooey Deschanel firmó el contrato, a principios de 2011, el papel empezó a fundir a las dos mujeres. Conocida por sus papeles de chica inocente y asombradiza en películas independientes como *(500) días juntos*, Deschanel formaba también parte del dúo de folk rock She and Him y acababa de crear Hello Giggles, una página web de entretenimiento y estilo para chicas. Parecía que unos ruiseñores la ayudaran a vestirse por la mañana, se burlarían más adelante de su personaje de *New Girl*. Aunque Deschanel no quería que Jess fuera la aguafiestas en un grupo de chicos, sí le gustaba su poca desenvoltura sexual. «Parte del interés del personaje, sobre todo en la primera temporada, residía, como acordamos, en que el tema del sexo la violentara, lo que dio pie a muchos chistes.»

Deschanel asistió a todas las audiciones de los demás protagonistas. Max Greenfield obtuvo el papel de Schmidt, un capullo narcisista y neurótico cuyos compañeros le hacen que ponga dinero en un «tarro de las chorradas» cada vez que dice alguna tontería. (Por ejemplo: «¡Adivinad de quién son los condones personalizados que acaban de llegar!».) El papel del hosco camarero Nick fue para Jake Johnson, y Damon Wayans interpretó a Coach, exdeportista y seductor todoterreno. Rodado el episodio piloto, Wayans tuvo que dejar la serie porque le salió otro trabajo y Meriwether se vio obligada a crear a un nuevo compañero de piso para el segundo episodio: Winston Bishop, interpretado por Lamorne Morris, que cubrió la vacante de actor afroamericano dejada por Wayans pero fue un personaje completamente distinto: un tío excéntrico y amable obsesionado con los chistes y con su gato. Para cumplir con el test de Bechdel, estaba también la mejor amiga de Jess, Cece (Hannah Simone), una modelo indioamericana que, pese a su aspecto de estrella, es casi tan tonta como Jess.

Como tenía poca experiencia en la realización de series, Meriwether contó con la ayuda de los guionistas de *Rockefeller Plaza* Bret Baer y Dave Finkel, que formaron un equipo de guionistas y procuraron controlar el caos que se creó en la serie novel. A diferencia de Tina Fey, que quería que sus actores se atuvieran a sus perfectamente construidos guiones, Meriwether alentaba la experimentación en los rodajes. «Salió mucho material bueno de esa libertad de dejar la cámara filmando y probar cosas –dice Meriwether–. Lo que nosotros queríamos hacer no era como *Rockefeller Plaza*. Queríamos que pareciera que las personas hablaban de verdad. Alguien podía poner una cara rara y eso hace gracia.»

Aquella espontaneidad hacía que las jornadas fueran caóticas y se alargaran; era como estar en una esfera de nieve que no paraban de agitar. J.J. Philbin, que escribió para *New Girls* después de trabajar en *Saturday Night Live* y *The OC*, dice que los guionistas que trabajaron en la serie al principio «tenían un poco la sensación de haber estado juntos en Vietnam. Liz se empeña en seguir trabajando hasta que quede perfecto y si para eso hay que trabajar tres días seguidos sin dormir, trabaja tres días seguidos sin dormir».

Deschanel habla claramente de lo que fueron las primeras temporadas de la serie: «El sentido del trabajo de Liz era, claro está, muy fuerte, pero su dedicación era... ¡casi exagerada! Era más como trabajar en una de esas obras teatrales de la universidad, en las que todo el mundo curra toda la noche, que, digamos, hacerlo para una realizadora que tenía familia. Recuerdo que le preguntábamos: "¿De verdad duermes en el despacho?"». El primer año de rodaje, recuerda Deschanel, «todo el mundo le regaló mantas en Navidad».

Lograr semana tras semana la mezcla de humor agudo y de emoción basada en los personajes que caracterizaba la serie no siempre era fácil. «Liz no temía probar cosas y cuando salían bien conseguíamos episodios realmente buenos –dice Philbin–. El inconveniente era que, como todo era experimental, a veces no funcionaba y teníamos que remangarnos y crear algo completamente diferente. Siempre teníamos la sensación de que la serie podía evolucionar y adaptarse para ser cada vez mejor.»

Antes de que *New Girl* se estrenara en septiembre de 2011, por todo Los Ángeles y otras grandes ciudades del país empezaron a aparecer grandes carteles amarillos en los que se veía una enorme foto de Deschanel con un anticuado vestido verde lima y cara de niña ingenua, acompañada del eslogan: «Simplemente adorable».

«Un día, volviendo a casa en coche, vi uno de los carteles y me dije: "¡Oh, no!" –se lamenta Philbin–. Me imaginé la reacción de quien no supiera de qué iba la serie. Aquello ponía el énfasis en lo bonita que era la protagonista y no en los demás elementos de la historia.» Los guionistas no querían que Jess fuera «simplemente» nada. Bret Baer recuerda que todos estaban de acuerdo en que «no fuera una duendecilla chiflada. Iba a tener facetas, aristas y carencias.»

El caso es que la campaña publicitaria, aunque engañosa, funcionó: más de diez millones de espectadores vieron el estreno y siguió siendo un éxito entre el valioso público de edad comprendida entre los dieciocho y los cuarenta y nueve años. También desencadenó una virulenta reacción. Cundió el odio a lo «bonito»: los cronistas de *Vanity Fair* clasificaban cada episodio como «Adorable» o «Precioso», y la guionista y actriz Julie Klausner decía que Deschanel era una «tabla rasa... capaz, con sus pálidas extremidades y su cara redonda con forma de corazón, de encarnar cualquier cosa que desee un hombre hechizado».

Meriwether no se esperaba «las aceradas críticas que recibió Zooey de otras mujeres. Estábamos tratando de hacer una serie de televisión protagonizada por una mujer y dirigida por otra. ¿No debía eso celebrarse en algún sentido? –se pregunta, rascándose la cabeza distraídamente–. ¿Tienen que representar todos los personajes femeninos alguna gran causa?» La voz se le quiebra a la propia Deschanel cuando recuerda: «Mujeres con las que yo estaba de acuerdo filosóficamente me atacaban por ser demasiado femenina, diciendo que las traicionaba y traicionaba el movimiento feminista.»

Meriwether respondió escribiendo (con Luvh Rakhe) el episodio de la primera temporada «Jess and Julia», en el que Julia (Lizzy Caplan), la novia de Nick, una abogada sarcástica, representa a todos los detractores de Zooey. Julia se ofrece a ayudar a Jess con una multa de tráfico que le han puesto, pero se queda patidifusa cuando Jess le explica que se pasó un semáforo en rojo por no atropellar a un pájaro herido que había en la calzada. «Un juez podría creerse el cuento –dispara–. Con esos bonitos ojazos de niña asustada que tienes, seguro que te libras de todo.» Jess se muerde la lengua hasta que, más adelante, no aguanta más la arrogancia de Julia.

«Yo salvo pájaros, visto de lunares, me pongo purpurina, me paso todo el día hablando con niños –se defiende Jess, con sus infantiles ojos aún más abiertos de lo habitual–. Siento no hablar como Murphy Brown y detesto tu traje sastre que ojalá llevara cintas porque sería un poco más bonito. Pero eso no significa que yo no sea inteligente, fuerte y dura.» Con este manifiesto a la vez femenino y feminista, *New Girl* exorciza el demonio de la «duendecilla chiflada» y sigue adelante. Este monólogo diferencia el feminismo del siglo XXI, más fluido y basado en que cada mujer elija su propia aventura, del feminismo autoritario de los tiempos de *Murphy Brown*, a la vez que deja claro que Jess es más que una graciosa «tabla rasa» para fantasías de chicos raros. Es una mujer que trabaja y que al final llega a directora de un colegio; tiene opiniones y deseos propios, por extraño que parezca. (Lo demuestra la descripción que hace de una intensa experiencia sexual: «Abandoné el cuerpo, subí al cielo, vi a mis abuelos, pensé lo raro que era ver a mis abuelos, volví a tierra».)

A medida que la serie se decantaba por el disparate y el personaje de Jess hallaba un cómodo término medio entre diosa Etsy y cómica loca, los guionistas empezaron a poner también en cuestión la idea de la masculinidad. En «Injured», Nick se quita la máscara de tío duro cuando le diagnostican un posible cáncer de tiroides; avanzada la temporada, Schmidt se rompe el pene (lo que hace posible un chiste sobre un pene de escayola) y Winston padece síndrome premenstrual. A estas alturas queda claro que ninguno de ellos es lo que parecía al principio. Schmidt es menos buen amigo que el niño gordo que fue y encerró sus neurosis en la armadura de un robusto cuerpo de gimnasio, Nick es un ser frágil al que aterra el fracaso y lleva siempre el dinero en una bolsa de plástico, y Winston es un empático que busca la verdad y quiere ser útil, lo que al final consigue haciéndose policía. La crisis de la masculinidad actual –la dificultad que tienen los jóvenes que no saben lo que significa ser un hombre hoy día– la vemos representada con tierno humor.

«Dave y yo creemos también que somos hombres fallidos y frágiles en muchos sentidos –dice Bret Baer, sentado junto a Dave Finkel en una de las salas de guionistas de *New Girl*–. Por eso seguramente estamos dispuestos a reconocer que, en un mundo masculino, no tendríamos mucho que hacer. Nos planteamos estos personajes como si para sí mismos fueran también unos fracasados incapaces de realizar las cosas que querían realizar.»

La semana que visito la sede de *New Girl*, los guionistas están trabajando en un episodio de la temporada quinta en el que Schmidt tiene una experiencia humillante que le hace organizar una fiesta típica de solteros machistas en lugar de la sofisticada velada metrosexual que él preferiría. «Bromeamos mucho sobre el hecho de que la relación que tiene Schmidt con Nick es una relación amorosa –dice Bret–. No es solo una amistad, sino una relación mucho más íntima. No puedo hablar por todos los hombres, pero lo que yo tengo con los tíos con los que trabajo, con mi socio Dave, es como un matrimonio de verdad. De esto no siempre se habla en la tele.»

A diferencia de Tina Fey, que tomó la poco ortodoxa decisión de que no hubiera una historia de amor entre sus dos personajes principales, Meriwether decidió enseguida que Jess y Nick se enamoraran. Jess es una figura radiante, mientras que Nick parece que nunca se cambie de ropa interior: la perfecta extraña pareja. Las telecomedias mantienen la tensión sexual que existe entre los protagonistas todas las temporadas que pueden y ese fue también el plan original de los guionistas de *New Girl*. El guion del episodio de la segunda temporada «Cooler» no contemplaba que Nick y Jess se besaran... pero para cuando rodaron la última escena, justo antes de la pausa navideña, la química entre Deschanel y Jake Johnson era fortísima.

Meriwether corrió al plató y les dijo que se besaran. «Parecía poco honrado no permitir que se besaran después de lo lejos que habíamos llegado en ese episodio –recuerda Finkel–. ¿Cómo íbamos a impedirlo? Creo que esa fue la razón de que fuera un momento tan emocionante para el espectador. Sentían lo que nosotros sentíamos.»

Pero Meriwether, gran fan de la comedia romántica, cayó en la cuenta demasiado tarde de que la narración televisiva requiere un planteamiento a largo plazo que no tiene el cine: «La historia no termina cuando se juntan. Había que continuar contándola y eso cambió el tono de la comedia. De pronto todos los defectos de Nick se amplificaron. Ahora era el novio de Jess, con lo que todo lo que parecía gracioso se volvió bastante negro. ¡Oh, no, es un alcohólico y no tiene cuenta bancaria!... ¡En realidad es un desastre de tío!».

La otra extraña pareja de la serie, Schmidt y Cece, surgió de casualidad. Cuenta Finkel: «Los pusimos juntos en un episodio porque pensamos que sería gracioso que ella lo tratara como a un perro. Lo deja, por ejemplo, encerrado en el coche y ella se va a la discoteca. Pero ella lo hizo a él más gracioso y él a ella también. Ya no es solo un gilipollas, es un gilipollas que se enamora de verdad. Nos dimos cuenta de que debíamos seguir con la historia».

Meriwether disfrutaba jugando con las limitaciones formales del género para hacer que la serie avanzara en nuevas direcciones. Pero resulta que los espectadores no siempre quieren que las telecomedias se aparten demasiado de su órbita habitual. En la tercera temporada, la decisión de los guionistas de hacer que Schmidt y Cece rompieran y él empezara a salir con dos mujeres resultó contraproducente. «Los guionistas estábamos entusiasmados con la idea –recuerda Meriwether–. ¡Qué malo iba a ser Schmidt! Pero a los espectadores no les gustó nada. No se nos ocurrió pensar que quien se pone a ver una serie después de un largo día de trabajo no quiere que los personajes cambien radicalmente. Quieren ver lo mismo. En ese momento de la tercera temporada pensamos que nuestra serie era distinta... y nos equivocamos.»

Los índices de audiencia cayeron a mínimos históricos en la tercera temporada. Algunos directivos dijeron que no había bastante «energía masculina» que atrajera a espectadores varones; querían que hubiera más historias de amigos, recuerda Meriwether. «Había muchísima presión para que consiguiéramos que vieran la serie más hombres. Era una tarea imposible porque se trataba de conseguir que la vieran personas que, creo yo, para empezar, nunca la verían.» Al final de esa temporada, dice Meriwether, todo se vino abajo. Los guionistas desecharon el guion del último episodio después de la sesión de lectura y presentaron otra versión unos días antes del previsto para el rodaje. «Aquello se desmoronaba y resultaba claro que había que cambiarlo todo. Yo dormía muchas noches en el plató y apurábamos hasta el último momento porque mi idea era: si disponemos de un minuto al día, hay que emplearlo en trabajar.»

Al final, algunos miembros del personal de *New Girl* decidieron intervenir. Actores y guionistas estaban agotados. Según Baer, le dijeron a Meriwether que «aquello no podía seguir así, que nos iba a matar. Chistes, chistes originales, improvisación, más chistes». Meriwether lo admite: «Estaba tan obsesionada con el trabajo que empezaron a decirme que la serie ya no era tan buena como para que la rehiciera de cabo a rabo. Para mí era muy duro dar un paso al lado y delegar más. Lo absurdo de ser la realizadora de una serie es que todo el mundo la mira a una como diciendo: "¿Qué quieres? ¿Cómo quieres hacer esto?". Yo pensaba: "¡Y yo qué sé! ¡Yo solo lo he escrito!" –dice, en tono autocrítico–. Procuro escuchar a la gente. Es algo que siempre está en marcha.»

Cuando *New Girl* se estrenaba en el otoño de 2011, Mindy Kaling intentaba crear su propia telecomedia.

Tras seis años trabajando de guionista y actriz en *La oficina*, se había convertido, a sus treinta y dos años, en un ídolo para las jóvenes de todo el país. Había dado a conocer sus opiniones sobre moda en su blog, *Things I've Bought That I Love*, y comentado con agudeza temas de actualidad en Twitter. También había publicado *Is Everyone Hanging Out Without Me?*, un libro de memorias que fue superventas y en el que cuenta historias de su vida como indioamericana amante de la comedia, entre ellas que inició su carrera escribiendo y protagonizando *Matt and Ben*, una obra de teatro independiente en la que interpretaba a Ben Affleck, con Brenda, su mejor amiga, en el papel de Matt Damon. El productor Greg Daniel había visto *Matt and Ben* e invitó a la joven Kaling a escribir para su nueva adaptación de un documental satírico británico, *The Office*. Era la única mujer de un equipo de ocho guionistas.

En una cafetería cercana a su casa de Los Ángeles, en noviembre de 2011, Kaling me dijo que estaba escribiendo el guion del episodio piloto de una serie para la NBC en la que interpretaría a una ginecóloga. «Mi madre es tocóloga y ginecóloga y tengo material de muchos años en el que inspirarme –me dijo entusiasmada–. Como soy una mujer que ama a las mujeres y habla con sus amigas todos los días, creo que sería, modestia aparte, la ginecóloga ideal.» Kaling no aceptaba la idea de que en una serie pensada para emitirse en horario de máxima audiencia no cupieran historias relacionadas con estribos e infecciones vaginales. «Creo que hablaríamos de eso como hablamos de papel en *La oficina* (que va de una empresa papelera). Es un lugar que permite que pasen mujeres constantemente», continuó, enumerando una serie de cómicas que le gustaría tener como artistas invitadas.

Reconociendo que podía ser precipitado hablar de la serie antes de que la aceptaran, Kaling añadía: «Tengo tendencia a entusiasmarme con las cosas. Soy de esas personas que se hacen muchas ilusiones y luego se llevan un gran chasco». Es lo que pasó: la NBC rechazó su guion. Pero Kaling no es de las que se rinden y envió el guion al jefe de la Fox, Kevin Reilly, que había apoyado *Rockefeller Plaza* y *New Girl*. Aceptó *It's Messy* (como se titulaba entonces la comedia de Kaling) con algunas recomendaciones: quería un protagonista masculino más relevante y que su personaje se llamara Mindy. En la prensa del mundillo corrió el rumor de que Reilly pensaba hacer de Kaling la nueva Tina Fey.

Entre las varias telecomedias sobre mujeres solteras que se estrenaron en el otoño de 2012, el episodio piloto de *The Mindy Project* destacó como lo haría una señal de neón en medio de una galería de arte minimalista. Nada en el personaje de la doctora Mindy Lahiri es vago o sutil: es la versión madura de la Veruca Salt de Willie Wonka, que hace lo que le da la gana con alegría impenitente. Ginecóloga indioamericana entrada en carnes, Mindy se mueve con gracia y viste ropa ceñida con la chulería de una modelo. Sabe lo sexi que es y no teme flirtear con jugadores de la NBA. Sus expectativas respecto de los hombres son también grandísimas. Antes de una cita galante, reza: «Señor, que sea rico como el alcalde Bloomberg, tenga la personalidad de Jon Stewart, la cara de Michael Fassbender y… el pene de Michael Fassbender».

Al ser la primera mujer no blanca que creaba, escribía y protagonizaba una serie de televisión, Kaling habría podido sentir la responsabilidad histórica de hacer que su protagonista fuera un personaje modélico... o al menos admirable. Pero no. En el episodio piloto, vemos a Mindy que se emborracha y monta un número en la boda de su exnovio y cae a la piscina montada en una bici. Ginecóloga en un hospital de Manhattan, parece dedicar poco tiempo a atender a sus pacientes. «Es posible que haya perdido una uña postiza en esa mujer, ¿puede pasarme algo?», le pregunta en cierto momento a un supervisor del hospital.

Kaling está orgullosa de haber creado a la primera heroína indioamericana de la telecomedia, me dice ahora. «Lo malo es que, por eso, la gente me decía que Mindy Lahiri representa a todas las mujeres indias, o a todas las mujeres asiáticas, cosa que yo negaba.» ¿Por qué debería serlo, pregunta Kaling, cuando el Michael Scott de *La oficina* o el Kenny Powers de *Eastbound and Down* pueden ser los absurdos individuos que son sin tener que representar a todos los hombres blancos? Para su serie, Kaling quería crear a un heroína segura de sí misma y caracterizada por su avidez sexual y falta de tacto, cualidades que normalmente solo se permiten a personajes masculinos como esos. «Para mí, lo realmente pionero en Mindy Lahiri como protagonista cómico no es que fuera india, sino que fuera tan imperfecta.»

A los personajes femeninos siempre se les ha exigido el requisito de gustar, un requisito limitador. Cuando un entrevistador le dijo a la escritora Claire Messud que daban pocas ganas de ser amigo de la protagonista de su novela *The Woman Upstairs*, Messud replicó enumerando una serie de grandes antihéroes y cretinos varones, desde Humbert Humbert a Edipo pasando por Hamlet. «Lo que tenemos que preguntarnos no es: "¿Podría ser amigo mío?", sino: "¿Tiene fuerza ese personaje?"»

Kaling conviene en que «*gustar* puede ser una palabra venenosa, porque suele implicar ideas anticuadas de lo que en una mujer atrae a los hombres. Dulzura, amabilidad, sumisión, pelo largo y lacio, etcétera. Estas son cualidades que gustan. ¿Y qué?

Lo importante para mí es que podamos identificarnos con un personaje. Esto es lo más importante, sea el personaje dulce y agradable o no lo sea.»

La doctora Mindy Lahiri se imagina una y otra vez siendo la protagonista de una comedia romántica en la que es el centro de atención. En esto no se diferencia de heroínas de Jane Austen como Emma Woodhouse y Catherine Morland, que se engañan a sí mismas proyectando en su vida cotidiana fantasías sacadas de novelas románticas. (Austen dijo una vez que Emma era una «heroína que no gustará a nadie más que a mí».) *The Mindy Project* hace guiños a la tradición de la comedia romántica copiados de *Cuando Harry conoció a Sally* o *El diario de Bridget Jones*. En un episodio, Mindy se pasea por el Empire State Building esperando conocer al amor de su vida, al estilo de la película *Algo para recordar*, pero en vez de eso la toman por terrorista. «Sé que es peligroso –le dice absurdamente al receloso guardia de seguridad–, pero soy una verdadera creyente.»

Las ambiciones de Kaling pronto toparon con impedimentos. El reducido equipo de guionistas no daba más de sí; ella trabajaba muchísimo en su doble condición de realizadora y protagonista, algo parecido a lo que le pasaba a Ike Barinholz, que era guionista y debía interpretar a la extravagante enfermera Morgan Tookers. Muchos episodios se reescribían después de los ensayos.

«Estaban apuradísimos –recuerda Tracey Wigfield–. Previeron veinticuatro episodios para la primera temporada y cuando iban por la mitad, creo, se dieron cuenta de que necesitaban a más gente.» Por eso, al acabar *Rockefeller Plaza*, Jack Burnitt se trasladó a Los Ángeles para ayudar a Kaling en la realización de *The Mindy Project*; sus colegas de *Rockefeller Plaza* Wigfield y Lang Fisher no tardaron en seguirlo.

Pero los problemas continuaron. Aunque en principio la serie era una comedia coral, todos los demás personajes palidecían comparados con la vivísima personalidad del de Kaling. (Y sí, también eran casi todos de piel más pálida.) El machista doctor Danny Castellano (Chris Meesina) pronto encajó bien en su calidad de perfecta pareja romántica de Mindy. Pero los demás colegas nunca quedaron bien definidos. «*Rockefeller Plaza* era una serie mucho más coral –admite Wigfield–. Para mí, en *The Mindy Project*, ella era el personaje gracioso que había que desarrollar. Era una serie sobre esa mujer.»

Más que un problema de médicos, lo que había en *The Mindy Project* era un problema de mujeres. La doctora Mindy Lahiri empezó con varias socias y una gran amiga llamada Gwen (Anna Camp). Pero estos papeles pronto fueron desapareciendo o reduciéndose hasta que la serie consistió sobre todo en una Mindy rodeada de apuestos hombres blancos. «Eso fue cosa de la cadena de televisión –afirma Wigfield–. Nos decían que Mindy tenía que tener muchos amigos. ¡No, la serie debía hablar del trabajo!» Los pacientes femeninos de la clínica ginecológica también fueron desapareciendo conforme avanzaba la primera temporada. Lang Fisher dice: «*Anatomía de Grey* podía permitírselo porque era un drama. Pero, en la comedia, los directivos no querían a gente enferma, herida ni que tuviera problemas». Resultó que lo que las cadenas no querían era participar en la «televisión vaginal».

Fisher ríe cuando recuerda los debates que tenían sobre cómo atraer a más espectadores varones. «A ver, señores de la tele: ¡los hombres no van a ver una serie sobre una ginecóloga hagáis lo que hagáis! –exclama–. No vamos a conseguir que los que ven *Sports Center* pongan la serie... Pero nada, teníamos que gustar a los tíos.»

Como *Rockefeller Plaza* y *New Girl*, *The Mindy Project* desentrañó los secretos de la telecomedia de solteras de una manera que pareció muy novedosa, aunque también muy inconstante. «Si no nos gusta un episodio de *The Mindy Project*, veamos otro una semana después porque la serie será seguramente muy diferente», bromeaba el crítico Todd VanDerWerf en el sitio web AV Club. El estilo camaleónico de la serie llegó al colmo a mitad de la tercera temporada, cuando los guionistas decidieron poner fin a la incipiente aventura amorosa de Mindy y Danny y enviarla a la Universidad de Stanford con una prestigiosa beca de estudios. ¿Así que la mujer que prefería los zapatos a los escalpelos es realmente una médica con talento?

«Aunque se nos presenta como una tontiloca y a veces dice impertinencias, cuando está en el quirófano trayendo niños al mundo o con una paciente, sabe muy bien lo que hace –explica Fisher–. Es importante recordarle al espectador, y recordarnos a nosotros mismos, que es una estudiante que trabajó muy duro para llegar a donde ha llegado... Eso no se olvida y sigue queriendo ser la mejor.»

A la misma Kaling sus padres le inculcaron un fuerte sentido del trabajo. Sabía que la ambición profesional de su protagonista debía ser tan grande como su deseo de amor. Cuando Mindy acaba la beca, decide abrir una clínica de fertilidad por su cuenta... y descubre que está embarazada de Danny. Más segura que nunca de su capacidad, se niega a dejar de trabajar, como Danny le pide. «Una mujer puede tener ambiciones profesionales y a la vez una familia –insiste Mindy–. Quiero decir, una mujer rica.»

Del mismo modo que *Rockefeller Plaza* se burlaba de la hipocresía del feminismo de las mujeres blancas como Liz Lemon y *New Girl* ponía en cuestión la idea de lo «adorable», *The Mindy Project* reconoce que existen ciertos privilegios de clase. Pero Mindy Lahiri no es una mujer blanca, por lo que muy a menudo –pese a tener muchos amigos y colegas blancos y rechazar las políticas identitarias– es objeto de un racismo cotidiano. Por ejemplo, la madre de Danny la toma por una criada la primera vez que la ve, y un profesor la confunde con la activista y premio Nobel Malala Yousafzai (algo que le pasó de verdad a Kaling en una fiesta).

«Me encanta cuando abordamos directamente el tema de la raza y el sexismo –me dice Kaling–. Mindy es un personaje muy seguro de sí mismo... Creo que hasta dice que tiene los mismos derechos que un hombre blanco alto, por eso es tan gracioso cuando no la tratan bien. Hicimos un episodio titulado "Bernardo & Anita" en el que Mindy sale con un hombre indio que la acusa de ser "como un coco": oscura por fuera y blanca por dentro. Eso la enfurece y fue divertido explorar esa faceta del personaje.» El título del episodio alude a la pareja puertorriqueña de *West Side Story*, pero Wigfield dice que la condición de «coco» de la doctora Lahiri se inspiraba mayormente en la vida asimilada de la propia Kaling. Cuando se dieron cuenta de la cantidad de indioamericanos que anhelaban verse reflejados en la tele, los guionistas decidieron tratar más extensamente la ambivalencia cultural de Mindy.

En la gala de los Óscar de 2015, se emitió un anuncio de American Express titulado «La improbable protagonista». En él vemos a Mindy Kaling desayunando ositos de gominola y luego conduciendo al plató mientras su voz en off dice que nunca en su vida ha conocido «a nadie en quien me viera reflejada... Me di cuenta de que tenía que ser dueña de mi destino. Es difícil, es cansado y no es glamuroso, pero es mi camino. Nadie puede pararnos».

Tres meses después, la Fox anunciaba que no renovaría *The Mindy Project* una cuarta temporada. El número de espectadores de la serie había caído de los casi cinco millones del episodio piloto a poco más de dos millones del último de la tercera temporada. Pero, una vez más, Kaling se negó a aceptar un no por respuesta. A la semana siguiente, *The Mindy Project* resucitaba gracias a un contrato con Hulu, un canal digital de emisión en continuo.

Como Netflix y Amazon, Hulu deseaba ganarse una reputación con programas originales. El sitio había estado ya emitiendo la serie, previo compra de derechos, y había funcionado muy bien, según Beatrice Springborn, de Hulu: «Sabíamos que con Mindy podríamos emitir contenido propio desde el principio». Lo que entusiasmaba a Springborn de *The Mindy Project* es que sus espectadores, mayoritariamente mujeres, «ven los episodios una y otra vez. Las series de la tele se ven un poco como de pasada, más como aperitivo que como plato fuerte. Por eso la idea de poder verlas una y otra vez, cuando nos apetezca, es fascinante».

Trabajar con Hulu liberó a Kaling de toda preocupación por los índices de audiencia (en Hulu, los realizadores no disponen de información acerca de cuánta gente ve cada episodio, aunque quieran saberlo) y le permitió mayor libertad en lo que respecta al metraje, el lenguaje y el formato. La serie se benefició grandemente de esta circunstancia. La cuarta temporada empezó con una historia a lo *Dos vidas en un instante* en la que Mindy y Danny nunca se enamoran ni ella se queda embarazada. En lugar de eso, él sigue siendo su colega cascarrabias y ella se casa con un productor de telerrealidad rico y vive en un lujoso apartamento de Gramercy Park. Cuando al final Mindy despierta de su sueño, el Danny de la vida real está arrodillado a su lado pidiéndole que se case con él. Y cuando se pone de parto en un vagón de metro, unos episodios más adelante, Danny corre a toda prisa por el túnel para salvarla, porque todos los grandes héroes del cine corren a salvar a las mujeres a las que aman.

Hasta ese momento, la tradición de la comedia romántica había flotado sobre la serie como una especie de suave y aturdidora neblina. Pero en la cuarta temporada las sinapsis empiezan a dispararse en el cerebro de una Mindy que ha dado a luz. Tras probar a vivir como un ama de casa, nuestra heroína se subleva ante la pretensión de Danny de que deje su trabajo, su apartamento y hasta su herencia (y eduque a su hijo en el catolicismo).

«Cada vez que no estás de acuerdo con algo que hago, es como si pusieras en cuestión mi carácter –se queja Mindy–. Si quiero trabajar es que soy una mala madre. Si quiero otra copa de vino, es que me descontrolo. Todo es según tú lo defines.» Está claro que su historia de amor idílica se acaba, lo que despeja el camino a Mindy para volver al mundo de las citas galantes con toda su descarada seguridad en sí misma. Y la maternidad permite también explotar desvergonzadamente el carácter físico del parto y la lactancia. (¿Qué madre no ha soñado alguna vez con rociar de leche la cara de algún colega grosero, como hace Mindy?)

Los responsables de Hulu intervenían poco en el argumento y en los personajes de la serie, por lo que «podíamos crear episodios más raros», dice Wigfield. Inspirada en una de las frases favoritas de Kaling –que se sentía segura como un hombre blanco–, Lang Fisher escribió un episodio en el que Mindy despierta siendo un tío rubio llamado Michael (interpretado por Ryan Hansen). Embutida en el cuerpo de Michael, Mindy se apresura a experimentar los placeres de la masturbación, el despatarramiento y el privilegio masculino. Siendo mujer, la doctora Lahiri no llegó a la última ronda de entrevistas para cierto trabajo de jefe de departamento; siendo hombre, y aunque menos preparado y con menos ganas de trabajar, lo consigue. «Ya solo viéndote sé que eres un buen líder», le dice uno de los miembros del comité, enteramente compuesto de hombres.

«Mindy tiene una seguridad en sí misma que no se corresponde con su condición –dice Kaling–. Todo el mundo le dice que no podrá hacer tal cosa y ella trata de demostrar lo contrario con una confianza digna del príncipe Harry. Naturalmente, no siempre lo consigue y no debe de ser fácil estar en su lugar y ponerse siempre a prueba. Pensamos: "¿No sería gracioso verla como siempre se ha visto a sí misma?".» En cierto sentido, esto devuelve a Mindy Lahiri a la condición de soltera audaz en busca de rollo que vimos en el episodio piloto, solo que esta vez es más chula.

Lang Fisher dice que Kaling, como realizadora, se parece a esos monigotes de los anuncios de pilas que duran y duran; que luchó por lo que quería y salvó su serie. Aunque la audiencia de Hulu es mucho más pequeña que la de la Fox, la popularidad de Kaling sigue creciendo porque se comunica sin parar con sus fans a través de las redes sociales y sus libros.

«Cuando no la conocía, pensaba que Mindy Kaling era la persona más afortunada del mundo por hacer todo lo que hacía –dice Nisha Ganatra, que dirigió un episodio de la quinta temporada–. Cuando entré a trabajar en la serie, vi que Mindy no paraba: iba a las reuniones, a los rodajes, a la sala de edición, se despertaba a las cuatro de la mañana para acudir a la sala de guionistas al día siguiente.» A Mindy la ayudan en esta actividad el director de producción, Michael Alan Spiller, quien, según Ganatra, es «un gran colchón para todos», y el realizador Matt Warburton. Aunque, en definitiva, el peso de la serie recae en Kaling.

«¡Tiene mucho carácter! –dice Fisher, en el mejor sentido de la expresión–. Sin ser una mujer blanca, tiene su propia serie y la saca adelante aunque los índices de audiencia no sean buenísimos. No hay nadie que diga: "Mereces tener todo eso".» Fisher se considera con suerte por haber tenido a mentores como Fey y Kaling. «Enseñan a las mujeres a hacer las cosas por sí mismas, pero también a los hombres a vernos como iguales.»

VI

LA VOZ DE UNA GENERACIÓN:

GIRLS, DE LENA DUNHAM

La primera vez que la entrevisté, en mayo de 2012, Lena Dunham tenía veinticinco años, un pie en el mundo del cine independiente y el otro colgando sobre ese precipicio que es el caótico mundo de los medios de comunicación. Después de enviarme un mensaje de texto disculpándose por el retraso, Dunham vino corriendo por Larchmont Boulevard, Los Ángeles, con un vestido amarillo claro, entre mujeres de carnes prietas que llevaban esteras de yoga y madres con carrito, se sentó en el café vegano que había elegido y pidió una kombucha. Acto seguido se sacó del bolso una botella de un líquido verde y me dijo como avergonzada: «Es que es típico de Los Ángeles: tomar zumo verde con kombucha». Y me explicó que quería recuperar la forma después de sucumbir a la comida basura en Austin, adonde acababa de viajar para el estreno de los tres primeros episodios de su nueva serie para la HBO, *Girls*, en el festival de SXSW.

La sobrecargada agenda de Dunham amenazaba con dejarla agotada. Justo después de nuestro encuentro tenía examen de conducir. Había suspendido una vez y ahora que vivía entre Los Ángeles, en una costa del país, y Nueva York, en la otra, sentía que tenía que sacárselo. Ya la ciudad de Los Ángeles, por sí sola, la traía de cabeza. Al principio se alquiló una casa en Hollywood Hills, queriendo seguir los pasos de Joan Didion, pero el aislamiento la asustaba: «Me escondía bajo las mantas y me imaginaba todas esas carreteras solitarias colina abajo». Se mudó luego a un viejo bloque de viviendas modernista del centro de la ciudad, pero los amigos estaban convencidos de que era un edificio poseído por fantasmas de actores desgraciados. «Yo no he visto ningún fantasma –reconoció–, pero por el lavabo me salen unas burbujas de jabón perfectas y podría ser una estrella de cine que murió en un baño de espuma.»

Dunham ya era conocida en el mundo del cine independiente; sus películas de bajo presupuesto *Creative Nonfiction* (2009) y *Tiny Furniture* (2010) se habían estrenado en el festival de SXSW. Pero fue el año que nos conocimos cuando experimentó por primera vez, también en el SXSW, lo que significa ser muy conocida y los problemas que eso conlleva. Tras el pase de *Girls*, un tío se le acercó y, para sorpresa suya, le dijo que le había gustado Hannah, el personaje que interpreta Dunham, pero que las escenas de sexo le parecían repugnantes. «El tío pensaba que el personaje hubiera quedado mejor sin esa conducta sexual; la idea era: "¡Sería tan buena si no fuera tan puta!"», se indigna Dunham.

El sexo femenino explícito era para Dunham una «última frontera» de la televisión –sobre todo si se filmaba desde el punto de vista de la mujer– y los espectadores que, como el del festival de SXSW, respondían con repulsa a las escenas de sexo de la serie la fascinaban. «Se puede reaccionar de muchas maneras al arte, pero esa repulsión significa algo –dice con aire reflexivo, y asiente con tal vehemencia que el moño que lleva en lo alto de la cabeza se le estremece–. Significa o que te resulta ofensivo políticamente, o que ves un ataque a la moral, o que alguien te parece poco atractivo. ¿Por qué no ahondar un poco en esa repulsión?»

Es lo que iba a hacer los siguientes seis años.

Cuando yo me crie, en los años setenta y ochenta, la vida íntima de las mujeres apenas se veía en la televisión. Placer sexual y ambivalencia de la mujer, anticoncepción y temor al embarazo, menstruación y violación: se veía tan poco de esto en la televisión de máxima audiencia que cuando en 1995 se emitió un episodio de *Seinfeld* dedicado enteramente a la obsesión que tiene Elaine Benes con las esponjas anticonceptivas, fue como una revelación. (El novio que finalmente Elaine decide que no merece que ella las use lo interpretó un joven Scott Patterson, que luego sería Luke, el propietario del restaurante de *Las chicas Gilmore*.)

Unos años después del episodio de *Seinfeld*, *Sexo en Nueva York* abrió un nuevo camino en un territorio hasta entonces virgen en la televisión: las cuatro amigas hablaban de sexo anal y vello púbico, de vibradores e infertilidad, y luchaban emocionalmente por asuntos como la amistad, la infidelidad, la maternidad, los desequilibrios de poder en las relaciones. «Entonces estábamos todas sin pareja y simplemente contábamos lo mal que nos había ido la cita la noche anterior –recuerda Jenny Bicks, una de las guionistas de la serie, en un equipo mayoritariamente femenino–. Teníamos la norma de que cualquier idea que se nos ocurriera, si era peregrina, debíamos contrastarla con otras personas para saber si ocurría de verdad. Lo curioso es que, por raras que fueran esas ideas, siempre ocurrían en la realidad. Eso nos daba mucho ánimo: ser capaz de escribir sobre temas de los que antes no se podía hablar.»

Cuando *Sexo en Nueva York* acabó, en 2004, habían empezado a aparecer blogs de mujeres en internet. Pronto se crearon sitios como Jezebel y Hairpin que ampliaron ese espacio emergente para que las jóvenes pudieran hablar de sí mismas y compartir fácilmente detalles íntimos de su vida. Es lo que hacía Dunham.

«Yo me paso todo el rato tuiteando cosas y preguntándome: "¿Por qué divulgo esto?" –me dijo en la cafetería de Larchmont–. Quería plasmar esta sensación de que ya no existen límites claros entre lo público y lo privado. Mis personajes también deciden reservarse cosas absurdas. Cuentan una humillación sexual pero se niegan a decirles a sus amigos que han perdido el trabajo. Una cosa interesante de esta cultura es lo que decidimos mantener secreto.»

Aunque tras el éxito inmediato de *Girls*, Dunham se convirtió en un personaje público, no por ello se mostró menos impulsiva e incauta. Su tendencia a expresar irreflexivamente ideas y a contar chistes provocadores era una consecuencia de su franqueza y de su incapacidad de autocensura, pero la metía una y otra vez en polémicas. A poco que busquemos en Google veremos páginas y páginas de diatribas con títulos como «Lena Dunham o lo malo de las feministas de raza blanca», «Once motivos por los que aborrecer a Lena Dunham» y el más tradicional «¡Alerta de desastre! Lena Dunham se parece a nuestra tía loca en plena compra compulsiva».

Dunham empezó a ser objeto de burla ya antes de llegar al bachillerato. La primera vez que apareció en los medios de comunicación tenía once años y fue en un artículo de la revista *Vogue* dedicado a las preferencias de los hijos de padres creadores neoyorquinos en materia de moda. Hija de los famosos artistas plásticos Laurie Simmons y Carroll Dunham, la precoz Lena parecía una Eloísa de finales del siglo XX. «Procuro no vestir ropa a la moda. Solo se puede llevar un par de semanas», declaraba. En efecto: en las fotos llevaba un vestido que se había confeccionado ella misma.

Como creció rodeada de artistas, Dunham siempre supuso que haría algo artístico. «Mi tío es abogado y recuerdo que iba a verlo a los juicios y me decía: "No está mal, lástima que yo no quiera ser abogada".» Pero, para distanciarse de sus padres, decidió consagrarse a las palabras en lugar de a las imágenes. A los catorce años recibió clases de humorismo; empezaba sus números diciendo: «Hola, me llamo Lena y soy alcohólica. Es broma, el alcohólico es mi padre». Estudiando en el colegio St. Ann de Brooklyn, empezó a escribir obras de teatro. Ambientó una de esas obras en la sala de espera de una clínica abortiva; otra, *The Goldman Girls*, se basaba en la infancia de su madre en Long Island. Luego, en la Universidad Oberlin de Ohio, estudió escritura creativa con idea de ser poeta. Pero allí se sentía fuera de lugar y aislada: «Oberlin está rodeada de maizales por los cuatro costados. No hay otra cosa que hacer que montar en bici y pensar y hacer experimentos raros con los amigos».

Una de esas «cosas raras» que hacía era grabar vídeos. En el titulado «Pressure» (2006), filmado entre las estanterías de la biblioteca de Oberlin, vemos a Dunham y a dos alumnas hablando de orgasmos y estornudos. En «The Fountain», Dunham se da un baño en una fuente del campus universitario, en biquini. Este vídeo fue visto más de un millón de veces en YouTube y, anticipando lo que pasaría en el futuro, recibió un montón de comentarios desagradables sobre su cuerpo rollizo.

Con veintidós años, a una edad en la que la mayoría estamos tratando de taparnos los granos y garabateando algún que otro poema sentimental, Dunham hizo su primera película, *Creative Nonfiction*, sobre una universitaria que quiere escribir un guion. Entre sus influencias se cuentan los verbosos autorretratos neuróticos de Woody Allen y el cine independiente íntimo y femenino de Nicole Holofcener. Los críticos la compararon con los cineastas *mumblecore* Koe Swanberg y Andrew Bujalski, entonces en alza con películas de bajísimo presupuesto y estilo altamente naturalista como *Funny Ha* y *Hannah Takes the Stairs*. En 2008, Dunham regresó a Nueva York y alternó prácticas y trabajos a tiempo parcial mientras intentaba hacer más películas. Enterada de que Swanberg había hecho una serie web para

Nerve, una página de sexo entonces de moda, Dunham propuso *Tight Shots*, una serie sobre sexo y citas entre jóvenes cineastas, que fue aceptada. «Cuando era joven les escribía correos electrónicos a todas las personas que me gustaban. No me daba corte escribirle a un director al que admiraba y preguntarle: "¿Qué micrófono de ambiente usas?".» A *Tight Shots* siguió *Delusional Downtown Divas*, una comedia web escrita y protagonizada por Dunham y varias amigas en el papel de unas niñas mimadas que quieren abrirse camino en el mundo del arte.

Tiny Furniture se concentraba aún más en su entorno: filmó la película en el ático de sus padres y reclutó a su madre y a su hermana menor Grace para que se interpretaran a sí mismas al lado de su propio personaje, Aura Freeman. Aura acaba de terminar la carrera y lo único que ha sacado en claro de sus años universitarios es un vídeo de una performance que hizo en la fuente de la universidad. (Dunham usó su propio vídeo de Oberlin.) El título de la película alude a un aspecto del arte feminista de Laurie Simmons –fotografías de muñecas y de casas de muñecas– y, en la película, vemos a una Aura obsesionada con la vida y la obra de su madre. Obviando lo que eso tiene de invasión de la intimidad, lee pasajes del diario de su madre cuando era joven, extraídos del de la propia Simmons.

Más o menos embrión de *Girls*, *Tiny Furniture* nos presenta a una perdida Aura que alterna trabajos mal pagados con sexo sin amor. Gran parte de la película se la pasa en ropa interior, mostrando sus blancas carnes con una despreocupación que parece una forma de rebelión. Sus intentos de aventura sexual le salen mal uno tras otro. Un tío imbécil (interpretado por Alex Karpovsky, que luego encarnaría a Ray, personaje central de *Girls*) está dispuesto a dormir con ella, pero sin practicar sexo. Y un ligue con un colega de trabajo acaba en un polvo apresurado por detrás en el interior de una enorme tubería de desagüe. Después, Aura se ducha a cuatro patas, como reviviendo la experiencia, y luego, para consolarse, se deja caer en la cama de su madre. El sexo es consentido, pero también humillante.

Rodada en noviembre de 2009 con un presupuesto de 50.000 dólares aportados casi íntegramente por los padres de Dunham, *Tiny Furniture* se estrenó en marzo del año siguiente en el festival de SXSW, donde ganó el premio a la mejor película narrativa. El filme obtuvo muchas y muy buenas críticas y pasó a formar parte de la prestigiosa Criterion Collection. «Lo más audaz de la película es la negativa de Dunham a hacer un papel bonito, a ponerse guapa», decía Manohla Dargis en su reseña del *New York Times.* Por su estilo antiestético hecho de «imágenes digitales feas, descarnadas, mal iluminadas», Dargis consideraba *Tiny Furniture* la vanguardia de una nueva forma de cine realista.

Dunham empezó a hacer entrevistas de trabajo en Hollywood. El gran salto lo dio de una manera poco habitual. Sue Naegle, directora de entretenimiento de la HBO y admiradora de la obra de Laurie Simmons, vio *Tiny Furniture* estando de vacaciones en un cámping con sus hijos. En la cabaña de al lado se alojaba su amiga Jenni Konner, una guionista y productora que había trabajado con Judd Apatow en la serie de culto de este último *Undeclared* y en las suyas propias de breve duración *Help Me Help You* y *In the Motherhood.* «Cuando acabé de ver la película –recuerda Naegle–, llamé a la puerta de la cabaña de Jenni y le dije: "¿Te has traído el portátil? Tienes que ver esto ahora mismo, ¡es fantástico!".» Konner quedó también fascinada.

Cuando Dunham se reunió con los directivos de la HBO para proponerles una serie, no sabía cómo hacerlo. «Fui y les dije: "Así es la serie que yo quisiera ver y no veo en la tele". Y les solté un rollo acerca de mis amigas y de los problemas que, como veinteañeras, teníamos en un mundo que dependía completamente de los mensajes de texto y de Facebook. Les hablé de mis manías personales y me decía: "Ahora que lo pienso, ¿qué amiga mía no lleva tomando Ritalin desde los doce años?".»

Aquel rollo hábilmente sincero entusiasmó a Naegel y a su colega más joven Kathleen McCaffrey, porque parecía expresar la sensibilidad inconstante típica de la generación del milenio. Estos personajes, aseguró Dunham, son «como vuestras novias, hijas, hermanas y empleadas».

Sexo en Nueva York es un claro antecedente de *Girls*: una serie escrita (casi enteramente) por mujeres sobre unos personajes femeninos que persiguen sus deseos y ambiciones sin avergonzarse. Diez años después de lanzar a Carrie Bradshaw y compañía, la HBO solo había emitido unas pocas series con personajes femeninos principales: *The Comeback*, un documental satírico protagonizado por Lisa Kudrow, del creador de *Sexo en Nueva York* Michael Patrick King; la serie de sketches de humor de Tracey Ullman *Tracey Takes On*, y *The No. 1 Ladies Detective Agency*, una coproducción con la BBC. Aún había programadas menos series creadas por mujeres en los archivos de la HBO.

Según dice Alan Sepinwall en su libro *The Revolution Was Televised*, a finales de los años noventa, la HBO estuvo a punto de comprar una serie de la creadora de *Es mi vida* Winnie Holzman sobre una ejecutiva, pero al final se decantó por *Los Soprano*. No sabemos adónde habría llevado el camino que no se tomó, pero a principios del siglo XXI el panorama televisivo estaba dominado por una caterva de incorregibles machos alfa. La HBO definió en gran medida este género, de la mano del melancólico Tony Soprano y su pandilla de mafiosos brutales, del soez propietario del burdel de *Deadwood* Al Swearengen, y del traficante de droga homosexual de *Bajo escucha* Omar Little. Es verdad que en algunos de estos dramas hay personajes femeninos secundarios excelentes (como el de Carmela Soprano, Trixie the Whore y Kima Greggs), pero quienes dominaban los diálogos y determinaban la trama eran esos siniestros antihéroes varones.

Problemáticos y tempestuosos, los hombres de la HBO marcaron el comienzo de la época dorada actual, en la que la televisión contaba historias épicas que podían verse episodio tras episodio, era un paraíso creativo para directores de cine independientes y guionistas ambiciosos y permitía un tipo de crítica que se centraba en la figura del autor y era de una gran profundidad analítica.

«Lo que me preocupaba era que, cada vez que había una serie protagonizada por mujeres que triunfaba, nadie quería hacer otra», dice Naegle, que llegó a la HBO en 2008, después de haber trabajado como agente de muchas realizadoras, como las guionistas Eileen Heisler y DeAnn Heline, de *Roseanne*, y Jenny Bicks, de *Sexo en Nueva York*. Naegle dice que, en la década de 1990 y a principios de la de 2000, «los presidentes de cadenas de televisión me decían muchas veces: "No vamos a producir series protagonizadas por mujeres. No rinden, nadie las ve". Yo replicaba: "Muchas mujeres ven la tele. En mi casa, la que decía lo que se veía era mi madre. ¿Por qué no iba ella a querer ver una serie protagonizada por mujeres?"».

En 2010, las grandes series de éxito de la HBO –*Los Soprano*, *A dos metros bajo tierra*, *Bajo escucha*– habían terminado y no había recambios. Por los blogs de entretenimiento corrían voces de que la cadena de televisión estaba desarrollando proyectos de jóvenes guionistas como Julie Klausner, Mara Altman y Sloane Crosley. Se rumoreaba que estaban trabajando en una serie dramática de Theresa Rebeck sobre una profesora de estudios de la mujer, otra de Jill Soloway sobre una groupie sesentera, una comedia de Marti Noxon sobre una feminista famosa que envejece. Ninguno de estos proyectos llegaron a cuajar. Naegle dice que la ausencia de mujeres en la HBO no se debía a que ellas no lo intentaran: «Me ponía en contacto con Jenni Konner y demás grandes directoras y buscábamos series. Por mucho que las busques, si no las hay, no las hay».

Cuando vio *Tiny Furniture* por primera vez en la cabaña del cámping aquel verano, Naegle quedó prendada del trabajo de Lena Dunham. Y como aquella joven ya había escrito, dirigido y protagonizado una película de bajo presupuesto, los directivos de la HBO podían hacerse una idea de lo que sería la serie que les proponían.

«Les dijimos: "Va a ser como *Tiny Furniture*, pero más divertida y con más chicas"», dice Konner, que enseguida se incorporó al proyecto en calidad de realizadora para ayudar a la inexperta Dunham. Cuando Judd Apatow se enteró y pidió participar, Naegle dudó. «Judd me encanta y ha ayudado a muchos guionistas excelentes, pero, en aquel momento, me dije: "¡No, no, no, no! No la liemos"», confiesa riendo. Pero Konner, que conocía la capacidad creativa y la garra comercial que tenía Apatow, después de *Lío embarazoso* y *La boda de mi mejor amiga*, sabía que sería de gran ayuda.

Apatow, muy astuto, se apresuró a desvanecer las esperanzas que pudiera tener la HBO de que *Girls* fuera a ser una serie de bajo presupuesto como había sido *Tiny Furniture*. «Podrían haber pensado: "¡Bien, esta chica trabaja muy barato!"», refiriéndose a los 50.000 dólares del presupuesto de la película. Apatow les dejó claro desde el principio que querían que la serie «se pareciera a *Sexo en Nueva York*. Vamos a rodar en Nueva York y queremos el mismo presupuesto que tienen vuestras grandes series neoyorquinas».

El episodio piloto de *The Untitled Lena Dunham Project* gira en torno a la guionista en ciernes Hannah Horvath y a sus mejores amigas Jessa y Marnie. Curioso personaje en el que se combinan la seguridad inquebrantable y la autocrítica irónica, Hannah «siente que merece alabanzas que no recibe y a la vez piensa que no merece nada. Es la característica de muchos humoristas judíos, pero la novedad es verla en una chica de esa edad», dice Dunham, que es medio judía. Esa fue la chirriante originalidad del personaje de Hannah: una combinación de incompetencia y de repulsión dentro del cuerpo de una joven.

Cuerpo, por cierto, cuyo rasgo más notable es que era del montón. No gordo, solo insolentemente imperfecto. Como en *Tiny Furniture*, Dunham no dudó en mostrar ese cuerpo en situaciones más vulgares y grotescas de lo que los espectadores de la HBO estaban acostumbrados a ver. La desnudez tendía a presentársenos en momentos tan poco sexis como el de sentarse en el váter o el de comerse un pastel en la bañera.

Konner cuenta que, con los años, construyeron unos treinta cuartos de baño en el plató «porque no interrumpimos la escena cuando alguien va al baño, ni cortamos cuando ella se quita o se pone la camisa. Vemos todos los momentos prosaicos de la vida». Las escenas de sexo son aún menos excitantes: Hannah va al apartamento que su excéntrica pareja sexual, Adam, tiene en Brooklyn. Él le pide que se ponga a cuatro patas en el raído sofá y parece olvidarse del placer (o, mejor dicho, de la falta de placer) de ella. Comoquiera que Hannah habla ansiosamente, queriendo que sus deseos se tengan en cuenta, él le dice: «Juguemos a estar callados».

El planteamiento de *Girls* despertaba sentimientos de sorpresa encontrados; era como experimentar el mundo en una postura de yoga que fuera a la vez iluminadora e incómoda. En el centro de este vórtice de atracción y repulsión están Hannah y su relaciones cambiantes con sus amigas: amores precarios cargados de agresión tácita, celos y dependencia. En una de las primeras escenas vemos a Marnie que, con el protector bucal medio salido, duerme dulcemente cogida a su compañera de piso Hannah. Se han quedado dormidas viendo *La chica de la tele*, en lo que es un guiño que unas jóvenes de la primera década del siglo XXI que no acaban de iniciar su vida profesional les hacen a las jóvenes solteras emancipadas de los años setenta.

Sabiendo que las comparaciones con las solteras de *Sexo en Nueva York* serían inevitables, Dunham las desbarata introduciendo una metarreferencia en el episodio piloto. Shoshanna, de la que al principio se dice que es una «mimada vestida de terciopelo», considera que Jessa es una «Carrie con rasgos de Samantha y el pelo de Charlotte». Jessa, una británica rebelde, demuestra su inmensa indiferencia contestando con desdén que nunca ha visto la serie de la HBO. Aunque tienen en común el centrarse en cuatro mujeres jóvenes de Nueva York, el mundo desharrapado de *Girls* dista mucho del suntuoso de *Sexo en Nueva York*. En el Brooklyn de Hannah, hay más aventuras sucias que glamur lujoso. Como ironizó una vez Dunham en un congreso de críticos de televisión, «mi novio del episodio piloto no es un míster Big: ¡literalmente no tiene sábanas!».

Naegle recuerda que el guion del episodio piloto de Dunham recibió muy pocas críticas. «Había una voz y un tono tan concretos que no quisimos alterarlos.» Y añade que una importante recomendación de los directivos de la cadena se refería a la relación de Hannah con sus padres, dos profesores del Medio Oeste. «Todos pensamos que tenía que haber un punto de inflexión que hiciera progresar al personaje.» Apatow propuso que los padres de Hannah le dijeran que no seguirían ayudándola económicamente, lo que la obligaría a buscar trabajo en medio de la profunda recesión del país.

«Creo que podría convertirme en la voz de mi generación –les replica, porque quiere que sus padres sigan ayudándola–. O al menos una voz. De una generación.» Hannah va colocada –ha tomado té con opio– cuando afirma esto, pero no deja de decirlo en serio. Era la clase de diálogos con los que Dunham gustaba de satirizarse a sí misma y que lanzaba alegremente, quizá sin saber que la serie provocaría pronto una avalancha de artículos de prensa, en muchos de los cuales se hacían preguntas como esta: «¿Cómo se atreve Lena Dunham a decir que es la voz de su generación?».

En la última escena del episodio piloto, Hannah despierta en la habitación de hotel de sus padres y, antes de irse, roba la propina que estos le han dejado a la camarera. Estamos avisados: *Girls* va a ponernos muy difícil que nos gusten estas jóvenes.

La HBO permitió que Dunham interpretara a Hannah, con no poca sorpresa de su agente. Y ella había escrito el papel de Jessa para su íntima amiga Jemima Kirke, la bella hija de una estrella de rock e interiorista que ya había aparecido en *Tiny Furniture* en un papel parecido. Kirke era una pintora a la que le interesaba poco la interpretación, aunque el personaje se inspirara en su propia personalidad, y además acababa de dar a luz a una hija, Rafaella.

«Jemima acababa de ser madre y no quería trabajar en nuestra serie», recuerda la directora de casting Jennifer Euston. Dunham consiguió al final convencer a Kirke de que actuara en el episodio piloto apenas seis semanas después de que esta diera a luz; al principio de la segunda temporada, Kirke quiso abandonar y Dunham tuvo que convencerla otra vez.

Para el papel de Marnie, una chica de belleza convencional y carácter suspicaz que es la mejor amiga de Hannah, eligieron a Allison Williams, que acababa de terminar la carrera y era conocida por un vídeo de YouTube en el que se la ve cantando el tema de *Mad Men*, así como por ser la hija del locutor de televisión Brian Williams. Shoshanna iba a ser al principio un personaje secundario, una chica algo mayor y muy juerguista. Fueron muchas las actrices que hicieron audiciones para el papel, entre ellas la cómica Amy Schumer. Pero después de ver un vídeo de Zosia Mamet, que tenía veintitrés años (y era hija del dramaturgo David Mamet y de la actriz Lindsay Crouse), Dunham decidió convertir al personaje en una virgen en edad universitaria y aún más excéntrica.

«En cuanto Zosia empezó a interpretar al personaje, creó algo que no estaba escrito –recuerda Euston–. Y, en vista de eso, decidieron que la serie no fuera de tres chicas sino de cuatro.»

Cuando se le pregunta por qué sus protagonistas eran hijas de famosos del mundo del arte y de los medios de comunicación, Dunham contesta que «no lo hizo adrede. Lo único que no era una casualidad es que todas tenían unas enormes ganas de actuar y entendían lo que era la creación porque se habían criado entre personas creativas. –Hace una pausa para pensar y añade–: Allison tiene un aplomo muy propio de la hija de un locutor de telediario», y Zosia «aportó muchos matices al personaje, gracias a su talento y a haberse pasado la vida viendo a gente haciendo cosas interesantes. Y Jemima era mi mejor amiga del instituto y siempre fue una persona muy fría. Me parecía interesante explorar con ella esta frialdad pero también lo que esta frialdad escondía: la angustia de no ser capaz de expresar sus sentimientos porque su gran defensa consiste en mostrarse indiferente».

En cuanto a los chicos de *Girls*, Dunham quería que su coprotagonista de *Tiny Furniture*, Alex Karpovsky, fuera Ray. Este, algo mayor que ella, había de ser el personaje moral de la serie. Christopher Abbott era perfecto para el papel de Charlie, el novio y admirador servil de Marnie. Pero Dunham no había pensado en nadie para el papel de Adam, el novio inquietante de Hannah. El primer día de casting, Jen Euston citó a tres actores. Uno era Adam Driver, un corpulento actor formado en la escuela Juilliard y exmarine al que Euston había propuesto en vano para varias películas.

«Nadie lo contrataba por el aspecto que tenía y porque era... peculiar», dice Euston de Driver, actor de gran narizón y aire sepulcral. Cuando, repasando fotos de los actores antes de la audición –cuenta Euston–, Dunham y Konner vieron la suya, se echaron a reír. «"Esperad un momento, ¿vale?", les dije.» Driver entró y dejó a todos maravillados.

«El cuartito estaba lleno de mujeres y él es enorme –recuerda Konner–. Leía el papel y se veía que conectaba con Lena, que entendía el personaje de ella. Parecía una de esas grabaciones de los Beatles en las que no se los oye porque todas las chicas están gritando: apenas los oíamos porque estábamos todas…», y hace como que jadea ruidosamente. Aunque el personaje de Adam estaba pensado al principio para que fuera puntual, los productores enseguida comprendieron que Driver tenía que ser un actor fijo. «Yo dije desde el primer día que teníamos a un joven Brando, a un joven DeNiro. Todo el mundo lo veía», dice Konner. En efecto, pocos años después contrataron a Driver para el papel de Kylo Ren en la saga de *La guerra de las galaxias* y empezó a protagonizar películas de Jim Jarmusch, Steven Soderbergh y Martin Scorsese.

Desde el momento en el que apareció en escena en el episodio piloto, Driver transmitió una sensación como de anormalidad hipnótica, de emociones violentas que parecían a punto de estallar. Dunham dice que el personaje de Adam se basaba en un novio machista que tuvo antes de empezar *Girls*, que se dedicaba «a algo de la construcción» y que la enamoró. «Lo malo es que tenía mucha rabia y dolor reprimidos.»

Drive es un actor tan carismático, dice Dunham, que hizo que su personaje casi fuera demasiado entrañable, de manera que «no se puede ver la serie sin acabar encariñándose con él». Sin embargo, siempre quiso que en el personaje hubiera cierta violencia impredecible, lo que se ve en toda la serie. «Mi idea no era decir: "¡Así querríamos que fuera nuestro novio!". Yo animaba siempre al espectador a plantearse críticamente al personaje.»

Dunham creó *Girls* con el planteamiento del cineasta independiente: sabía cómo dirigir a los actores y dirigir a un equipo pequeño. Pero realizar una serie de televisión implica aprender a usar a todo un conjunto de guionistas. Además de Konner y Apatow, el equipo incluía a Bruce Eric Kaplan, dibujante del

New Yorker y guionista de *A dos metros bajo tierra*; a Deborah Schoeneman, periodista de la revista *New York*; a Lesley Arfin, columnista de la revista *Vice*, y a Sarah Keyward, joven guionista de ciencia ficción. Dunham dice que al principio recurrió a ellos más por sus vivencias que por sus dotes como guionistas. «Muchos guiones se basaban en nuestra vida. "Esto me ocurrió a mí, no me digas que también te ocurrió a ti." ¿Por qué no vemos en la tele estas vivencias comunes a todas las mujeres? Algunas son sexuales, pero también tienen que ver con la amistad, con querer hacer bien nuestro trabajo, con humillaciones, con la tensión que se crea entre amigas, con vivir en un espacio reducido con nuestra amiga y su novio y ver cómo la relación que tienen se destruye.»

Sin embargo, a Dunham le costó al principio colaborar con otros. Aunque los guionistas se esforzaron por adoptar una mentalidad colectiva (empapándose de novelas de iniciación como *El grupo* de Mary McCarthy y de películas como *Party Girl*), Dunham escribió prácticamente en solitario los episodios que corresponderían a media temporada. «Estaba muy acostumbrada a meterme en una cueva y hacerlo todo sola. Creía a pie juntillas en el concepto de autor. Pero la televisión es un medio colectivo y conviene que enriquezcamos nuestro trabajo con voces ajenas.» Konner consideró que parte de su tarea era enseñar a su joven socia el arte de delegar... siquiera porque, como dijo Konner entonces, «tiene veinticinco años y llegará un momento en que se quedará sin historias, por no haber tenido tiempo de vivirlas».

Las parejas formadas por personas creativas no siempre encajan bien en el mundo de la televisión (como vimos antes con *Roseanne*). Dunham y Konner pertenecían a generaciones diferentes y cada una venía de una punta del país. Dunham era hija de artistas neoyorquinos, Konner de dos guionistas de televisión angelinos, Lawrence Konner (*Los Soprano*) y Ronnie

Wenker-Konner (*Cagney and Lacey*). Pero enseguida congeniaron y entablaron un relación que iría más allá de *Girls*. «Es muy raro que dos personas creativas conecten y se hagan muy amigas –dice Apatow–. Entre ellas no existen luchas de poder ni conflictos creativos.»

A esto contribuyó el hecho de que todos aceptaran que Dunham tenía la última palabra y de que Konner y Apatow velaran por que se sintiera bien. «Benefició mucho a Lena que Jenni y yo hubiéramos pasado por tantos apuros, porque éramos capaces de prever lo que podía salir mal –dice Apatow–. Sabíamos lo que podía dar pie a conflictos.»

Dunham no sabía muy bien cómo titular la serie. Quería resaltar la idea de que aquellas jóvenes veinteañeras aún no se creían adultas. Se le ocurrían títulos divertidos como «Chicas como nosotras» o «¡Esas chicas locas!». Al final, Apatow propuso que fuera un título simple y se quedaron con el de *Girls*.

Entre el inicio del rodaje de la serie y el estreno en 2012 transcurrió un año. En ese tiempo, las telecomedias «de chicas» provocadoras creadas por mujeres (*New Girl*, *Dos chicas sin blanca*, *Don't Trust de Bitch in Apartment 23*, *Whitney*) se hicieron un sitio en la televisión. Pero resulta que la alarma que se creó en torno a la «televisión vaginal» fue prematura: *Girls* dio a los problemas de las mujeres una nueva dimensión. En lugar de hacer chistes pícaros sobre genitales, la comedia dramática de Dunham prefería mostrar gráficamente un sexo torpe y hablar con realismo de cuerpos que parecían reales.

Como en plan retador, el segundo episodio de la serie se titulaba «Vagina Panic»: Jessa se plantea abortar y Hannah se hace examinar para ver si ha contraído alguna enfermedad de transmisión sexual. En cierto momento, la cámara se eleva y nos muestra un plano general del cuerpo de Hannah, tumbado en una mesa ginecológica. La ginecóloga le introduce un espéculo y ella hace una mueca de dolor. «¿Te duele?», le pregunta la médico. «Sí, pero solo como se supone que debe doler», contesta Hannah (como diciéndoles a las espectadoras de la serie: «Sí, se supone que debéis avergonzaros»). Jessa, por su parte, decide acostarse con un guapo desconocido en lugar de acudir al aborto y le baja la regla oportunamente, con lo que la cuestión queda olvidada. Aunque *Girls* volvería a tratar el tema más directamente en una temporada posterior, este primer episodio es toda una declaración de intenciones.

Apatow dice que, aunque la HBO pocas veces reculaba ante temas polémicos, a él mismo lo preocupaba tocar el tema del aborto nada más empezar la serie, porque «podía parecer que se lo imponemos al espectador de buenas a primeras. Hay que saber elegir el momento». Y el momento político del estreno de la serie era tenso: los diputados republicanos se oponían a una ley que exigía a los empresarios que ofrecieran a sus empleadas un seguro médico que cubriera los métodos anticonceptivos. Cuando, en febrero de 2012, Sandra Fluke, una estudiante de derecho, declaró, delante de una comisión parlamentaria formada íntegramente por hombres, que era muy importante que las jóvenes como ella tuvieran seguros que les cubrieran los métodos anticonceptivos, fue blanco de las iras republicanas. «Eso la convierte en una puta, ¿o no? –rugió Rush Limbaugh en su programa de radio–. La convierte en una prostituta. Quiere que le paguemos por practicar sexo. Quiere que ustedes y yo, los contribuyentes, le paguemos para que practique sexo.» Unos meses después, con motivo de las elecciones presidenciales de 2012, el partido republicano lanzó una virulenta campaña antiabortista en la que pedían una enmienda a la Constitución que ilegalizara el aborto sin excepciones en caso de peligro para la madre, incesto o violación.

Girls no dudó en lanzarse a la arena política. Mediado el episodio piloto, vemos la humillante escena sexual en la que Adam le dice a Hannah que «jueguen a estar callados»: un mensaje dirigido a los responsables de la cadena con el que les decía que la serie sería una pintura cruda, realista y sin glamur de la sexualidad femenina. Como Dunham dijo: «Era fundamental que la HBO entendiera que habría sexo y que no sería sexi. A las mujeres se les permite muchas veces que sean un desastre si son encantadoras, pero estas chicas son un desastre y no son nada encantadoras».

El estreno de *Girls* fue un éxito casi unánime. Troy Patterson, de *Slate*, empezaba su reseña diciendo que la serie era «una obra de arte americano excepcional, tan ingeniosa como *The Women*, más obscena que *El lamento de Portnoy* y tan carismática como Sleater-Kinney». Sin embargo, igual que hubo críticos que encomiaron a Dunham, otros la despellejaron.

Lo que no era de extrañar: el relato que hacían las mujeres de su vida había sido tradicionalmente tenido por trivial o plañidero. El eminente poeta mexicano Octavio Paz se quejó una vez de los autorretratos de Frida Kahlo: «Me parece que estoy ante un lamento, no ante una obra de arte». La madre de la misma Dunham, Laurie Simmons, recuerda que le daba vergüenza trabajar con objetos femeninos (muñecas) cuando empezó a dedicarse al arte: «Llegué a Nueva York en un momento en el que privaba el arte conceptual, el vídeo, toda esa obra conceptual rigurosa e inteligente, y yo pensé: "¡Y lo mío es como un juego de niñas!"».

En un artículo acerca de las guionistas del género confesional, Rebecca Traister observó que las pocas voces de mujeres que se oyen en la tele suelen ser las de aquellas guionistas «que están dispuestas a contar su vida de manera que guste y aun atraiga a los hombres que controlan esa tele y a muchas de las mujeres que la ven». Pero Dunham contaba su vida de una manera que no gustaba y aún menos atraía. Tan pronto como la serie se estrenó en 2012, Dunham se convirtió en una figura a la que se amaba o se odiaba, repitiendo el efecto polarizador que habían tenido *Roseanne* y *Murphy Brown*.

Después de que me publicaran un artículo en *Los Angeles Times* a propósito del estreno de *Girls*, empezaron a venir a mi mesa colegas que me decían lo repulsiva que les parecía la serie, y no solo tras la emisión del primer episodio sino durante varios meses. Como a muchos espectadores, a mis compañeros los ofendía el hecho de que los personajes pasaran de complacerlos, aunque a mí me parecía evidente que era algo deliberado y no un error. Y estaba además el insulto que suponía la carne desnuda de Dunham: nunca he sabido si lo que daba tanta rabia a sus detractores era que se negara a matarse de hambre o que no se avergonzara de su físico algo fofo y perfectamente normal.

Hubo otra polémica que acompañó la serie desde el principio, una crítica más difícil de impugnar porque era verdad. La pintura que hacía *Girls* del Nueva York contemporáneo chocaba por la falta de diversidad racial. No solo las cuatro protagonistas eran blancas como la nieve, sino que tampoco había ni rastro de melanina en ninguno de los personajes secundarios que vivían en el Brooklyn ficcional de Dunham. Cuando, al poco de estrenarse la serie, le preguntaron el porqué, Dunham lo reconoció. «Me di cuenta cuando editaba la serie. Una elige a los actores y hasta que no la ve no sabe si refleja el mundo que la rodea.» Tanto empeño había puesto en hacer algo pionero con chicas judías y excéntricas que no había pensado en todas las demás personas marginadas. Cinco años después, al poco de rodar la última escena de *Girls*, Dunham contestó de nuevo a la pregunta: «Tenía veintitrés años y, siendo como soy medio judía y medio cristiana, creé dos personajes judíos y otros dos cristianos. Escribí sobre lo que conocía». Cuando estudiaba en Oberlin, «el lema era: no escribas sobre experiencias que no hayas vivido», y el Nueva York en el que se crio era extraordinariamente blanco.

«Por muy liberal que sea nuestra infancia, las limitaciones de nuestra experiencia acaban manifestándose».

Sue Naegle defiende a capa y espada el casting de Dunham. Cuando trabajaba en la HBO, no recuerda que viera la serie y pensara: «Dios mío, esta historia va de blancos privilegiados. Es lo que ella escribía. Muchas de las críticas de entonces, sobre todo las dirigidas al cuerpo, me parecían muy deprimentes. Tenía que decirme una y otra vez que la reacción polarizadora está bien, lo que queremos es que la gente hable».

Con los años aparecieron en la serie unos cuantos actores negros. En la segunda temporada, Donald Glover, el recién licenciado de *Rockefeller Plaza* y de *Community*, interpreta al nuevo novio de Hannah, un estudiante de derecho llamado Sandy. Sandy es lo contrario del bohemio Adam, no porque sea afroamericano, sino porque es responsable y republicano. También es partidario de las armas, contrario al matrimonio homosexual y no valora lo que Hannah escribe. Ofendida, esta provoca una discusión política en la cual le suelta que dos de cada tres hombres que hay en el corredor de la muerte son negros. Hannah se da cuenta de que ha sacado el tema de la raza. El episodio se escribió antes de que la criticaran por la falta de diversidad racial de la serie, pero, cuando tocó rodarlo, Dunham animó a Glover, un actor de improvisación veterano, a que dijera lo que quisiera sobre el tema. «Es lo de siempre –dice Sandy con rabia contenida, y añade en tono burlón–: "Soy una chica blanca, voy a quedar con un negro y vamos a ir a una zona peligrosa de la ciudad", y luego no me aceptan como soy.» Hannah replica que nunca pensó que fuera un negro, a lo que él contesta con calma: «Pues muy mal hecho, porque es lo que soy».

Como en muchas escenas de *Girls*, en esta vemos a una joven blanca a la que se le deja patente su condición privilegiada y su ignorancia. Dunham dice ahora que aprendía a la vez que Hannah. «Cuando alguien da un gran paso en televisión, cuando vemos chicas que se parecen a las que podemos conocer, también queremos ver chicas que se parezcan a todas las chicas a las que conocemos. Sé que hay mujeres que llevan mucho tiempo esperando verse retratadas y es frustrante que una serie solo lo haga a medias», reconoce.

Dunham había llegado a la HBO con su estilo excéntrico y personalísimo y esperaba hacer en la televisión lo que había hecho en el cine independiente, crear una versión femenina del género de telecomedia protagonizado por hombres cascarrabias que habían inaugurado series como *Louie* y *Curb Your Enthusiasm.* Pero de *Girls* se esperó enseguida que fuera algo universal. Los personajes, actores y guionistas masculinos tienen más margen para ser únicos e incorregibles, mientras que la historia de una mujer parece que tenga siempre que representar la historia de todas las mujeres.

Sarah Heyward, guionista de *Girls*, se ríe de la idea de que la serie tuviera que plasmar verdades universales acerca de las jóvenes actuales. «Había algo que hizo creer a la gente que la serie sería representativa y no lo es –dice, acariciándose el pelo teñido de verde–. Yo sé cada vez más hasta qué punto es un retrato de Lena. ¡No me representa ni a mí!»

El hecho de que todos los protagonistas de *Girls* fueran blancos dio mucho que hablar mientras la serie se emitió. Hasta Shonda Rhimes se vio obligada a intervenir en el debate en una entrevista que concedió a la CNN en 2012. «Veo la serie, me parece estupenda. ¿Por qué una de esas chicas no podría ser indígena, india, asiática o hispana y que la historia consistiera exactamente en lo mismo?» Acostumbrada como está a elegir a actores de diversas razas, Rhimes estaba sorprendida: «No entiendo por qué habría sido una historia diferente porque alguna persona fuera de otro color».

El planteamiento de Rhimes y el de Dunham parecen diametralmente opuestos. Mientras que Shondaland nos muestra lo que podría ser una utopía igualitaria, Lenaland refleja bastante fielmente el mundo en el que vive su creadora: un mundo lleno de racismo inconsciente y de privilegio no reconocido. Pero ¿basta con reflejar la realidad? Conforme el debate se extendía, la preferencia de la serie por no contratar a actores no blancos para papeles principales empezó a parecer casi obstinación.

Ta-Nehisi Coates quiso zanjar la polémica de las representaciones sesgadas. Escribir buenos guiones es un «acto de egoísmo –adujo en *The Atlantic*, y añadió–: Lo que me interesa es la mirada concreta e individual de Dunham; la historia que anhela contar. Si en esa mirada solo cabe la raza blanca, ¡qué se le va a hacer!». Para ella, el verdadero problema es la exclusión sistémica: «Lo que yo me pregunto no es: "¿Por qué no hay mujeres negras en *Girls*?", sino: "¿Cuántos realizadores negros trabajan en la HBO?"».

La respuesta era preocupante: la HBO llevaba sin emitir series creadas por afroamericanos desde que empezó a producir contenido propio a mediados de los ochenta. Y hasta 2016 no emitió la primera serie creada y dirigida por una mujer afroamericana, *Insecure*, de Issa Rae.

Enfundada en un vestido rojo que dejaba a la vista los tatuajes y visiblemente nerviosa, Lena Dunham subió al escenario de los premios Globos de Oro en enero de 2013 para recibir la estatuilla a la mejor actriz de telecomedia, el primero de los dos galardones que obtuvo esa noche. (El otro fue a la mejor telecomedia.) Dunham dedicó el premio a «todas las mujeres que alguna vez pensaron que no había sitio para ellas» y dio las gracias a sus colegas también nominadas Zooey Deschanel y Julia Louis-Dreyfus, así como a las presentadoras de la gala Amy Poehler y Tina Fey por ayudarla a sobrevivir al bachillerato y a otras traumáticas experiencias de juventud.

Cuando, unos minutos después, Fey retomó la palabra, dijo con ironía: «Me alegro de que te ayudáramos a superar el bachillerato, Lena». Aunque estaba claro que no había sido una indirecta contra las actrices entradas en años, todo lo que Dunham decía parecía polémico.

El resentimiento latente no era tan extraño en la industria del entretenimiento. Aquella joven no solo daba el gran salto sino que lo hacía sin tener que transigir con las cadenas de televisión. Jill Soloway, que se había pasado décadas trabajando en series ajenas y tratando de que se emitieran sus propios episodios piloto, reconoce que sintió una punzada de envidia cuando vio el trabajo de Dunham. ¿Cuántas veces le habían dicho que sus personajes femeninos no gustarían, o resultaban demasiado judíos o raros?

Dunham no se proponía crear personajes que no gustaran, sino personajes reconocibles. Aunque alguna vez pareciera que los humillaba deliberadamente (sobre todo a su álter ego), más bien era que se los tomaba como retos reveladores de su personalidad. «Tiendo naturalmente a someter a los personajes que interpreto a pruebas duras y nunca sé muy bien por qué lo hago hasta que luego veo lo que eso revela de ellos o del mundo. Creo que Hannah busca eso, pero también que vivimos en un mundo muy duro para las mujeres de veinticuatro o veinticinco años. Hay cosas realmente humillantes a las que vamos a enfrentarnos. Los amigos siempre me dicen: "Eso solo te ocurre a ti". Pero es más bien que soy la única que lo cuenta.»

Algunos de los peores momentos de *Girls* se viven en el mundo laboral, en el que la ambición de nuestras heroínas choca con las reducidas oportunidades creativas de una Nueva York posterior a la crisis financiera. Marnie, con su cabello perfecto y su ropa elegante, parece una chica ambiciosa de *Sexo en Nueva York*... con la diferencia de que el trasfondo de esta serie fue el boom económico de finales del siglo pasado. Marnie pierde su trabajo de ayudante en una galería de arte y empieza a trabajar de camarera en un restaurante. Jessa desempeña una serie de trabajos poco cualificados (niñera, dependienta de una tienda de ropa infantil, cuidadora de una anciana artista) hasta que decide emprender algo activamente: sacarse un título de trabajadora social. El personaje con las ideas más claras, Shoshanna, acaba la carrera con un «plan a quince años» que el mundo real no tarda en desbaratar.

Por su parte, Hannah es la peor enemiga de sí misma. En una entrevista de trabajo, estropea el buen entendimiento que se crea con su posible jefe haciendo un chiste nada oportuno sobre una violación. En una temporada posterior, se matricula en un curso de escritura creativa en la prestigiosa Universidad de Iowa, pero no tarda en volver a Nueva York después de cabrear a sus compañeros y ser incapaz de escribir nada.

«Tardamos un tiempo en comprender que Hannah tiene cierto talento, pero quiere tanto vivir la vida que cree que una escritora debe vivir que es incapaz de ponerse a trabajar», explica Dunham. Hannah quiere ser algo parecido a una escritora de confesiones, alguien que constantemente busca experiencias que contar. Esnifa cocaína en la tapa de un váter y desflora a un chaval de diecinueve años en un cementerio esperando atesorar buenas historias. En cierto momento, se pone un disfraz con la idea de seducir a Adam. (En el pasado, él la hizo participar en su fantasía de desvirgar niñas.) En lugar de excitarse, él la acusa de «salirse de su cuerpo para observarlo todo»... y, peor aún, de utilizarlo a él. «Yo no estoy para llenar tu vida de historias que puedas contar en el puto Twitter.»

Como era de esperar, críticos y fans identificaron a Hannah con Dunham. Al fin y al cabo, las dos eran escritoras que vivían en Brooklyn y sentían inclinación por el exhibicionismo emocional y físico. Pero las diferencias no son menos significativas: mientras que Hannah es una vaga autodestructiva incapaz de centrarse en nada, Lena es una gran trabajadora que aún tiene mucho que aprender. Y, a diferencia de Hannah, que siempre se enemista con sus colegas, Lena inspira un enorme respeto en su equipo. «Un día un compañero se peleó en los vestuarios de hockey porque oyó hablar mal de Lena –dice Konner, riendo–. El personal se dejaría matar por ella.»

Una cosa que Dunham sí tiene en común con su personaje es que se toma la desnudez con mucha naturalidad. Konner dice que, cuando Dunham dirige e interpreta una escena de sexo, «viene desnuda al monitor a ver el playback y tengo que recordarle que se ponga los pantalones».

En la segunda temporada, la relevancia cultural de *Girls* era mucho mayor de lo que harían suponer sus índices de audiencia, que eran, de media, de unos 4,6 millones de espectadores entre televisión y plataformas digitales. (Los episodios de *Juego de tronos*, por ejemplo, llegaron a tener más de catorce millones de espectadores ese año.) Pero, en lugar de elaborar un material que fuera más accesible y les permitiera aumentar la audiencia, los guionistas optaron por agravar las cosas. Jessa arruina su impulsivo matrimonio por un capullo que trabaja en un fondo de inversión, Marnie se derrumba anímicamente y Hannah acaba padeciendo trastorno obsesivo-compulsivo.

Dunham ha escrito sobre su propia experiencia con esta enfermedad: en sus memorias *Not That Kind of Girl*, enumera una serie de cosas que la aterraban de niña, entre ellas «el dolor de cabeza, que la violaran, que la secuestraran, beber leche, subir en el metro, dormir». Estaba obsesionada con el número ocho y le daba pánico el sexo. En el instituto tomaba «grandes dosis» de antidepresivos. Sus angustias personales dan forma a la historia de la gradual recaída de Hannah, que empieza haciendo gestos repetitivos y acaba escondiéndose debajo de la cama, perseguida por pensamientos que no controla. La recurrencia del trastorno obsesivo-compulsivo se ve estimulada por la ansiedad: un editor de moda contrata a Hannah para que escriba un libro de confesiones y le impone un plazo de entrega imposible. Lo que ella entrega lo decepciona profundamente: «¿Y el fracaso sexual? ¿Y la cara regordeta llena de semen y tristeza?», dice el tipo con desprecio.

Ha sido incapaz de hablar en nombre de su generación o de representar la idea de feminidad milenial que tiene ese editor. Cuando vuelve a casa, Hannah empieza a hurgarse compulsivamente en el oído con un bastoncillo y se provoca un derrame que la obliga a ir a urgencias. El incidente de la lesión de tímpano procede directamente de la vida de Dunham. Apatow cuenta que un día vino al plató herida y dijo que se había «resbalado» y se había reventado el tímpano. A él le pareció poco creíble; ella enseguida admitió que había sido consecuencia de un acto compulsivo y estuvo de acuerdo en trasladarlo al guion. Pero cuando llegó el momento de rodar la escena de la lesión de oído, Konner abandonó el plató. «Me resultaba demasiado turbador. Lo había vivido todo con ella y era... –Se estremece–. Horripilante. Pero cuando Judd vio lo filmado, dijo: "¡No es tan tremendo!"». Y volvieron a rodarla.

Más dura incluso de ver que el episodio del bastoncillo fue otra escena, escrita por Konner y Dunham: un coito brutal entre Adam y su nueva novia, Natalia (Shiri Appleby). A lo largo de las dos primeras temporadas, Adam ha evolucionado y ha pasado de ser un tipo emocionalmente distante y siniestro a ser un personaje amable y complejo. Los fans de la serie habían acabado queriéndolo, por lo que la escena en cuestión aún les dolió más. Después de romper con Hannah, Adam empezó a salir con una mujer emocionalmente más estable. Si Hannah no se atrevía a mostrar sus deseos en la cama y se sometía a las fantasías de Adam, Natalia le dice a Adam lo que quiere y dónde traza la línea roja. Esta claridad lo excita. A raíz de un encuentro casual con Hannah, Adam, alcohólico en vías de desintoxicación, se va al bar. La consecuencia de su recaída es una escena tan lúgubre como gráfica. Adam empieza ordenándole a Natalia que se ponga a cuatro patas y camine por la sucia entrada de la casa. Luego, para disgusto de ella, la coloca en la cama y la penetra con violencia. Cuando sale y va a masturbarse sobre ella, Natalia le suplica: «¡No, no! ¡En el vestido no!». La cámara se acerca a su cara asqueada mientras yace en silencio y el semen de él le chorrea por entre los pechos desnudos. «No me ha gustado nada», dice Natalia quedamente.

«¿No idealiza *Girls* a un violador?», se preguntaban en el blog de la revista *Ms.*, haciéndose eco de la alarma de algunos espectadores. La situación –un sexo que se desliza por una pendiente coercitiva y degradante– resultaba seguramente familiar a muchas mujeres. «Ese incidente de *Girls* es tan universal, tan frecuente y se habla tan poco de él, que verlo en la tele fue sorprendente y revolucionario», blogueó Rae Alexandra en *SF Weekly*. Que el violador, Adam, fuera un personaje perturbado pero esencialmente bueno no hace sino subrayar el horror del caso.

«Cuando la gente empezó a preguntarse si era una escena de violación, yo no pensaba que lo fuera», dice Konner. Concebida para explorar el ambiguo tema del consentimiento, añade, «era una escena turbadora, pero como muchas otras». Al igual que otros primeros episodios de la serie, aquel quería subrayar hasta qué punto la pornografía de internet, inmediatamente accesible, ultragráfica y poco realista, ha deformado e inflado las expectativas sexuales de los hombres. Dunham le dijo después a un periodista: «En cierto sentido, todo el sexo que se ve en la serie es una repulsa de la pornografía. Toda mi vida sexual se ha opuesto a ese fenómeno.»

El día que rodaron esa escena fue «un día solemne», recuerda Konner. «Shiri y Adam se mostraban muy amables uno con otro cuando no rodábamos, lo que nos tranquilizaba muchos.» Dunham, que dirigió el episodio, dice que el secreto consiste en que ella siempre filma «con la mirada femenina en mente», un término que recuerda el concepto de «mirada masculina» de la teórica del cine feminista Laura Mulvey. En su obra, Mulvey explica hasta qué punto la cámara sustituye al ojo masculino y presenta a las mujeres como objetos del deseo sexual del hombre en el cine (así como en el arte, la literatura, la televisión, etcétera). «Si hay una perspectiva en la escena, es una perspectiva femenina –continúa Dunham–. Si hay alguien que experimenta algo, normalmente es la mujer... aunque lo que experimente sea su distanciamiento del acto.»

Irónicamente, en el otro episodio controvertido de esa temporada vemos un sexo tan perfectamente consentido y pleno que a algunos espectadores les pareció, de puro poco realista, rayano en el absurdo. «One Man's Trah» se desarrolla como una luminosa película independiente en la que Hannah tiene una breve aventura con un gallardo médico de cuarenta y dos años. Se conocen cuando Joshua (Patrick Wilson) entra en la cafetería donde trabaja Hannah y se queja de que alguien tira basura en los bidones que hay en su puerta. Ella va a su casa a confesar y un encuentro casual se convierte en una cita galante. Por una vez Hannah parece completamente a gusto: se muestra sensual y encantadora cuando despierta entre las caras sábanas blancas de la cama de él y se divierte cuando juegan al pimpón en topless en la elegante galería. Es como si Hannah hubiera atravesado el espejo y hubiera entrado en una película de Nancy Meyers (guionista y directora conocida por comedias románticas sofisticadas como *No es tan fácil* y *El becario*, cuya acción se ambienta en lujosas viviendas). Practican un sexo que los satisface a los dos, una de las pocas veces que esto ocurre en

Girls. Hannah le pide que la masturbe y la cámara nos muestra sus caras mientras él lo hace.

«Tiene un buen orgasmo, cosa que no habíamos mostrado antes –dice Konner–. ¡Todas las demás veces finge!» Al final, sin embargo, Hannah es presa de su ansiedad y da al traste con el idilio. Como mujer que se precia de huir de la comodidad para vivir experiencias, se avergüenza de lo mucho que disfruta de la cómoda vida de él. Al final se franquea tanto que rompe el hechizo. Cuando abandona el apartamento, le tira la basura... y no cuenta la aventura a nadie.

Hubo espectadores y fans masculinos que respondieron al episodio con incredulidad: ¿por qué iba a enrollarse ese hombre estupendo con alguien que se parece a Lena Dunham? Peter Martin llegó a decir en *Esquire* que toda el episodio debía de ser una secuencia onírica. Poco importa que, en la televisión y en el cine, exista una larga tradición de tíos raros que ligan con mujeres guapas.

Interludio lírico, «One Man's Trash» fue una respuesta a las muchas críticas que recibía el cuerpo de Hannah. «Querían que Hannah odiara más su cuerpo –dice ahora Dunham–. Hannah tiene muchos problemas, pero la gordura no es uno de ellos. Ella siempre se ha considerado sexualmente deseable, siempre liga con los chicos. Eso que se dice de que Patrick Wilson nunca se acostaría con ella es absurdo –añade, en un tono cada vez más irritado–. ¡Pues claro que se acostaría! Una de las cosas más sexis que hay es tener una relación positiva con nuestro cuerpo. ¿A cuántas mujeres conocemos que apenas comen y se cuidan muchísimo y no encuentran novio? ¿Y a cuántas conocemos que se alimentan a base de hamburguesas y no paran de salir con tíos?»

Dunham tuvo que pedir perdón muchas veces en los seis años que duró *Girls*, no por la manera de actuar de Hannah, sino por la suya propia. Hablaba de sus personajes «sin saber ya muy bien dónde estaba el límite entre lo público y lo privado»; reflejo de esto era su costumbre de dejar caer lo que pensaba en internet como si fuera una mujer cualquiera de veintiséis años que tuviera unas docenas de seguidores en las redes sociales y no una mujer famosa con millones de seguidores. Un día tuiteó (y luego borró) «un chiste con poca gracia sobre el acoso sexual», y en otra ocasión publicó un podcast sobre derechos reproductivos en el que bromeaba: «Aún no he abortado, pero ojalá lo hubiera hecho». En otra ocasión defendió a uno de los guionistas de la serie, Murray Miller, acusado de grave abuso sexual, en la estela del caso de Harvey Weinstein. El escándalo que provocó en las redes sociales le hizo disculparse enseguida, declarando: «Como feministas, vivimos y morimos defendiendo nuestras ideas, y creer en las mujeres es lo primero que decidimos todos los días al despertar».

«A veces me dan ganas de mecer a Lena en el regazo –dice Konner tiernamente–. Hace un par de años empezó una polémica en Twitter y era incapaz de parar. Así que cogí un taxi, fui a su casa y la obligué a dejar el móvil. La gente le responde en parte porque ella siempre dice lo que piensa. No me gustaría que dejara de hacerlo y tuviera que controlar todas y cada una de las cosas que quiere decir, porque entonces dejaría de ser Lena.»

Hay un nexo que une a la Lena catorceañera que empezó un número de humor haciendo un chiste sobre su padre alcohólico con la Lena veinteañera que atraía el escándalo como la luz de una farola atrae a las mariposas nocturnas. Su padre supo ver que su sentido del humor desarmante podía acarrearle problemas. Mucho antes de *Girls*, Lena mencionó en una semblanza publicada en el *New Yorker* en 2010 que un chiste que les contó a sus amigas (sobre que dormía en la cama con sus padres) se convirtió en un rumor que corrió por su círculo social porque parecía muy creíble. Su padre le dijo que aquello era un aviso: «Será gracioso decir: "Duermo con mis padres", pero también puede parecer muy raro. Y te pasará lo mismo el resto de tu vida». Esta incapacidad de saber lo que conviene decir o esta negativa a saberlo le permitió ser una pionera en su arte. Pero esa misma falta de límites le acarrea problemas constantemente en la vida real.

El mayor ataque le vino a raíz de las incautas confesiones que hizo en sus memorias de 2014 *Not That Kind of Girl*. Hablando de su relación con su tranquila hermana menor, Grace, Dunham recordó que sobornaba a la pequeña para que se mostrara cariñosa: «Le ofrecía tres caramelos si me dejaba besarla en los labios cinco segundos. Más o menos lo que haría un depredador sexual para conquistar a una niña de barrio». No era la confesión de una depravada sino la de una hermana mayor necesitada de cariño. En otro momento, cuando tenía siete años, llevada de la curiosidad que sentía por la vagina, convenció a su hermana de que la dejara examinarle los genitales y descubrió que su hermana «se había metido seis o siete guijarros. Mi madre se los sacó pacientemente mientras Grace se desternillaba, encantada de ver que su broma había tenido éxito».

La derecha mediática se hizo eco de estas anécdotas y las aprovechó para acusarla de acoso sexual. Kevin Williamson declaró en *The National Review*: «No hay interpretación de este episodio que no sea terrorífica». *Truth Revolt* publicó un artículo titulado «Lena Dunham cuenta que abusaba de su hermana menor». Dunham pidió disculpas en Twitter y en declaraciones a la prensa por haber escrito algo que podía ofender a las víctimas de abusos sexuales. Grace aprovechó la ocasión para salir en defensa de su hermana y lanzar un desafío: «Como homosexual que soy, me solidarizo con las personas que cuentan sus experiencias y determinan por sí mismas qué cosas las han o no las han perjudicado. Conviene que hoy, como cualquier otro día, reflexionemos sobre cómo controlamos la sexualidad de las jóvenes, de los homosexuales y de los transexuales».

La gira promocional de su libro *Not That Kind of Girl*, que la llevó por doce ciudades, mostró a una Dunham políticamente comprometida y abiertamente feminista que era muy diferente de la hípster narcisista Hannah Horvath. Colaboró con Emily's List y con Planned Parenthood, dirigió talleres de escritura para mujeres jóvenes y participó en debates en directo con colegas e iconos culturales del feminismo como Zadie Smith, Amy Schumer y Carrie Brownstein. Como dijo en la revista del *New York Times*, «quiero que quede claro que el personaje egocéntrico y políticamente indiferente que interpreto en *Girls* no soy yo».

Cuando Hillary Clinton se presentó a las elecciones presidenciales de 2016, Dunham hizo campaña a su favor convencida de que era una de esas oportunidades que solo se dan por generación. Hizo un vídeo rapero parodiándose a sí misma en nombre de Clinton («Sensual Pantsuit») y pronunció discursos. En Iowa ciudad, vestida con un traje blanco en el que se leía el nombre de Hillary, Dunham le dijo a la multitud: «Lo primero que quiero decir de Hillary Clinton es que ha sabido aguantar los terribles ataques sexistas que ha recibido por casi todos los aspectos de su persona con gran elegancia y aplomo». Algo que, por cierto, podía decirse también de la creadora de *Girls*. «El trato que le han dado los medios de comunicación no es sino otra prueba de la rabia que existe contra las mujeres, sobre todo las mujeres ambiciosas, y de que no se nos permite existir por nuestros propios méritos, sin ser como extensiones de hombres poderosos.» Su apoyo a Clinton culminó con un discurso pronunciado en la convención nacional demócrata de 2016.

Con todo, los rumores de abusos continuaron persiguiéndola y aun aumentaron a la vez que arreciaban las calumnias contra Hillary. Los partidarios de Trump desahogaban su rabia en Twitter con invectivas como esta: «Por si Lena Dunham no fuera lo bastante repulsiva por su aspecto, encima se dedica a abusar de los niños». Milo Yiannopoulos, entonces editor jefe de *Breitbart*, llegó a ofrecerse públicamente para comprarle a Dunham un billete de ida en primera a Toronto cuando Trump fue elegido presidente.

A la semana de la derrota de Clinton, el politólogo Giridharadas analizaba en Twitter los resultados de las elecciones y el cisma ideológico que dividía al país. Decía que Lena Dunham era una típica representante de la elite cultural que el populismo de la América central demonizaba: «Librábamos una batalla que enfrentaba a sesenta y un millones de estadounidenses contra otros sesenta y un millones de estadounidenses. Pero ahora esos bandos grandes y diversos están reduciéndose: Joe Sixpack contra Lena Dunham, la cerveza Coors Light contra el champán, los Cheetos contra la rúcula, realismo contra utopismo». Giridharadas, que se ponía de parte de Dunham, razonaba que, aunque los progresistas de ambas costas eran «culpables de cierto utopismo», esta llamada elite se «aliaba con las personas más vulnerables de América. Negros y mulatos, latinos, musulmanes, mujeres, inmigrantes, transexuales, pobres, reclusos, refugiados y demás».

Pasadas las elecciones, y como para demostrar lo antedicho, Dunham participó en una reunión en Los Ángeles que el creador de *House of Cards*, Beau Willimon, convocó para fomentar el activismo. Vestida toda de blanco, Dunham se dirigió al público para, con voz vacilante pero bien alta, defender a los grupos que apoyaban a los adolescentes transexuales y a las víctimas del tráfico sexual antes de presentar al director regional de Planned Parenthood.

Lo bueno del mundo ficcional de *Girls* es que estaba penetrado del feminismo de Dunham sin que este pareciera directamente didáctico. «Todo lo que escribe lo hace en defensa de los ideales feministas –dice Sarah Heyward–, lo que no quiere decir que sus personajes no se acuesten con alguien por motivos equivocados. ¡Porque sí nos acostamos con otros por motivos equivocados! Hannah no será nunca una perfecta feminista porque nadie lo es.»

Cuando la serie empezó, las protagonistas de *Girls* eran veinteañeras; en la sexta temporada, tenían treinta años. La propia Dunham cumplió treinta en mayo de 2016. La prensa dio noticia de su cumpleaños, fecha simbólica en la que un icono feminista de la generación del milenio dejaba de ser una veinteañera: la revista *People* informaba de que Taylor Swift publicaba en Instagram una postal para ella (en recuerdo de sus «largas conversaciones, proyectos artísticos y fortísimos abrazos») y el editor del *New Yorker*, David Remnick, celebraba el día en el podcast de la revista.

Además de realizar una serie de televisión exitosa, Dunham y Konner habían ampliado sus actividades feministas y habían creado un boletín para chicas, *Lenny Letter*, y una productora, A Casual Romance. Esta última produjo varios documentales (uno de ellos sobre el ilustrador de libros infantiles favorito de Dunham, Eloise) y «Max», el episodio piloto de una serie para la HBO que nunca se emitió acerca de una escritora feminista de los años sesenta. En su vida personal, Dunham tenía una relación estable con Jack Antonoff, del grupo Fun.

Dunham también podía enorgullecerse de estar al frente de una «femolución» de la tele, como lo llamó Liz Lemon. Cuando concibió *Girls*, no había nada parecido en la televisión. «Comparando el panorama actual con el que había antes de que Lena empezara, resulta difícil negar lo mucho que ha cambiado el medio», dice Judd Apatow.

En este nuevo panorama, era hora de despedirse con elegancia. En cuanto los productores y la HBO convinieron en que la serie acabara en la sexta temporada, los guionistas se pusieron a discurrir cómo madurarían Hannah, Jessa, Marnie y Shoshanna. Konner y Dunham habían empezado a bromear sobre el hecho de tener que acabar la serie aun antes de que se estrenara.

«Recuerdo que estábamos en el festival de SXSW hablando por teléfono, cada una en su habitación de hotel, sobre cómo hacer que murieran los personajes –recuerda Konner con una carcajada gutural–. Creo que pensábamos en el desenlace de *A dos metros bajo tierra*, que era tan satisfactorio, y pensamos: "¿Y si hacemos lo contrario y le damos un desenlace nada satisfactorio?"»

Dunham dice que lo importante era que el final «no desentonara del estilo del resto de la serie, que no dependía de la trama ni estaba orientada a un desenlace, y que fuera auténtico. Sé que se abusa de esta última palabra, pero la idea era trasmitir la impresión de que las protagonistas habían madurado sin que pareciera muy artificial». Dunham esperaba que los espectadores vieran a una Hannah «más comprensiva, más comprometida y más sabia» de lo que hasta ese momento les había parecido. «Quizá no sea una Joan Didion, pero es capaz de escribir historias que interesan.»

El rodaje de la última temporada estuvo plagado de problemas. Dunham suelta un rosario de quejas: «Yo estaba enferma, me operaron dos veces, me rompí el codo, había actores que ensayaban para otras cosas y actuaban en *La guerra de las galaxias*, etcétera, etcétera». Para colmo, uno de los platós se incendió y los productores cambiaron de planes en el último momento, al infectarse el plató de Florida con el virus del Zika.

«Había momentos en los que me decía: "¿Nos dejará el poder supremo, sea el que sea, acabar la serie?" –recuerda Dunham–. Pero lo curioso es que todo aquel dolor y estrés no se ve en la pantalla. Yo soy la única que puede decir: "¡Oh!, aquel día sentía que el brazo se me caía porque había ido a rehabilitación y me habían hecho llorar del dolor. Aquel día tuve que rehacer por completo el plan de trabajo de agosto"». ¿Es esto una prueba de la profesionalidad de todo el equipo? Dunham hace una pausa y contesta: «Supongo que al final lo hicimos bien».

Sentada en un bar del centro de Manhattan a fines del verano de 2016, cuando faltan pocas semanas para que acabe la producción de la serie, Konner parece nostálgica. «El último día rodamos en el apartamento de Hannah y fue tristísimo –dice, torciendo el gesto–. Contemplábamos las fotos colgadas de las paredes de nuestros platós, que llevaban allí años: eran fotos que les hicimos a las actrices antes de que la serie empezara y que usábamos para que se viera la amistad que las unía. Las miraba y me preguntaba: "¿Quiénes son esas niñas?". Apenas las reconocía. A esas edades, seis años es mucho tiempo.»

Varios meses después, trabajando en la edición final de la serie, Dunham cuenta que los últimos rodajes fueron intensos. «No estaba preparada para lo emotivo que sería. No es como cuando uno se muere o se separa, pero de algún modo era lo mismo. Lo sentíamos con la misma intensidad y todos los días decíamos adiós a alguien y teníamos una nueva pena.»

A medida que se acercaba el final, todos los personajes principales fueron madurando: Shoshana abandonó sus rigurosos objetivos profesionales y empezó a disfrutar de lo que hacía; Marnie fue descubriendo que su tendencia al optimismo infantil era un lastre; Jessa procuró evitar las emociones autodestructivas, y Hannah... pues Hannah, como Murphy Brown y Liz Lemon antes que ella, se preguntó qué sería ocuparse de los problemas de otra persona tanto como de los suyos. Se planteó la maternidad de la misma manera disfuncional y autocrítica con la que se lo planteaba todo, esperando que lo mejor de su ser imperfecto bastara. En abril de 2017, los personajes, actrices y fans se separaron... para entrar en un mundo más inestable y amenazador para las mujeres de lo que muchos pudimos imaginar cuando empezó *Girls*.

VII

CHICAS SIN VERGÜENZAS:

INSIDE AMY SCHUMER Y *BROAD CITY*

«En su mejor día, mi coño huele a animalito de corral, a cabra de zoo infantil», me confesó Amy Schumer. Bueno, me lo confesó a mí y a miles de personas más en Los Angeles Forum.

Enfundada en un vestido corto negro ceñido y dando algún que otro traguito a una botella de vino, salió al escenario y contó una historia de cuando iba a la universidad: un día despertó borracha y vio a un desconocido entre sus piernas haciéndole un cunnilinguo. Lo que, según recuerda, la preocupó no fue haberse desvanecido y perdido el control, sino el mal trago olfativo que estaba haciéndole pasar al desconocido. En cuanto hubo cautivado al público con aquella confesión de vergüenza corporal, aprovechó para enseñarnos algo.

«A los hombres no los educan para odiarse a sí mismos –nos dijo–. Los educan para pensar que todo lo que hacen es maravilloso. Los tíos nunca preguntan: "¿Te ha sabido bien?"», añadió en voz alta y simulando mortificación. Las mujeres sentadas a mi alrededor rieron con complicidad. Los hombres parecieron encogerse un poco.

Diosa de la desvergüenza, Amy Schumer está en la vanguardia de un movimiento cada vez más activo de mujeres dedicadas al humor confesional, género que se alimenta de una década de memorias íntimas y artículos en línea de autoras que sustituyeron la concienciación privada por la confesión pública. La concienciación nació del mandato del movimiento feminista de «decir las cosas como son». Liderados por feministas radicales a finales de los años sesenta, los grupos por la concienciación proliferaron en los setenta: las mujeres empezaron a hablar de su vida privada para extraer conclusiones políticas generales de sus experiencias. Las mujeres se preguntaban cosas como: ¿qué significa ser una «tía buena»? ¿Has abortado alguna vez? ¿Qué significa para ti ganar tu propio dinero? ¿Cuándo notaste por primera vez que no te trataban como a los chicos? ¿Te has sentido alguna vez invisible?

Cuarenta años después, estas preguntas seguían resonando en la cultura pop producida por mujeres. Solo que el énfasis había cambiado: en lugar de denunciar cómo la conducta, las relaciones y los deseos se vinculaban a estructuras de control y condicionamiento, se criticaba, con un descaro jovial, la doble moral: concretamente, el hecho de que la mala conducta de los hombres se juzgara divertida y la de las mujeres lamentable y vergonzosa. Lena Dunham y sus amigas mostraban sin empacho su cuerpo imperfecto y su desastrosa vida en *Girls*; Edie Falco tomaba pastillas en *Nurse Jackie*; Mindy Kaling ponía a prueba la tolerancia del espectador para con las mujeres desagradables en *The Mindy Project*, y las compañeras de piso de *Dos chicas sin blanca* eran tan malhabladas que los espectadores se quejaron a la Federal Communications Commission. Hubo tanto interés mediático por estas nuevas «mujeres graciosas» de la tele que las actrices empezaron a hartarse de que les preguntaran qué se sentía siendo una.

Donde no había mujeres graciosas, curiosamente, era en el canal de televisión específicamente pensado para hacer reír. La mayor parte de la programación de Comedy Central era masculina y la cosa no hizo sino empeorar cuando la cadena se renovó en 2011 con la idea de atraer a espectadores varones expertos en tecnología de entre dieciocho y treinta y cuatro años. Pero cuando un número creciente de competidores como FX, IFC, TBS se dirigieron al mismo sector de población con sus propias comedias originales, Comedy Central empezó a buscar nuevas formas de ampliar su audiencia.

La consecuencia fue una inyección de estrógeno: el estreno en 2013 de *Inside Amy Schumer* y *Broad City*. Ambas series giraban en torno a mujeres que no parecían nada preocupadas por la decencia. Humores corporales, sexo indiscriminado, pedos, borracheras y colocones eran algunos de sus temas favoritos. Schumer y las creadoras de *Broad City*, Ilana Glazer y Abbi Jacobson, encarnaron una nueva clase de feminismo: malhablado, corporal y soez.

Amy Schumer aprendió pronto a usar su cuerpo para provocar reacciones. Un día, un profesor de instituto no le dio permiso para ir al baño en mitad de la clase y ella dijo en voz bien alta: «Muy bien, don Simons, me quedo aquí notando la sangre de la regla que me sale de la vagina, empapa las bragas y mancha la silla». Como dice en sus memorias *The Girl With the Lower Back Tattoo*, hacer reír «desmonta las estructuras de poder en cuestión de segundos». Su libro infantil favorito era *Eloise*, un cuento de hadas cosmopolita sobre un niña que, dejada a su libre albedrío, siembra el caos entre los refinados aristócratas del Plaza Hotel.

Nacida en el barrio de Upper East Side de Manhattan, Schumer vivió con relativa holgura (aunque no en la riqueza de Eloise) hasta que todo se fue a pique: sus progenitores perdieron su negocio y se divorciaron, a su padre le diagnosticaron esclerosis múltiple y se dio a la bebida. Su carácter de chica de clase obrera y lenguaje crudo se formó en aquellos últimos y más duros años de su infancia, pasados en Long Island. Suele contar la anécdota de la vez que su padre se cagó en los pantalones cuando estaban en un parque de atracciones; es una de las varias historias de defecaciones involuntarias y da a entender que Schumer aprendió a sobrellevar los traumas grotescos a través del humor. Cuando terminó el instituto, aspirante a actriz profesional como era, dejó su casa y empezó a estudiar teatro en la Universidad Towson de Baltimore.

En una clase de estudios sobre la mujer de dicha universidad tuvo Schumer su primer contacto con las ideas feministas, concretamente con el concepto de «mirada masculina». Acuñado por la teórica Laura Mulvey en su artículo de 1975 «Visual Pleasure and Narrative Cinema», dicho concepto se refiere al hecho de que los cineastas traten inconscientemente a la mujer como un objeto erótico y pasivo en lugar de como un participante activo. Schumer escribió un artículo sobre la presencia de esa mirada en películas y libros como *Madame Bovary*. «Era bastante sofisticado para alguien que se emborrachaba hasta el aturdimiento todas las noches –me dice, riendo para sí al pensar en la joven piltrafa que era–. Cuando entregué la tesis, tenía tal resaca que temblaba y el profesor pensó que estaba nerviosa. Me interesaba mucho hasta qué punto las películas que veíamos eran una especie de movimiento lento de la cámara que iba del zapato a la ingle de una mujer.»

Acabada la carrera, Schumer estudió interpretación y fundó con otros la compañía de teatro neoyorquina The Collective. También hizo sus pinitos como humorista en directo y fue cuarta en el concurso del programa de telerrealidad *Last Comic Standing* en 2007, lo que le valió participar en una gira con los otros mejores concursantes (todos hombres mayores que ella) y trabajar en unas cuantas series de televisión de poca monta. Pero su segundo gran salto no llegó hasta 2011, cuando presentó material propio con idea de escribir para los llamados «brindis cómicos» de Charlie Sheen de la cadena Comedy Central y, en lugar de eso, la invitaron directamente a actuar en el plató con Mike Tyson, William Shatner y la estrella de *Jackass*, Steve-O. La cadena supo reconocer el talento transgresor de Schumer y la disonancia cognitiva que producía el contraste entre su aspecto de rubia bonita y su mala lengua. Se hizo famosa la maliciosa pulla que le lanzó a Steve-O, cuyo coprotagonista, Ryan Dunn, había muerto hacía poco en un accidente de coche: «Tú debiste de pensar: "Podría haber sido yo", y nosotros pensamos: "¿Y por qué no fuiste tú?"». La broma atrajo una enorme atención mediática y algunas amenazas de muerte. Fue solo un anuncio del odio que la esperaba.

A los treinta y un años, Schumer grabó el espectáculo de humor *Mostly Sex Stuff* para la misma cadena. En el escenario de la sala Fillmore de San Francisco, con su radiante pelo rubio, mejillas sonrosadas y vestido corto, empezó a soltar chistes verdes en su papel de chica blanca gordita y algo puta. «Por fin me he acostado con mi novio del instituto –dijo en tono dulce–. Pero ahora quiere que vaya a su graduación. ¡Como si supiera lo que voy a hacer dentro de tres años!» Como algunos miembros del público parecieron escandalizarse del chiste pedófilo, aseguró que nunca practicaría sexo con niños, aunque enseguida añadió: «Aunque quizá nunca debería decir "nunca"». Sobre la decisión de llamar al espectáculo *Mostly Sex Stuff*, declaró a Terry Gross, de la NPR: «He crecido sin oír a ninguna mujer hablar de esa faceta, así que me dije: "Pues muy bien, lo haré yo, para que las mujeres y los hombres vean las cosas desde una perspectiva femenina menos vergonzante y más sincera"».

Comedy Central ofreció a Schumer la posibilidad de hacer el episodio piloto de la serie que ella quisiera, una oferta nada frecuente tratándose de una persona poco conocida. «Había un hueco en la programación de madrugada y buscaban algo en la onda de *Chelsea Lately* [el popular programa de madrugada de la humorista Chelsea Handler de la cadena E!], una especie de programa de entrevistas», dice Dan Powell, contratado para producir el episodio piloto. No era lo que más interesaba a Schumer, que soñaba con una serie hecha de sketches que le permitiera renovar el género y explotar sus dotes interpretativas y humorísticas. Pero había visto fracasar muchos proyectos y pensaba que ese también estaba condenado, dado que, como dice con un suspiro, «Comedy Central era una cadena de tíos. Yo solo quería dinero para rodar el episodio piloto y luego dedicarme a crear una serie en otra parte donde fuera más posible».

Solo cuarenta y ocho horas antes de explicar a la cadena los detalles de la serie, se fue de copas con Jessi Klein, una humorista y exdirectiva de Comedy Central. Sorprendida de ver a Schumer dispuesta a desperdiciar la oportunidad que le ofrecían de hacer lo que quisiera, Klein le pidió que fuera audaz. ¿Cómo sería la serie con la que ella soñaba?

«Amy me escribió de madrugada, después de hablar con Jessi, y me dijo: "¡Olvida esa idea! ¡Quiero hacer mi *Louie*!», dice Powell. La primera persona a la que contrataron para *Inside Amy Schumer* fue Klein, como guionista jefe.

A medida que la serie avanzaba, cuenta Klein, «íbamos clasificando los sketches en dos categorías. Había una Amy "monstruosa" y otra Amy "víctima". Íbamos de uno a otro de estos dos extremos cómicos. Siempre procurábamos preguntarnos: por lo que sabemos de su humor y de su personalidad, ¿qué es lo que más se parece a Amy? ¿Cómo podemos hacer que la serie se parezca a ella?».

Algunos de los primeros sketches jugaban con el contraste que existe entre lo que los hombres esperan de las mujeres y la realidad anodina de la vida de esas mujeres. En «Sexting» vemos a Amy sentada en su sofá, vestida con un pijama de un gato, comiendo espaguetis con las manos y escribiéndose mensajes de texto con un chico. Él quiere jugar a excitarse y le pregunta qué le gustaría que le hiciera; ella le contesta cortantemente cosas como esta: «Dime que estoy segura en mi apartamento». Al final él la informa de que ha eyaculado y ella sigue atiborrándose a espaguetis y viendo una comedia romántica. «Eran escenas en las que, en mi opinión, las mujeres, y creo que todo el mundo, podían reconocerse perfectamente, pero que nadie había hecho», dice Klein.

Cuando se le pregunta cuál de los primeros sketches representa mejor lo que quería hacer, Schumer ríe y contesta que el titulado «Third Date», en el que una mujer (interpretada por ella) sale por tercera vez con un chico. Después de decirle que está dispuesta a acostarse con él, este le confiesa que tiene sida. «Queríamos representar de forma realista lo que pasaría si, la tercera vez que quedamos con un chico, nos dijera que tiene sida –dice Schumer–. Da horror pensarlo y podría parecer poco delicado, pero ¿qué pasaría si ocurriera? Creo que la cosa tiene su lado cómico.»

La fascinan cosas que a otros nos hacen estremecernos. Ya de niña, confiesa, «cuando estaba en clase o donde fuera, siempre pensaba: "¿Qué es lo peor que podría hacer ahora? ¿Cómo podría aguarles las fiesta a todos?"». Le gusta jugar con esa parte de su carácter, «ser esa chica que siempre dice lo que más fastidia».

Una vez que la cadena Comedy Central decidió encargar una temporada completa de *Inside Amy Schumer*, la pregunta fue: ¿cómo crear una telecomedia femenina de éxito en una cadena que mayoritariamente ven hombres? En 2012, el 65 por ciento de la audiencia de la cadena era masculino, con una media de edad de veintinueve años. Y no solo eso, sino que *Inside Amy Schumer* se emitiría después de *Tosh.o*, un programa satírico sobre vídeos de internet presentado por Daniel Tosh, un humorista especializado en humor para tíos, que fue el más visto ese año por los hombres de entre dieciocho y veinticuatro años de edad.

«Al principio nos preguntamos: ¿cómo atraer a los tíos que ven *Tosh*? –cuenta Schumer–. Alguien me dijo que nuestra serie sería como meter zanahoria rayada en galletas para que los niños la coman», lo que recuerda la comparación que hacía Tina Fey entre el feminismo que había que colar en *Saturday Night Live* y la receta que daba Jessica Seinfeld para meter espinacas en galletas. «Aquella primera temporada no dijimos todo lo que queríamos decir.» Para Schumer y su equipo, la galleta era el sexo, un buen cebo sin duda para los tíos. Pero, mezclado con el sexo, siempre había un poco de feminismo que daba que pensar (la zanahoria rayada o la espinaca). En el sketch «2 Girls 1 Cup», por ejemplo, vemos a Schumer que, en su papel de chica normal, acude a una audición para participar en la famosa película porno sobre dos mujeres que, entre otras cosas, cagan en una copa (y luego se vomitan una a otra en la boca), y oye sin inmutarse al director que le dice todo lo que tendrá que hacer para envilecerse, entre otras cosas perder peso... «sobre todo de la cara».

En otro sketch dice alegremente: «Soy Amy Schumer y puedo decir con orgullo que soy feminista. Por eso tengo mi propia gang bang». Está en el salón de su casa y observa con repugnancia creciente a una horda de tíos poco atractivos que van entrando, listos para tirársela. «En aquel momento veía mucho porno y pensé que sería horrible. Imaginemos que hemos ido a una gang bang y de pronto no nos apetece. Yo nunca querría que mis fantasías sexuales se realizaran, al contrario de los hombres, que sí creo que quieren».

En algunos de los sketches más originales de *Inside Amy Schumer* no aparecen hombres y tratan más bien de los prejuicios que tienen las mujeres hacia sí mismas y hacia las demás mujeres. En «Compliments», unas amigas se encuentra en una calle de East Village y empiezan a hacerse cumplidos. «¡Qué vestidito tan chulo llevas!», dice una entusiasmada. «¿Vestidito? –contesta la otra con sarcasmo–. Ahora gasto la talla cien... Pero bueno, me costó dos dólares.» De hacerse cumplidos unas a otras pasan a autodenigrarse, hasta que al final llega una amiga y todas la felicitan por la chaqueta que lleva. La amiga les da las gracias... y la impresión es tan fuerte que las otras pierden la cabeza y se suicidan allí mismo. Como declaró Schumer a *AV Club*, «una de las cosas que nos enseñan a las mujeres es que odiarnos nos hace más atractivas. Una mujer con ego está muy mal vista».

«Compliments» fue el primer sketch de la serie que se hizo viral... pero no fue ni mucho menos el último. Dice Klein: «Cuando lo escribíamos, pensé: "Sí, esto es lo que las mujeres nos pasamos la mayor parte del tiempo haciéndonos unas a otras. ¿Cómo es que nadie lo ha escrito antes?». Ese fue nuestro *modus operandi* en adelante: buscar momentos de la vida de las mujeres que no se hubieran contado y «llevarlos al extremo del absurdo», manteniendo a la vez la realidad emocional intacta.

Conforme el tono de la serie se definía, Klein tuvo una revelación: «Somos las creadoras y podemos escribir lo que nos dé la gana, aunque parezca una vivencia femenina marginal. Hay muchas cosas que, en otra serie, ni siquiera nos habríamos atrevido a proponer. Porque parece que si los hombres no lo entienden, no vale».

Inside Amy Schumer se estrenó el 30 de abril de 2013 y la vieron tres millones de espectadores. Fue el estreno del año más visto de Comedy Central y ocupó el primer puesto en su franja horaria entre el público masculino de entre dieciocho a treinta y cuatro años. El presidente de la cadena, Kent Alterman, elogió a Shumer en *Vanity Fair*: «Trasciende la cuestión de los géneros... lo que resulta paradójico, pues trata mucho de ese tema, aunque sin resultar nunca desagradable.»

Quizá tendría que haber desagradado a los espectadores masculinos de la cadena: a veces la serie los ataca directamente. En el sketch «Focus Group» de la segunda temporada, un moderador pregunta a una mesa de hombres si verían *Inside Amy*. «¡Me la follaría, si te refieres a eso!», bromea uno. En otra temporada, y en lo que es una de las obras maestras de la serie, «12 Angry Men», un episodio completo, dirigido por ella, Schumer volvió a tratar la idea por extenso. El sketch es una parodia del clásico *Doce hombres sin piedad* y está rodado en blanco y negro. Doce excelentes actores secundarios (es decir, que no son apuestos protagonistas), se pasean por la sala del jurado debatiendo un asunto importantísimo: ¿es Amy Schumer lo bastante guapa como para protagonizar una serie de televisión? Tras horas de deliberación, John Hawkes (lleno de arrugas y con la nariz aguileña), despliega un gran póster de Amy para que lo examinen. «¿De verdad tenemos que verla otra vez?», protesta Paul Giamatti (medio calvo, fofo). «Tiene cuerpo de butanero y cara de muñeca glotona. ¡Y un culo que da tirria!» Hawke le pregunta a Vincent Kartheiser (grandes entradas, carirredondo) si, estando borracho y quitándose las gafas, se masturbaría mirándola, y Kartheiser contesta que podría ser.

A Schumer se le ocurrió la idea de «12 Angry Men» y prefirió escribir ella misma los insultos que recibiría. Igual que Lena Dunham quiso que Hannah Horvath dijera e hiciera lo peor a modo de defensa instintiva, a veces parece que lo que busca Schumer es imaginarse las cosas más ofensivas que puedan decirse de ella (y de las mujeres en general) para exorcizarlas. «Era muy duro, pero también me ayudaba mucho –dice–. Tenía que preguntarme constantemente: "¿Me duele? ¿Es esto sano?".

Pero nunca me parecía excesivo y dije cuanto quería decir.» Afirma que no había nada masoquista, o, si lo había, si se autoflagelaba, lo hacía porque quería y le veía sentido. «Les dije a los guionistas que lo escribiría yo porque quería tenerlo todo controlado. No quería que sugirieran insultos que no se me hubieran ocurrido a mí. Y mi aspecto físico no me molesta nada. Hay días que me veo muy fea y no me creo que nadie quiera acostarse conmigo, pero, en general, me siento muy bien con mi cuerpo.»

Como «Focus Group», «12 Angry Men» es una crítica severa a la industria del entretenimiento, cuyos responsables no piensan más que en el espectador masculino. Mi sketch favorito, «Last Fuckable Day», ahonda aún más en esta crítica. Dirigido por la cineasta Nicole Holofcener, el sketch, perteneciente a la tercera temporada, estaba protagonizado por Tina Fey, Julia Louis-Dreyfus y Patricia Arquette en el papel de sí mismas: unas actrices cuarentonas que montan un picnic para celebrar el declinante atractivo hollywoodiense de Louis-Dreyfus. A Klein se le ocurrió la idea al principio de la serie, pero tardaron años en llevarla a cabo porque las actrices de edad a las que se lo proponían rehusaban. Fue Holofcener quien convenció a la quincuagenaria Louis-Dreyfus y esta atrajo a las demás.

El sketch se rodó en un bucólico rancho del sur de California y empieza cuando Schumer, paseando por el campo, se encuentra de pronto con las mujeres mayores, que están almorzando en medio de la hierba. «¿Eres la chica de la tele que habla todo el rato de su coño?», le pregunta Louis-Dreyfus. Las mayores le explican algunas de las elocuentes señales que indican que se acerca el momento de que una actriz se retire: por ejemplo, cuando la contratan para que sea la madre de Tom Hanks en lugar de su mujer, o cuando en el cartel de la película se ve una cocina y el edificante título reza: «Cueste lo que cueste» o «En realidad era buena».

Al final Schumer pregunta, toda ingenua: «¿Y quién les dice a los hombres cuándo es el último día que están follables?». Y las otras rompen a reír.

Amy hace humor de la opresión; nos hace reír mostrándonos cómo las mujeres caen en las insidiosas trampas que la cultura machista ha tendido o cómo tratan de escapar de ellas. Sin embargo, detrás de esas controvertidas bromas acerca del cuerpo y la imperfección física, se insinúa un aborrecimiento real de sí misma con el que la mayor parte de las mujeres se identifican. Ni aun el sketch más tonto se desvía demasiado del malvado mundo real.

Lo que resulta tan estimulante –y seguramente subversivo– en *Broad City* es lo desvergonzado de su humor. Los personajes veinteañeros interpretados por Abbi Jacobson e Ilana Glazer campan alegremente por una Nueva York de feria en la que esas trampas machistas no sirven de nada. A medio camino entre superheroínas y personajes de dibujos animados, parecen vivir en un mundo hecho exclusivamente para ellas. La ciudad no es tanto una jungla urbana como un parque de atracciones en el que las dos protagonistas viven aventuras sin fin y no paran de fumar marihuana. Los hombres son, en el mejor de los casos, cómplices, objetos sexuales o amados, y, en el peor, bobos impotentes que no dejan a las chicas divertirse como quieren.

La más traviesa, Ilana Wexler (Glazer), es una hedonista llena de perversiones que viste como una bailarina de videoclip de hip-hop de los años noventa. Puro nervio como es, de pronto le da por pegarse una voltereta y lleva siempre un poco de marihuana metida en sus partes. (A diferencia de Amy Schumer, a la que preocupa el mal olor de su sexo, Ilana llama a su vagina «bolsillo natural» y dice que el fuerte olor que desprende «disimula» el de la marihuana.) Irrita a sus compañeros de trabajo –es empleada en una empresa de venta por internet– por su pereza e insubordinación. Uno de ellos registra a diario sus desmanes: «Día 274: Llega cuatro horas tarde. Lleva una camisa que parece una servilleta. Viene colocadísima».

En la tradición de las extrañas parejas, Abbi Abrams (Jacobson) es lo contrario de Ilana. De carácter más serio e inseguro, se masturba a sus horas, fantasea con Jeremy, su vecino cañón, y aspira a ser entrenadora en Soulstice, el gimnasio de moda en el que trabaja de conserje, limpiando vello púbico y vómitos ajenos. (Paul Downs interpreta a Trey, su jefe, un probo entrenador con un pasado de actor porno.) Fue una gran amante de la música de las jam bands y venera a Oprah –lleva incluso un tatuaje de ella en los riñones–, mientras que Ilana adora a Rihanna. De hecho, a veces cree que es una drag queen afroamericana en lugar de la judía no practicante y de pelo rizado de Queens que en realidad es.

Normalmente es Ilana la que embarca a Abbi en aventuras disparatadas, como cuando, en respuesta a un anuncio, van a limpiar la casa de un hombre que lleva un pañal, o cuando Abbi se hace pasar por Ilana para sustituirla en su turno de trabajo en la cooperativa alimentaria del barrio. La imitación que hace Abbi de su amiga refleja perfectamente la gran confianza que tiene Ilana, cuando se pone a bailotear por entre los pasillos de la sección de frutas y verduras soltando eslóganes políticamente correctos como: «¡Abajo la cultura de la violación!». Ilana sale con un cariñoso dentista afroamericano llamado Lincoln (interpretado con gran dulzura por el humorista Hannibal Buress), pero el verdadero amor de su vida es Abbi. Las dos amigas se ayudan mutuamente en sus ambiciones (o falta de ellas). Como dice Ilana en el arranque del episodio piloto de *Broad City*, «desde hoy vamos a ser las mujeres independientes que somos mentalmente».

Jacobson y Glazer se conocieron en el teatro de improvisación Upright Citizen's Brigade. Igual que Tina Fey y Amy Poehler fueron las únicas mujeres de la compañía itinerante Second City, también Jacobson y Glazer fueron las únicas chicas de un grupo de prácticas llamado Secret Promise Circle. Las unió el hecho de compartir influencias como *Saturday Night Live*, *Curb Your Enthusiasm* y *Roseanne*, y decidieron crear una serie web basada en sus experiencias.

Esto ocurría en 2009, el mismo año en que Lena Dunham lanzaba su segunda serie web, *Delusional Downtown Divas*. Las series web empezaban a ser una especie de carta de presentación más que una simple afición. Estos vídeos eran cada vez más vistos y las cadenas de televisión convencionales empezaban a preguntarse cómo aprovechar este nuevo talento y recuperar espectadores. La cadena ABC adaptó la serie *In the Motherhood* de la MSN (siendo su productor ejecutivo Jenni Konner); Nickelodeon captó a Fred, la estrella de YouTube. Ninguna de las dos series funcionó muy bien al pasarlas a la televisión, pero parecía que este medio acabaría produciendo estrellas. Lo que atraía a los creadores era la facilidad del medio: no se necesitaba más que a un amigo que quisiera filmarlos.

Jacobson y Glazer empezaron a filmar vídeos breves y de mala calidad que protagonizaban ellas mismas, en versión exagerada: dos chicas sin pareja ni dinero con curros de mierda y pocas responsabilidades. No hacía falta crear tramas complejas porque los vídeos de YouTube no duraban más de cinco minutos. Eran escenas de vida sórdidas pero verosímiles a las que daba vida la química que había entre las dos. Los episodios trataban de actividades normales y corrientes, como quedarse a dormir en casa de la otra o hablar por Skype. En una comida con sus madres (interpretadas por sus madres de verdad), estas se preguntan si sus hijas son amantes y la cosa acaba a hostias.

Filmados a lo largo de año y medio, los episodios fueron sofisticándose. Jacobson y Glazer trabajaban en la página web Lifebooker –semejante a Groupon– con Lucia Aniello, una colega del Upright Citizen's Brigade, pero decidieron dedicarse más seriamente a la serie web. Empezaron a escribir episodios por adelantado, a contratar directores, a engrosar el personal, a crear artículos comerciales y a promocionarse. Esta mejor producción se ve claramente en el penúltimo episodio, que es un jubiloso homenaje al arranque de la película de Spike Lee *Haz lo que debas*. Unos siniestros tíos del vecindario acosan sexualmente a Abby y a Ilana y estas se ponen a bailar con la rabia con la que baila Rosie Perez en la película, al ritmo de la canción del grupo Public Enemy «Fight the Power». Es una muestra de lo que sería *Broad City*: dos jóvenes judías que actúan como alegres agentes del caos, que son una explosión de exuberancia irracional.

Cuando vieron que sus seguidores aumentaban, decidieron pedirle a una de sus ídolos, la fundadora del teatro Upright Citizen's Brigade, Amy Poehler, que apareciera en el último episodio de la segunda temporada. Poehler no solo hizo un cameo, sino que se ofreció a producirles una serie y a buscarles una cadena de televisión.

Cuando, en mayo de 2012, Brooke Posch fue nombrada vicepresidenta del departamento de programación y desarrollo original de la cadena Comedy Central para la Costa Este, no tenía pensado convertir la cadena en un hervidero de humor femenino. Llevaba una semana en el cargo cuando se estrenó el episodio piloto de *Inside Amy Schumer* y supervisó también el nacimiento de la serie. Pero dice que los directivos no le pidieron que incorporara a más mujeres.

Sin embargo, una de las primeras personas que felicitaron a Posch por su nuevo trabajo fue una mujer, Amy Poehler. Posch había trabajado un tiempo de ayudante en *Saturday Night Live* y se habían hecho amigas. Quedaron a tomar algo y Poehler le habló con entusiasmo de la serie que estaba produciendo con Abbi Jacobson y Ilana Glazer. «Vinieron a mi despacho la semana que empecé. No tenía nada en las paredes, ni personal. Éramos un ayudante, una lámpara y yo», recuerda Posch. Fue el primer proyecto que le exponían en Comedy Central y enseguida le gustó. «Abbi y Ilana eran brillantísimas.» Las dos chicas se quitaban la palabra de la boca, cada cosa que decían era una idea sorprendente. Posch nunca se había identificado con las pijas protagonistas de *Sexo en Nueva York*, pero en *Broad City* veía mujeres a las que podía admirar.

«No son ricas, se ganan la vida con esfuerzo y por encima de todo se quieren, son grandes amigas. Eso es lo fundamental de la serie.» En cuanto salieron del despacho, continúa Posch, «llamé a Kent [Alterman] y le dije: "Me encantan estas chicas, lo suyo será lo primero que hagamos».

Aunque las creadoras se parecen mucho a sus personajes principales, Jacobson y Glazer no son nada vagas. «Creamos versiones de nosotras mismas sin una dirección, sin saber lo que quieren ser», me cuenta Jacobson. Cuando entraron en Comedy Central, tenían una idea muy clara de la serie. Para empezar, deseaban que el episodio piloto lo dirigiera Lucia Aniello, la colega de Upright Citizen's Brigade y de Lifebookers, que ya había trabajado en algunos episodios de la edición web de *Broad City*. Con su socio Paul Downs venía creando sus propios vídeos cómicos para internet, parodias disparatadas de la cultura pop como «The Real Housewives of South Boston» y «Diary of Zac Efron». Contratarla era un riesgo, porque Aniello nunca había dirigido nada para la televisión convencional, pero Posch aceptó la decisión de Jacobson y Glazer: «Ella las conocía, entendía su humor». La estética visual de Aniello era graciosamente anárquica y estaba llena de «momentos chocantísimos pero que parecían muy reales», como ella dice.

La cadena decidió producir una temporada completa de la serie y Jacobson y Glazer contrataron de guionistas a amigos como Chris Kelly, de *Saturday Night Live*, Aniello y Downs. «No teníamos experiencia –dice Downs–, pero, como éramos muy buenos amigos, nos era fácil contar historias que nos pasaban a nosotros. A todos nos había ocurrido alguna vez no poder entrar en nuestro apartamento...» Aniello lo interrumpe: «O tener que ir a recoger un paquete a una oficina de correos que estaba tan lejos que parecía otro mundo». Se refería a uno de los primeros episodios de *Broad City* escritos por la pareja en el que una entrega fallida obliga a Abbi a emprender una búsqueda kafkiana que la lleva a una isla ruinosa en la que hay un almacén donde una vieja bruja custodia los paquetes no reclamados.

Como Jacobson y Glazer no tenían experiencia televisiva, la cadena impuso una realizadora, la guionista televisiva Tami Sagher, veterana de *Rockefeller Plaza*, *Psych* y *Cómo conocí a vuestra madre*. «Abbi y Ilana la respetaban, pero no hacían buenas migas, por decirlo así –reconoce Posch–. Tami tenía mucha experiencia, ellas tenían la idea y duró... ¿tres meses?» A las creadoras de *Broad City* no les gustó nada que hubiera otra persona a cargo de su creación. «Abbi y Ilana vinieron a vernos y nos dijeron: "Sabemos lo tiene que ser nuestra serie. No queremos que se parezca a las viejas comedias. No queremos que todo sea perfecto, queremos que vaya por libre y no siga ninguna regla".»

Jacobson y Glazer no tardaron en dirigir ellas mismas la serie, con todo el trabajo que eso conlleva: concebir, escribir, interpretar, producir y editar los episodios. Amy Poehler contribuía a los guiones y participaba en las lecturas. Su influencia es evidente en la alegría de vivir que transmite la serie. Incluso cuando Abbi y Ilana hacen cosas malas y feas, siempre es evidente la bondad esencial de los personajes.

«Nos animaba a crear personajes femeninos poco refinados y que practicaran un sexo libre», dice Downs de Poehler. En su propio trabajo, Poehler tiene un gran talento para dar a su loco humor gestual un carácter entrañable. «También quería que ahondáramos en las relaciones –dice Downs–. Tanto si eran Ilana y Abbi como si eran Ilana y Lincoln, nos pedía que parecieran verdaderas y auténticas.»

Aniello recuerda que una vez hablaban de crear una escena en la que una de las chicas se acostaba con un hombre. Poehler sugirió que mostraran al hombre sin más: «Dejaríamos claro que la historia no iba de él. Recuerdo que dijo: "No se trata de él, sino de lo que ella hace el resto del día"». Eso se ve en la primera escena de la serie: las dos amigas están hablando por Skype y de pronto Abbi se da cuenta de que, mientras hablan, Ilana está practicando sexo con Lincoln como si tal cosa. Lincoln se nos presenta como un novio modélico, perfecto complemento de Ilana: es tranquilo cuando ella es nerviosísima, es constante cuando ella es caprichosa, es un dentista muy trabajador cuando ella es una vaga (en un trabajo directamente inspirado en el de Lifebookers). Y, sin embargo, Lincoln es poco más que un juguete para Ilana, porque su prioridad es Abbi. En *Broad City*, ellas siempre van antes que ellos. Como Poehler declaró una vez a *The New Yorker*: «En la tele escasean las mujeres seguras, sexualmente activas, las amigas que se quieren por encima de todo».

Así como *Girls* se comparó con *Sexo en Nueva York*, *Broad City* se comparó con *Girls*: como si dos series sobre veinteañeras blancas bohemias no pudieran tener éxito al mismo tiempo. *Indiewire* publicó un artículo explicando «Por qué *Broad City* es lo contrario de *Girls*», y el *New York Post* otro titulado «Cinco cosas que tiene *Broad City* que no tiene *Girls*».

De casi todas las comparaciones sale vencedora *Broad City*. Y es seguramente porque la imagen que la serie da de la juventud urbana es más realista que la de *Girls* (hay actores de todas las razas, las calles se ven más sucias y los personajes principales son mucho más pobres) y a la vez fantástica. La esencia de la serie es un surrealismo cómico, no el realismo crudo de las angustias de los mileniales. Abbi y Ilana sufren adversidades constantes pero sin responsabilidad real ni consecuencias serias, como les ocurría a los protagonistas de las películas de amigos de los años noventa. Tal vez se queden sin poder entrar en su piso, o sean asaltadas por un vecino sospechoso, o vomiten después de una noche de juerga, pero nunca las vemos enfrentándose a traumas serios como los que vemos en *Girls*: trastorno obsesivo-compulsivo, drogadicción, aborto... Abbi y Ilana parecen flotar en una burbuja del gas de la risa, porque lo que quieren es divertirse.

Hannah y sus hermanas del alma tratan de madurar como pueden y no dejan de herirse y rivalizar entre sí. La imagen inestable de la amistad que da Dunham se parece más a mi experiencia juvenil, pero eso aún hace más placentera esa fantasía de amistad femenina idealizada que es *Broad City*. Mientras que los personajes de *Girls* se critican unos a otros por los defectos que tienen, Abbi y Ilana disfrutan una de otra como apasionados amantes y, para ayudarse entre sí, llegan a extremos absurdos. Cuando, en un restaurante de moda, Ilana sufre una reacción alérgica al marisco, Abbi se transforma en el increíble Hulk (mezclado con el Richard Gere de *Oficial y caballero*) y lleva a su indispuesta amiga al hospital. En otro episodio, están en una fiesta cuando cortan el agua y Ilana acude al rescate de Abbi, que acaba de cagar: coge el zurullo de la amiga, se lo pega con cinta en la tripa y lo saca de la casa sin que nadie se entere. Le dice, orgullosa, que es su «ninja de la caca».

Las dos se alegran por igual cuando le pasa algo bueno a una. Cuando Jeremy, el rollo de Abbi, le pide que lo sodomice (con un pene postizo), ella acude a su amiga en busca de consejo.

La sexualmente voraz Ilana la anima sin dudarlo a disfrutar de la vida. Vemos a Abbi de espaldas entrando en la habitación con el pene de plástico verde que le cuelga entre las piernas. Luego Abbi llama a Ilana y se lo cuenta todo con pelos y señales. Aunque Ilana está de duelo por la muerte de su abuela, exclama: «¡Este es el día más feliz de mi vida!». Este episodio de sexo anal se convierte así en un momento sentimental que habla más de la amistad entre dos chicas que del sexo que Abbi tiene con su guapo vecino. Cuando se lo cuentan a Bobbi (Sisue Essman), la madre de Ilana, que es tan liberal como la hija, dice, como diría una madre judía toda orgullosa: «¡Haces muy bien en probar cosas nuevas!».

El sexo en *Broad City* se centra en la mujer, es libre y se practica por diversión; hace que las convenciones de género resulten estúpidas. Abbi y Ilana desean abiertamente a los tíos; incluso fantasean con lo dotados que están o no están unos chicos que ven jugando al baloncesto en el parque. (Uno de los jugadores les dice educadamente que los incomoda que los miren así.) En otro episodio, Abbi teme haber violado a un tío (interpretado por Seth Rogen), porque, en medio del coito, él sufre un golpe de calor y se desmaya y ella sigue dale que te pego.

Aunque Abbi y Ilana se desnudan bastante, sus partes pudendas siempre se ven desenfocadas o cubiertas por bandas negras. Glazer y Jacobson no quieren convertir el cuerpo de la mujer es una cuestión política; solo quieren hacer reír. Algunas de las escenas más fuertes nacen del pique de las guionistas, que rivalizan en ver quién da más. «El problema es que escribir es muy fácil y las escenas parecen muy divertidas, pero cuando tenemos que rodarlas, nos asustamos de verdad», me dice Glazer. Y Jacobson lamenta: «Cuando empezamos a rodar vemos que las que tienen que interpretar esas escenas somos nosotras y nos decimos: "¡Pero ¿en qué estaríamos pensando?!"».

Parte del encanto de *Broad City* consiste en que subvierte el pensamiento racional. Mucha de la diversión que produce nace del humor gestual constante: pequeños gestos faciales o escenas de puro disparate, como esa en la que vemos a Abbi alucinando en el supermercado después de que le hayan sacado una muela del juicio. Muchas veces la pareja se ve metida en aventuras absurdas por una serie de reacciones en cadena: en un episodio, Ilana y su madre se patean la ciudad en busca de un bolso y acaban en las alcantarillas. En otro episodio, Abbi necesita hacer pis y eso desencadena una serie de acontecimientos delirantes, como que Abbi se quede atrapada en un inodoro volador o Ilana se vea amarrada a la parte trasera de un camión que circula a toda pastilla por Nueva York.

Este carácter de comedia de golpe y porrazo se hace patente en el montaje con pantalla dividida con el que arranca la tercera temporada, dirigido por Aniello. Manifiesto visual de *Broad City*, nos muestra, en una sucesión de planos brevísimos, la actividad desarrollada durante seis meses en el cuarto de baño de cada una de nuestras protagonistas: las vemos palparse el pecho, cagar, vomitar, afeitarse, mirar test de embarazo. En cierto momento, vemos a Lincoln lamiéndole el sexo a Ilana en una mitad de la pantalla y a Abbi leyendo las memorias de Hillary Clinton en la otra; al momento siguiente, Abbi echa al retrete un pez muerto y Ilana lee el mismo libro. La secuencia dura un minuto y medio y acaba con un plano en el que las vemos fumando en pipa y luego corriendo a encontrarse. *Broad City* convierte el cuarto de baño en un ámbito feminista y reivindica el humor escatológico que hasta entonces parecía patrimonio de los hombres.

Amy Schumer hizo también cierto humor escatológico en el primer episodio de la tercera temporada de *Inside Amy Schumer*. Parodia de un videoclip de rap, «Milk Lemonade» se burla de la obsesión que existe en la cultura pop por el culo, llevándola a sus límites. Acompañada por Amber Rose y Method Man, Schumer canta «Leche, leche, limonada / en la esquina se hace el dulce», mientras vemos un montón de culos que se menean. «De ahí sale la caca –dice luego Schumer sin cortarse–, de esa parte que os excita.» Emitido antes del primer episodio de la temporada, en abril de 2015, el videoclip, vibrante y colorido, se hizo viral.

Unos meses después, Tina Fey entregaba a Schumer el prestigioso premio Peabody. Después de querer «chuparle el alma con un torpe y falso beso lésbico», Fey elogió el trabajo de la joven cómica por algo mucho más serio: «Mucha gente dirá que no se puede hacer humor con la violación, pero todo depende del contexto y del punto de vista, y el excelente sketch de *Inside Amy Schumer* sobre el abuso sexual en el ejército tal y como se ve en los videojuegos de violencia y de guerra es indudablemente gracioso».

Fey se refería al sketch de la segunda temporada «A Very Realistic Video Game» en el que una ignorante Amy se sienta a jugar con su novio a un videojuego bélico del estilo de *Call of Duty*. Ella escoge jugar como «mujer soldado» y a su personaje lo violan en los barracones. Vemos en primer plano cómo la cara de Amy va reaccionando a lo que ocurre. El juego quiere convencerla de que no denuncie la agresión. «¿Estás segura? –pregunta–. ¿Sabes que él tiene familia?» El siguiente nivel del juego es un consejo de guerra, en el que ella se ve librando una batalla que su novio no sabía que existía: un jurado de hombres que la ataca. El juego acaba cuando el violador es declarado culpable… y el comandante rechaza los cargos.

«La mujer que nos hizo reír de la violación» no es seguramente el epitafio que la mayoría de las cómicas querrían ver grabado en sus lápidas, pero es un tema al que Schumer vuelve una y otra vez. De alguna manera, es la otra cara de su personaje borrachín y promiscuo. Tanto lo del alcohol como lo de la agresión sexual provienen en buena medida de su propia experiencia. Schumer introdujo el tema de la bebida en el guion de la película *Y de repente tú*, libremente basada en la vida que tenía antes de ser famosa. De sexo no consentido habla en sus memorias, en las que cuenta que perdió sin querer la virginidad a los diecisiete años, cuando su novio la penetró mientras ella dormía. Schumer siguió saliendo con él y no contó a nadie lo que le había ocurrido. Ni siquiera lo tenía muy claro porque no cuadraba con la idea que tenía de lo que es una violación (callejón oscuro, hombre desconocido, navaja, etcétera). Schumer cree que aquella experiencia marcó su reacción posterior al sexo, porque la hizo o demasiado precavida o demasiado indiferente, «como si el sexo no me dijera nada».

Los chistes sobre violaciones llevaban tiempo estando a la orden del día en el mundo de la comedia; en el verano de 2012, un número cómico de Daniel Tosh en el Laugh Factory de Hollywood causó controversia. Una mujer del público dijo que, cuando se quejó de que el cómico se reía de las violaciones, él respondió provocando a los presentes: «¿No sería divertido que a esta chica la violaran, digamos, cinco tíos ahora mismo?». Cuando la «chica» en cuestión contó en un blog la perturbadora experiencia, los colegas humoristas de Tosh salieron en defensa de este. La escritora Lindy West adujo en Jezebel y luego en su libro *Shrill* que las feministas no protestan contra los chistes de violaciones porque sean unas censoras y unas aguafiestas. En una sociedad que limita lo que debe considerarse abuso sexual, culpa a la víctima, obstaculiza la denuncia y pocas veces condena a los agresores, hacer chistes de violaciones es un evidente acto hostil. Y, como afirma West en *Shrill*, «refuerza la idea de que el humor es cosa de hombres».

Contra este trasfondo hizo Schumer de la historia de su violación una constante en sus números cómicos. A un periodista le dijo que esperaba que «los tíos que oyeran el chiste pensaran que no estaba bien. Y que las chicas que lo oyeran se sintieran menos solas y supieran que les pasa a otras».

Tami Sagher, que trabajó con Schumer después de *Broad City*, dice que las sesiones de guion eran como veladas de amigos y que en las de *Inside Amy Schumer*, «muchas de las conversaciones versaban sobre feminismo. Eso revela qué clase de persona era Amy y cómo Jessi, Dan y ella dirigían a los guionistas». A veces cambiaban de tema y pasaban a hablar de la actualidad. Por ejemplo, un día sacaron el caso de Bill Cosby, que estaba acusado de violación. Se pusieron a juzgarlo. Su abogado defensor (interpretado por Schumer) muestra al jurado una escena de la famosa telecomedia del actor y pregunta: «¿Pensáis alguna que ese podría violaros? ¿O drogaros? Yo tampoco, a mí la figura de un padre de familia me hacía sentir bien».

En 2012 saltó la noticia de la condena de dos jugadores del equipo de fútbol americano del instituto de Steubenville, Ohio, por la violación durante una fiesta de una adolescente de dieciséis años en estado de inconsciencia y embriaguez. Los invitados a la fiesta hicieron circular fotos del cuerpo desnudo de la joven en las redes sociales; un jugador que estaba en la fiesta tuiteó: «Si las violan y no se resisten, para mí no es una violación. Lo siento mucho por ella, pero qué se le va a hacer». La guionista Christine Nangle propuso hacer un sketch inspirado en el caso y ambientado en el amable mundo de la serie *Friday Night Lights*, protagonizada por un querido entrenador de instituto. El número, «Football Town Lights», lo protagonizaba el actor Josh Charles en el papel del nuevo entrenador recién llegado que explica las normas a sus jugadores: PROHIBIDO

VIOLAR, escribe en el panel de anuncios del vestuario. Sorprendidos, los jugadores le preguntan si puede haber excepciones: «¿Y si mi madre es la fiscal y no me juzga?».

La carrera de Schumer tendría que haber llegado a su apogeo el verano de aquel año. Acababa de emitirse la tercera temporada de *Inside Amy Schumer* y al menos media docena de sus sketches se habían hecho virales. La revista *Time* la había elegido una de las «cien personas más influyentes», su cara aparecía en la portada de muchas de las grandes revistas y su largometraje *Y de repente tú* (dirigido y producido por Judd Apatow) recaudó 110 millones de dólares en Estados Unidos. Amy Schumer había pasado definitivamente de ser una humorista feminista a ser una superestrella de talla mundial.

Pero diez días después del estreno de *Y de repente tú*, un hombre de cincuenta y nueve años entró en un cine de Louisiana en el que se proyectaba la película y empezó a disparar. «Me sentí un poco como si lo hubiera hecho yo, como si hubiera algo en mí que ofendía a la gente», declaró una destrozada Amy en una entrevista con Lena Dunham en *Lenny Letter*. Schumer empezó a aparecer con el senador Chuck Schumer (primo suyo) para pedir una legislación más severa sobre control de armas.

Cuando volvió a trabajar en la nueva temporada de la serie, la acompañó un guardaespaldas y los guionistas empezaron a producir un material cada vez más directamente político. El segundo episodio de la cuarta temporada se tituló «Welcome to the Gun Shop». En el número que da título al episodio, Schumer interpreta a una vendedora de teletienda que vende pistolas como si fueran regalos navideños, ¡perfectas para nuestra pareja delincuente! Promete que en la sección siguiente podremos comprar a legisladores «cuya influencia sale por mucho menos de lo que pensamos», mientras en la pantalla aparece una lista de nombres reales de los congresistas que más pasta se embolsan del lobby armamentístico. El número de teléfono gratuito de la falsa teletienda ponía en contacto a los espectadores con personas reales: un grupo defensor del control de armas. Otro sketch –una cruda parodia de los anuncios de abogados de víctimas en la que un compungido abogado advierte a los espectadores de que no puede hacer nada para ayudar a las víctimas de la violencia armada– pareció demasiado fuerte para emitirlo por la tele, pero lo difundieron por internet dos meses después, cuando el Congreso rechazó las enmiendas sobre control de armas que se presentaron a raíz de la matanza de la discoteca Pulse, de Orlando.

«El asunto es conseguir un equilibrio, de manera que no parezca demasiado moralista –me dice Schumer–. Y como ahora soy famosa, la gente me ve y piensa: "Se cree tan importante que quiere ayudar con el tema de las armas".» Pese al riesgo de parecer pedante, Schumer emprendió la nueva temporada decidida a hacer alguna pedagogía. En cierto momento, Schumer quiso hacer un episodio de media hora de duración adaptando la película de 1985 *El juego de la sospecha*, como había hecho con *Doce hombres sin piedad*. Incluso llamó a algunos de los actores de la película original, pero, dice, «no nos salía nada divertido y lo dejamos. Nadie que lo viera pensaría: "¡Pero lo importante es la intención!". Hay que hacer reír».

En el mismo episodio del número de la teletienda, Amy trató también un poco el tema del acoso en línea, con un número en el que el vicepresidente de una red social anuncia un recurso nuevo: además de la función «Like», habrá un botón que diga «Voy a violarte y matarte». Algunos espectadores pudieron juzgarlo didáctico, pero ella misma, Schumer, se convirtió en el blanco de la rabia de muchos otros, en Twitter y en otros sitios. La reacción negativa fue durísima, como lo había sido en el caso de Roseanne Barr y de Lena Dunham.

Si antes era vista como una chica valiente que podía beber y soltar palabrotas como un carretero, ahora para muchos espectadores había pasado a ser una feminista hipócrita que aprovechaba su fama para dar lecciones. Las críticas le llovieron de todos lados. La acusaron de gorda vergonzante porque se quejó de que la revista *Glamour* la incluyó en un número dedicado a la moda de talla grande sin decírselo. La llamaron obesa cuando corrió la voz de que estaba en tratos para interpretar a Barbie en una película basada en la muñeca. La acusaron de robarles chistes a otros humoristas. La acusaron de hacer chistes racistas cuando actuaba en solitario. Y aún la denostaron más cuando empezó a hacer campaña por Hillary Clinton. En octubre de 2016, actuando en un local de Tampa, Florida, varios cientos de fans abandonaron la sala cuando dijo que Trump era un «monstruo de color naranja, abusador y mal estudiante».

Schumer pasó a ser, junto con Lena Dunham, otra de las bestias negras feministas de la derecha. Los usuarios de los fórums derechistas de Reddit se apresuraron a criticar negativamente en Amazon su libro *The Girl with the Lower Back Tattoo* y parece ser que volvieron a usar la misma táctica en marzo de 2017 cuando se estrenó en Netflix *The Leather Special*, su nuevo espectáculo de humor. En Instagram dio irónicamente las gracias a sus críticos por la atención que le prestaban: «Me hacéis sentir peligrosísima, poderosísima y muy valiente. Me recordáis que lo que digo surte efecto y despertáis más interés por mi trabajo. Vuestra obsesión conmigo me ayuda a seguir adelante».

Schumer dijo una vez que «no nos gusta que las mujeres hablen mucho. Muchos nos imaginamos que son nuestra madre reprendiéndonos. Mi carrera ha consistido en hacer que la gente me escuche». Eso ha hecho que muchas mujeres humoristas se comporten como una tía guay que sabe relacionarse con los hombres.

Así define Gillian Flynn a la mítica «tía guay» en su novela *Perdida*: «Es una mujer atractiva, inteligente, divertida, a la que le encanta el fútbol, el póquer, los chistes verdes, eructar, jugar a videojuegos, beber cerveza barata, practicar sexo anal y en trío... pero que a la vez se mantiene delgadita, porque sobre todo está buenísima; está buenísima y es comprensiva». Como la «duendecilla chiflada», la tía guay es un arquetipo imposible de alcanzar para cualquier mujer de carne y hueso. Schumer satiriza esta fantasía en un sketch titulado «Cool with It»: en el papel de una chica que desea ser muy, muy «guay» haciendo todo lo que sus compañeros varones le piden, Schumer va con ellos a un local de estriptis, bebe chupitos como si fuera agua y termina excavando sola una fosa para enterrar a la estríper a la que uno de sus colegas estrangula sin querer.

Lo que parece que irrita especialmente a algunos hombres son las actrices que no parecen supermodelos pero no les importa: que se mueven por el mundo seguras de sí mismas. Por ejemplo, uno de los personajes de *Inside Amy Schumer* favoritos de Schumer es Merryweather Sherman en el sketch «Babies & Bustiers»: una niña de seis años tremendamente engreída que participa en un concurso de belleza y se cree muy superior a sus rivales más pequeñas y delicadas. El personaje recuerda al de Baby Snooks, la niña traviesa creada por Fanny Brice que permitió a la pícara artista decir todas las inconveniencias que las mujeres adultas no podían decir por la radio en los años cuarenta.

Cuando le pregunto a Schumer por qué la seguridad que muestra en sí misma exaspera a algunos, se ríe. «¿Por qué será? Lena, Mindy y yo coincidimos en muchas cosas, pero lo que sobre todo asusta es que nos mostremos tan resueltas y descaradamente seguras de nosotras mismas. Quizá también por eso las mujeres no votan a Hillary.» Dice que si la gente votara a los cómicos, «seguramente se quedaría sin trabajo».

Como Schumer, Jacobson y Glazer apoyaron a Hillary Clinton. La candidata hizo un cameo en *Broad City* en 2016, esperando demostrar a los mileniales estadounidenses que tenía sentido del humor. Los guionistas propusieron que Clinton dijera «Yas, Queen» (la frase favorita de Ilana), pero al final vemos una breve escena en la que Clinton sonríe a Abbi y a Ilana, que se han ofrecido voluntarias para ayudarla en la campaña y, de la emoción, sufren una crisis de hiperventilación. En marzo de 2016, Jacobson declaró ante un jurado del festival SXSW que «no lo hicimos por adoptar ninguna postura política. Era más porque el personaje de Ilana haría algo así. Hillary, pensemos lo que pensemos de ella, y a nosotros nos gusta mucho, es un gran icono.»

Mientras que *Inside Amy Schumer* era cada vez más clara en sus mensajes, *Broad City* mantenía su cariz deliberadamente optimista. Glazer le dijo a una periodista que «el mensaje de Schumer es más evidente que el nuestro. Todos sus sketches contienen un mensaje, lo que pasa es que ella lo transmite con gracia». Este propósito serio no tendría cabida en el mundo de Abbi y Ilana. Mientras que el humor hiriente de Schumer exorciza demonios reales, *Broad City* cuenta la bonita historia de unas mujeres que crean su propia realidad. Lo realmente subversivo de esta serie es, quizá, lo despreocupadas que son Abbi y Ilana; lo que los hombres opinen y deseen las trae sin cuidado. Los tíos son personajes marginales: amantes, capullos o figuras de autoridad que no pintan nada y se dejan engañar fácilmente.

El reto que ahora se les plantea a Glazer y Jacobson es hacer evolucionar a sus protagonistas sin perder ese esencial carácter bufonesco y chocarrero que las hace tan entrañables: salvar la distancia entre las veinteañeras rebeldes de la serie y las treintañeras trabajadoras que las crearon y las encarnan. Como dice Glazer, lo paradójico de la serie es que «trabajamos muy duro para crear un mundo en el que solo podemos jugar». En última instancia, *Broad City* es la historia de una amistad incondicional que las anima a volar cada vez más libremente. Es la clase de camaradería entre mujeres que se nos antoja fundamental en un momento de involución política. Ese espacio que ellas crean para retozar nos permite también experimentar a los demás.

VIII

VALORES DE FAMILIA CRIMINAL:

WEEDS DE JENJI KOHAN Y *ORANGE IS THE NEW BLACK*

La empresa productora de Jenji Kohan tiene por sede un antiguo teatro que hay cerca del parque MacArthur de Los Ángeles. Un vestíbulo grandioso de color mandarina conduce a los despachos. Mark Burley, el productor ejecutivo de *Orange Is the New Black*, ocupa un despacho decorado con una palmera inflable y unos cirios que representan a los personajes de la serie. Reflexiona sobre el parecido que tienen protagonistas de Kohan como la Nancy Botwin de *Weeds* y la Piper Chapman de *Orange In the New Black*. «Se han educado en el mundo moral de la clase media y se comportan al margen de ese mundo. Nancy y Piper crean su propia moral», concluye Burley.

«Creo que, en general, tendemos a convencernos de que somos buenas personas», dice Kohan varios meses después. La fascina el hecho de que, en situaciones moralmente comprometidas, «creemos códigos, líneas rojas que no rebasaremos, para poder seguir considerándonos buenas personas».

Cuando el canal de televisión Showtime empezó a producir *Weeds*, en 2004, los antihéroes masculinos dominaban el panorama televisivo. Jenji Kohan respondió a arquetipos machistas como Tony Soprano creando el personaje de Nancy Botwin, un ama de casa que se mete a gánster y pasa de participar en actos benéficos y asistir a reuniones de padres de alumnos, a trapichear con marihuana y tratar con narcotraficantes.

«Me gustan las zonas grises –dice Kohan, que lleva el pelo teñido de vivos colores–. Quería que los personajes de *Weeds* fueran un poco más auténticos, porque nos es más fácil identificarnos con las personas imperfectas.» Kohan aún ahondó más en esa zona gris con *Orange Is the New Black*, una serie enteramente protagonizada por personas que, sobre el papel, tendrían que resultarnos muy antipáticas: delincuentes habituales y carceleros corruptos y crueles. En esta serie mezclaba historias de muchas antiheroínas, que tenían pequeños momentos de alegría e iluminación en medio de la oscuridad del mundo carcelario.

«Muchas personas están en la cárcel porque tuvieron un mal día o porque se vieron metidas en una situación muy difícil, no porque sean malas –dice Kohan con tristeza–. Llevan encerrados mucho tiempo por delitos que cometieron en muy poco tiempo. Creo que los hay tontos o malos, pero son pocos. Las personas somos más complejas.»

Jenji Kohan lleva la televisión en la sangre. Su padre, Buz, es un guionista televisivo ganador de un Emmy que se trasladó con la familia de Nueva York a Los Ángeles cuando empezó a trabajar en *The Carol Burnett Show*. David, su hermano mayor, también se dedicó al negocio familiar y creó la telecomedia *Will and Grace*.

Las conversaciones en torno a la mesa eran competitivas en el hogar de los Kohan, porque los dos padres eran escritores (la madre, Rhea, es novelista). «Mis padres dicen que hay judíos que escriben libros y judíos que hacen dinero –declaró en cierta ocasión Jenji a la revista *Jewish Journal*–. A nosotros nos educaron para ser lo primero; lo importante era realizarse personal, intelectual y educativamente, no acumular bienes materiales.»

Los Kohan querían que sus hijos fueran médicos, abogados

o científicos, pero nada de esto interesaba mucho a la joven Jenji, que de adolescente ganó algunos concursos literarios. Estudiando en la Universidad de Columbia a finales de los años ochenta, empezó a hacer prácticas en el centro Franklin Furnace de Manhattan, refugio de artistas como Eric Bogosian, Spalding Gray y Karen Finley que, en un momento de grandes conflictos culturales, fueron objeto de críticas por parte del senador conservador Jesse Helms. Durante un tiempo Kohan pensó en dedicarse al monólogo, pero, ahora que lo piensa, casi se ríe de la idea. «El escenario me da mucho corte. Soy muy tímida y mi voz es muy nasal», dice. Así que, cuando terminó la carrera, volvió a Los Ángeles y empezó a alternar las prácticas periodísticas con trabajos ocasionales.

Kohan nunca pensó seriamente en seguir los pasos de su padre hasta que un exnovio le dijo que «era más fácil que la eligieran diputada» que no que trabajara en una serie de televisión. «Mi primer impulso fue desquitarme –reconoce–. No me gusta que me digan que soy incapaz de algo.»

Mientras su compañera de piso, estudiante de medicina, empollaba manuales de anatomía, Kohan analizaba detenidamente cintas de vídeo de telecomedias como *Roseanne*, *Los Simpsons* y *The Life and Times of Molly Dodd* y escribía guiones. Aunque su padre era un veterano de la industria del espectáculo y su hermano David empezaba a hacer carrera en ella, ninguno parecía dispuesto a echarle una mano: «Me decían que estudiara derecho, querían que fuera independiente». Al final, un amigo de la familia le dio a leer los guiones que ella escribía a un agente que trabajaba en su edificio: así consiguió Jenji empezar a trabajar en la serie *El príncipe de Bel Air*, de la que era la única mujer guionista. A Kohan, que solo tenía veintidós años, el ambiente de trabajo en aquella serie le pareció frustrante y desagradable. Las tensiones raciales se habían agravado tras los disturbios de Los Ángeles de 1992; en la radio declaró que algunos de los colegas que asistieron a un mitin del líder religioso antisemita Louis Farrakhan empezaron a llamarla «puta blanca» y «perra judía».

Sobre su capacidad para enfadar a los colegas, Kohan admite, con una risita: «Digamos que tengo mucho carácter. Pronto me di cuenta de que todo me sería más fácil si lo asumía».

Empezó, pues, a escribir guiones de episodios piloto todas las temporadas, esperando encontrar algún camino que la llevara al éxito. Uno de sus guiones le valió que la contrataran en *Friends*, trabajo que perdió trece episodios después, porque discutió con sus jefes de mayor edad a propósito de la autenticidad de los personajes veinteañeros. Empezó a replantearse su vida profesional y decidió dejar Hollywood y viajar a Nepal. Pero ni aun en medio de la grandiosidad del Himalaya pudo deshacerse del gusanillo de la tele, y, rodeada de sherpas y monjes budistas, escribió el borrador de un guion para *Frasier*. «Aquello me hizo darme cuenta de que a lo mejor no estaba acabada», dice riendo. Regresó, pues, a casa y empezó a escribir para las series *Boston Common*, *Loco por ti* y *Las chicas Gilmore*, aunque ninguno de estos trabajos duró mucho. Hasta 1996, año en el que entró a trabajar en la comedia de sketches *Tracey Takes On* de Tracey Ullman, producida por la cadena HBO, no encontró algo parecido a un mentor.

Lo que Kohan aprendió observando de cerca el trabajo de Ullman fue a «dirigir una serie de una manera sana», para que no hubiera peleas de ego ni conflictos creativos que crearan mal rollo y desaliento. Otra cosa que le ayudó mucho era que podía pasarle a Ullman material que «ella enseguida hacía interpretar para decirme qué tal funcionaba». Kohan trabajó en la serie de Ullman cuatro temporadas y ganó un Emmy. Pero todo ese tiempo siguió escribiendo episodios piloto, unos diecisiete, entre los cuales hubo dos que estuvieron a punto de rodarse.

En 2004, una de las creaciones de Kohan llegó por fin a la

pequeña pantalla. La telecomedia de la CBS *The Stones* se anunció como «de los creadores de *Will & Grace*», David Kohan y Max Mutchnick, aunque la verdadera autora fue la hermana de David, que entonces tenía treinta y cinco años. Protagonizaban la serie Judith Light y Robert Klein en el papel de una pareja divorciada que vive bajo el mismo techo y se pasa todo el rato lanzándose hirientes pullas ante la mirada de sus sufridores hijos. («¿Estás seguro de que pesas lo que debes para quedar con una mujer?», se burla Light. «Mira como pierdo sesenta kilos en un segundo», responde Klein, y se quita el anillo de casado.) La serie tuvo malos índices de audiencia y críticas mediocres y se suspendió a los pocos episodios.

Jenni Konner, que trabajó de guionista en *The Stones*, ya entonces quedó impresionada por la originalidad de Kohan. «Creo que las cadenas de televisión convencionales no eran para ella. No porque se propusiera hacer escenas de sexo atrevidas ni nada de eso, sino porque había como una lucha larvada que yo no había visto en otras series.» Eso se debía, en parte, añade Konner, a que Jenji no lo controlaba todo: «El que la controlaba a ella era su hermano mayor. ¿A quién le gusta eso? Hay personas que deben encontrar su puesto en el mundo.»

Christopher Noxon, marido y colaborador de Kohan, dice que *The Stones* fue «una terrible experiencia que la llevó a darse por vencida. *Weeds* fue su redención. Fue como si dijera: "Tomad, jodeos todos"». Kohan pudo abandonar su sueño de triunfar en las cadenas de televisión convencionales y probar suerte en la tierra prometida de la televisión por cable.

Pese a que se había formado en la comedia ligera, lo que de verdad deseaba crear Kohan era un antihéroe femenino. Obsesionada como estaba con *Al margen de la ley* y *Los Soprano*, decidió crear una serie protagonizada por una delincuente.

La cuestión era: ¿qué delito? La marihuana estaba entonces de actualidad desde la aprobación en 1996 en California de la Proposición 215 que regulaba su uso médico, y a Kohan se le ocurrió la historia de un ama de casa que empieza a traficar con drogas para mantener a la familia tras la muerte de su marido. La HBO rechazó la idea, pero el canal de televisión de pago Showtime apostó por ella.

El canal Showtime llevaba años queriendo salir de la sombra que le hacía la cadena HBO, aclamada por la crítica. Al principio se dirigió a sectores de audiencia olvidados, con *Queer as Folk* para la comunidad LGTB, *Resurrection Boulevard* para los latinos, *Soul Food* para los afroamericanos. Luego, en 2003, apareció el nuevo director de programación Robert Greenblatt (que había sido productor ejecutivo en *A dos metros bajo tierra* y trabajó en el episodio piloto de *Los Soprano*) y empezó a competir con la HBO en su propio terreno.

Por eso, cuando Jenji Kohan acudió a la sede de Showtime y les habló de *Weeds*, los directivos la escucharon con gran interés. Sentada en el sofá en la posición del loto, le dijo al vicepresidente, Danielle Gelber, que la idea se basaba en la madre de una amiga del instituto que vendía marihuana. Visitando un día a su compañera, la joven Jenji abrió el cajón de las verduras del frigorífico en busca de algo que merendar y lo encontró lleno de maría. La madre, recuerda Kohan, llevaba una cazadora con bolsillos secretos en los que guardaba la mercancía. Gelber comprendió que, si se le daba vía libre, Kohan podía hacer mucho por la cadena.

«*Weeds* parecía algo fresco y diferente –dice Burley, un británico de maneras secas que enseguida fue contratado como productor–. La marihuana es ahora legal en algunos estados y en unos años podría serlo en todos los estados demócratas, pero entonces era muy raro.» También el tono era poco ortodoxo: era una serie de media hora que mezclaba el humor negro con el drama sentimental. La palabra *dramedy*, comedia dramática, se había acuñado en los ochenta para referirse a series como *The Life and Times of Molly Dodd*, que trataba temas sórdidos con el formato de la comedia ligera tradicional. El género requiere actores que sepan interpretar con varios registros a la vez. En la comedia pura, el final feliz es de rigor; en la comedia dramática, un personaje desgraciado puede hacernos reír.

Kohan quería que su personaje, Nancy Botwin, fuera «humana, cercana, imperfecta», y necesitaba una actriz que transmitiera esas cualidades. Mary-Louis Parker, actriz de cine y teatro, había ganado un premio Tony por su actuación en la obra de teatro *Proof* y un Emmy por su papel de una mormón que padece alucinaciones en *Angels in America*; acababa de terminar su trabajo en *El ala oeste de la Casa Blanca*, serie en la que interpretaba a la feminista Amy Gardner, y la novedosa historia suburbial que Kohan había concebido en *Weeds* la interesó. Ella misma era madre soltera y la relativa brevedad del compromiso (trece capítulos de media hora) también era una ventaja.

«Tenía ofertas de otras series y la gente me decía: "¿De verdad vas a hacer una serie en Showtime? ¡Ni que fuera el fin del mundo!», dice Parker, sentada en un banco del hotel Beverly Wilshire, con un vestido negro de capas drapeadas. En persona transmite tanta pasión como en la pantalla.

«*El ala oeste de la Casa Blanca* funcionaba dentro de un marco estricto, había cosas que simplemente no se podían hacer. En cambio, en *Weeds* casi se podía hacer cualquier cosa», dice, suspirando profundamente. Era una serie con «bruscos giros argumentales y momentos llenos de ternura y humanidad, por eso no se sabía bien si era una comedia o un drama».

El episodio piloto da a entender que la serie es una crítica solapada a la hipocresía de la sociedad estadounidense. Al principio vemos a Nancy Botwin, una mujer que acaba de quedarse viuda y vive en el seno de una comunidad conservadora, asistiendo a una reunión de padres de alumnos. Los demás padres no saben que, cuando los hijos de Botwin están en la escuela, Nancy sale de aquel mundo cerrado y va a casa de Heylia (Tonye Patano), la traficante que le suministra la droga. Nancy se esfuerza por demostrarle a Heylia y a la familia de Heylia que no es una «mala puta blanca» que visita el gueto por diversión, pero constantemente se delata, como cuando entrega el dinero de la compra semanal de marihuana metido en un paquete con una cinta, que parece una manualidad. Muchas de las risas que la serie provoca –y gran parte de su carácter inquietante– se deben al hecho de que Nancy no encaja en ninguno de los dos mundos en los que se mueve.

En *Weeds* hay un humor negro que malogra el ideal de la buena madre norteamericana: mientras ve a su hijo Shane jugar un partido de fútbol, Nancy le pasa disimuladamente al concejal fumeta Doug (interpretado por Kevin Nealon, exestrella de *Saturday Night Live*) una revista en la que ha escondido la droga. Nancy muestra el mismo coraje que en otro tiempo llevó a las amas de casa a vender productos de Avon, solo que ella comercia con unos artículos de evasión muy distintos.

Sin embargo, a mitad de la primera temporada, se vio claro que Kohan estaba pensando en algo más inquietante que en satirizar la vida de los barrios residenciales. Excitada por el peligro y cargada de cafeína, Nancy empieza a buscar emociones más fuertes. En lugar de dejarse asustar por un camello rival, se lo folla en un callejón a plena luz del día. Igualmente, cuando descubre que su nuevo amante (el actor de cine independiente Martin Donovan) es un agente de la brigada antidroga, se casa con él. Su marido no solo no la denuncia, sino que persigue a la competencia. En cada momento usa Nancy su belleza como un arma o como un escudo y va ascendiendo en la escala de las drogas prohibidas hasta que se lía con el alcalde de Tijuana,

Esteban Reyes (Demián Bichir), que en realidad es un capo narcotraficante.

Nancy es una antiheroína compleja y Parker dota a este personaje despiadado de una fragilidad temblorosa. Podemos ver latir las emociones bajo la superficie de su piel marfileña, como si tuviera que hacer ímprobos esfuerzos por mantener ese semblante impasible.

«Nancy no piensa mucho en el futuro, ni pone en realidad a los demás por encima de sí misma. Las personas bondadosas se libran de mucha mierda –dice Parker, y no sé si sonríe o hace una mueca–. Me encanta el personaje porque en realidad es una mujer encantadora que estaba acostumbrada a que las cosas le salieran bien.» Ese creer en sí misma y ese coraje le permiten reinventarse, pasando de ser una buena esposa y ama de casa cuarentona a ser una astuta empresaria, que no para de montar negocios: una panadería, cultivos de marihuana, una potente variedad de maría que llama «hierba MILF» en honor del término de argot entonces recién creado, y, en lo que es una anticipación del futuro próximo, una cadena de tiendas de marihuana legales tan exitosas que Starbucks quiere comprarlas. Nancy es un ejemplo del empresario americano de éxito.

Pero al personaje deliciosamente descarado de Nancy lo acompañan siempre otra media docena de personajes asimismo muy bien construidos: su cuñado Andy (Justin Kirk), un vago que enseña a los hijos de Nancy lecciones importantes (como a masturbarse bien) y se perfila como la improbable guía moral de la serie; el ya mencionado Doug, que es la pareja humorística de Andy en su particular comedia de fumetas; la vecina Celia (Elizabeth Perkins), enemiga de Nancy, que vive un calvario entre el cáncer y la cárcel, y, por supuesto, los dos jóvenes hijos de Nancy: Silas (Hunter Parrish), buen chico en el fondo, y Shane (Alexander Gould), que se revelará como un gran sociópata.

Aunque explota su sexualidad y vive del riesgo, Nancy procura ser una buena madre para sus hijos. Pero su trabajo pone constantemente en peligro a su familia; peor aún, está claro que se siente más realizada jugándosela que llevando su antigua y estable vida de esposa y madre. Sus precursoras televisivas Roseanne Conner (que insultaba a gritos a sus hijos pero les daba siempre un amor y un apoyo fundamentales) y Lorelai Gilmore (que alimentaba a Rory con comida basura pero se desvivía por ella) eran malas madres solo cuando se las comparaba con un ideal de maternidad imposible. Nancy está muchas veces a punto de ser lo único que los telespectadores nunca han aceptado que sea una mujer: una mala madre declarada, que pone a sus hijos en peligro y destruye en ellos el sentido del bien y del mal.

Incluso los «momentos en familia» que pasa Botwin resultan moralmente equívocos. Cuando la abuela de los niños, Bubbe, que vive en su casa enchufada a una máquina, pide que le dejen morir, Nancy pronuncia unas bonitas palabras en tono elegíaco y desenchufa el respirador. Pero el cuerpo de Bobby se empeña en seguir respirando. La cámara sale a la noche oscura, como si no quisiera presenciar una escena horrible, y oímos a Nancy que ordena con voz seca: «Shane, tráele a mamá una almohada».

Aunque el canal quería que Kohan diera rienda suelta a su imaginación, Burley recuerda que pronto empezaron a preocuparse por los giros argumentales cada vez más comprometidos que tenían que ver con los hijos de Nancy. «Se debatió mucho si los hijos debían fumar o vender marihuana –dice–. Pero Jenji se mantuvo firme y al poco dejaron de pedirle cuentas. Le tenían cierto miedo.» ¿Y qué pasaba con los niños actores, Hunter Parrish y Alexander Gould? Jenji confiesa que a veces se sentía culpable por hacerles interpretar una «historia tan dura». «Espero –dice– que puedan pagarse una buena terapia con el dinero que ganaron en la serie.»

Cansada del sistema de producción tradicional de las telecomedias, Kohan llevaba tiempo soñando con crear su propio ambiente de trabajo: un lugar equilibrado y sano para crear personajes desequilibrados y cada vez más perturbados.

Sin embargo, la relación entre Parker y Kohan, dos mujeres con las ideas claras y muy perfeccionistas, se convirtió en un choque de voluntades. «Ella está acostumbrada a hacer lo que quería y la serie era mía –declaró Kohan ante el Sindicato de Guionistas en 2010–. Había mucho tira y afloja.» Al final, la productora Lisa Vinnecour empezó a hacer de mediadora entre la directora de la serie y la actriz. Especie de «consejera de la diva», como una vez la llamó Kohan, Vinnecour llegó a dirigir el rodaje de *Orange Is the New Black* y consiguió hacer que todos los actores del creciente reparto se sintieran como una familia muy unida. Pero Vinnecour se encoge de hombros cuando oye la palabra «diva» y afirma: «Así son los artistas».

Como Shonda Rhimes, Kohan también quería una política de «gilipollas, no», que aún fue más prioritaria cuando dio a luz a su tercer hijo, la misma noche del estreno de *Weeds*, en agosto de 2005. Contrató a Roberto Benabib (un cineasta que había trabajado de guionista en *Ally McBeal*) para que dirigiera al equipo de guionistas. Al principio, este equipo estaba compuesto mayoritariamente por hombres (algunos de ellos dramaturgos); Kohan contrató a más mujeres a medida que avanzaba la serie, pero creía que, a la hora de contratar gente, no había que tener en cuenta ni el sexo ni la raza. «Creo que limita mucho el pensar que solo las mujeres pueden crear personajes femeninos o los negros personajes negros –me dice–. ¡Es un ejercicio de imaginación!»

Y eso hacían los guionistas de *Weeds*, ejercitar su imaginación. Cada vez que la serie parecía volverse rutinaria, Kohan y compañía daban un giro. Después de tres temporadas de éxito ambientadas en el mundo de la clase media alta de Agrestic, un barrio residencial de California, dice Kohan, «los guionistas empezaron a ponerse nerviosos y a hablar de proyectos que querían emprender entre temporada y temporada. Les pregunté: "¿Qué podemos hacer para recuperar la energía creativa de la serie?". Y ellos me contestaron: "Estamos hartos de los barrios residenciales"».

A Kohan se le ocurrió una solución radical: incendió Agrestic y reambientó la acción en una ciudad costera, incorporó nuevos personajes y eliminó algunos de los antiguos. En adelante, siguieron esta pauta: cuando parecía que la serie se estancaba, Nancy y su clan de narcotraficantes se mudaban a otro lugar: a México, a la otra punta del país, y al final volvían a una Agrestic reconstruida. «La historia llegaba a un callejón sin salida, nos íbamos y nos relajábamos, luego volvíamos y nos preguntábamos: "¿Cómo podemos salir del lío en el que nos hemos metido?"»: así explica Kohan el tesón característico del equipo.

El afán por variar de Kohan se puso de manifiesto también en la cuestión del tema musical de la serie. Ella tenía decidido desde el primer momento que fuera la dura y antirresidencial canción folk «Little Boxes» de Malvina Reynolds: a tal punto que, cuando se puso a escribir el guion del episodio piloto, tecleó la letra de la canción solo por llenar la primera página. Christopher Noxon, el supervisor musical de la serie, cuenta que pronto empezaron a pensar en usar versiones porque se aburrían de la canción original. «Aquello era *Weeds* –dice Noxon–. Jenji no quería hacer lo mismo siempre.» Enseguida se vieron bombardeados con solicitudes de músicos que querían versionar la canción y al final usaron las de Elvis Costello, Death Cab for Cutie, Angélique Kidjo y Regina Spektor.

Al final, *Weeds* cumplió perfectamente con las expectativas de Showtime. Convirtió al canal de televisión por cable en un competidor serio en el sector de la teleserie, en un advenedizo valiente y creativo que empezaba a pisarle los talones a la HBO.

Para consolidar su imagen de hogar de mujeres peligrosas y determinadas, Showtime lanzó una serie de comedias dramáticas creadas por mujeres: *Secret Diary of a Call Girl*, de Lucy Prebble, *Nurse Jackie* de Liz Brixius y Linda Wallem, *United States of Tara* de Diablo Cody y *The Big C* de Darlene Hunt. En un momento en que la HBO no emitía series creadas por mujeres, las heroínas imperfectas fueron la marca de Showtime. A finales de 2009, el número de suscripciones a televisiones de pago había aumentado en más de un 25 por ciento.

Y, sin embargo, *Weeds* nunca obtuvo el respeto que merecía. ¿Fue porque era una comedia dramática de media hora de duración, y no un drama de una hora? ¿Fue porque la protagonista era una madre de mediana edad? ¿O fue quizá porque la serie cambiaba una y otra vez?

Al año de estrenarse *Weeds*, empezó a emitirse en la AMC otra serie sobre una persona normal que se mete a camello para mantener a la familia. El protagonista de *Breaking Bad* era un afable profesor de ciencias de instituto llamado Walter White que, como Nancy Botwin, se arma de carisma y astucia para penetrar en el cerrado mundo de la droga. Vince Gilligan, el creador de la serie, confesó que cuando la propuso no sabía nada de la de Kohan. «Si semanas o incluso días antes de la reunión hubiera sabido que existía *Weeds*, seguramente habría renunciado a ir», declaró Gilligan a *Newsweek*. Pero como no estaba suscrito a Showtime, escribió y vendió su historia de un intelectual que se convierte en un sociópata.

Walt representaba al estadounidense casero y de mediana edad cuya reprimida virilidad se manifestaría cuando se la pusiera realmente a prueba: una atractiva fantasía para los zánganos de los barrios residenciales de todo el mundo. Nancy también cumplió la promesa de transformarse a sí misma cuando llegó a extremos impensados de valentía y crueldad, aunque no era exactamente lo que las masas querían ver en una madre de mediana edad. Cuando llegamos al último capítulo de *Breaking Bad*, no tenemos duda de que Walt se ha convertido en un monstruo, pero pone fin a su vida como quiere, sin tener que pasar por la cárcel. Nancy, por su parte, recibe su merecido: en la séptima temporada, la vemos vestida con un informe traje carcelario verde al final de los tres años que ha pasado en una prisión de Connecticut.

Al mismo tiempo que Nancy Botwin dejaba atrás su vida en prisión, Jenji Kohan empezaba la suya.

Una amiga le regaló un ejemplar de las memorias de Piper Kerman *Orange Is the New Black: My Year in a Women's Prison* cuando estaba trabajando en la última temporada de *Weeds*. Pensó que era perfecto para el siguiente proyecto, pero cuando lo propuso a Showtime vio con sorpresa que lo rechazaron.

«¿Mi serie ha sido la mejor de la cadena durante ocho años y no lo aceptáis?», dijo con una voz que le temblaba de la rabia. Pero quienes dudaron del interés y viabilidad de una serie sobre mujeres delincuentes de muchas razas no fueron solo los de Showtime. «La HBO la rechazó también –dice Kohan amargamente–. Muchas cadenas la rechazaron.»

Y, en medio de tanta decepción, apareció Netflix. Netflix era una página web de alquiler de cine que aspiraba a crear y emitir contenido propio. Hasta aquel momento había comprado una serie, un drama político llamado *House of Cards*, que aún no había empezado a emitir. Querían que Kohan les diera credibilidad y atrajera la atención de los espectadores, como había hecho para Showtime. Le hicieron, pues, una oferta muy tentadora: la posibilidad de hacer trece episodios de una hora de duración, sin necesidad de hacer uno piloto de prueba y con injerencia mínima del canal.

Mientras los guionistas de *Weeds* trabajaban en la última temporada de esta serie, Kohan contrató a otro equipo de guionistas para empezar a trabajar en *Orange Is the New Black*, lo que hicieron en el mismo edificio de los Universal Studios. «*Weeds* era como su hijo, por lo que los de *Orange Is the New Black* nos sentíamos como los hijastros maltratados que vivían en el sótano –dice Sian Heder, que escribió para las primeras cuatro temporadas de la serie–. Éramos los nuevos hijos. Y nuestra tarea era bastante complicada porque no disponíamos de episodio piloto.» Kohan había escrito un primer guión con la productora de *House of Cards* Liz Friedman, pero la colaboración había cesado.]237«Había un episodio piloto que no le gustaba a Kohan, y no nos permitían verlo, así que debatíamos sobre el libro y de cómo sería la serie», dice Nick Jones, un guionista que se trasladó a Los Ángeles para trabajar en la serie. Me sorprendió la falta de organización. Parecía que perdíamos semanas en conocernos y en ir a pasear y hablar sobre temas.» También se entrevistaron con antiguas reclusas y visitaron una cárcel de mujeres.

La autora del libro, Piper Kerman, era una mujer de Brooklyn con carrera universitaria que había pasado un tiempo en la cárcel cuando era joven por traficar con droga. Sus memorias ofrecían una visión personal de las relaciones entre las reclusas. Destacaban unas cuantas figuras: Pop, la mujer de un mafioso ruso; Morena, una española de mirada turbadora, y Pornstar, un carcelero bigotudo. Kohan se dio cuenta enseguida de que tendrían que cambiar algunos personajes e inventar nuevos, por razones tanto legales como creativas. Consideraba que el personaje de Piper, una chica blanca y rubia, era su «caballo de Troya», porque, como explicó en un acto público en 2014, «si voy a una cadena y les digo que quiero hacer una serie sobre mujeres pobres latinas y negras y los problemas que tienen, no convenzo. En cambio, la idea de la chica blanca que se siente perdida en un mundo extraño, como en *La recluta Benjamín*, gusta más... Pero nunca fue mi intención contar solo la historia de Piper, era una puerta de entrada a las demás historias.»

Sin modelo en el que basarse ni actores adscritos a la serie, los guionistas tuvieron que trabajar a ciegas. Por ejemplo, sabían que Kohan quería que hubiera un personaje transexual en la Penitenciaría Litchfield de ficción, que en principio interpretaría una actriz transexual, pero apenas tenían nada más para seguir adelante. Por eso, cuando Heder escribió el guion del tercer episodio, en el que se contaba la historia de Sophia Burset, tuvo que hacerlo sin ideas preconcebidas. «Pensé que lo mismo podía ser una blanca de clase trabajadora que una afroamericana –dice Heder–. Lo que tenía que hacer era inventar una buena historia que pudiera adaptarse a la manera de hablar y de ser de ese personaje.»

Kohan quería producir la serie en Los Ángeles, donde sus tres hijos iban al colegio felizmente, pero los estudios preferían Nueva York, por razones fiscales. Llegaron a una solución de compromiso: filmarían en los estudios Kaufman Astoria, en Queens, siendo Lisa Vinnecour la que supervisara a los actores en lugar de Kohan, y los guiones y la posproducción se harían en Los Ángeles y estarían a cargo de Kohan y Burley. Separar la serie de su realizadora era un solución poco ortodoxa, pero resultó una gran ventaja, porque muchas de las actrices a las que contrataron eran actrices de teatro residentes en Nueva York con poca o ninguna experiencia en la televisión.

Kohan pidió a Jennifer Euston, la directora de casting de *Girls*, que la ayudara a reunir un gran reparto de actrices desconocidas. Lo que la realizadora tenía pensado para *Orange Is the New Black* superaba incluso la diversidad de las series de Shondaland: un reparto compuesto por mujeres de todas las razas pero también de todas las edades y tamaños. Rhimes había llevado la no discriminación racial a sus límites en la televisión convencional, pero su posición en la ABC solo le permitía superar hasta ese punto las ideas de la belleza que tiene el gran público. Jenji quería imprimir a su serie un carácter más verista; que Piper, el personaje principal, fuera la típica belleza hollywoodiense no haría sino acentuar el realismo del cuerpo de las demás mujeres.

«¿Todas mujeres desconocidas... y muchas de ellas de minorías? ¡No podía creérmelo!», recuerda Euston del proceso de casting. Muchas de sus actrices favoritas nunca obtenían, por su raza, tamaño, edad o aspecto raro, más que pequeños papeles. Y allí estaba Kohan ofreciendo papeles fijos a aquellas actrices secundarias y de teatro.

Euston no tenía mucho material con el que trabajar en las primeras audiciones. Para el papel de una reclusa llamada Taystee solo tenía una frase («¡Vaya tetas duras y bien hechas que tienes!», le dice Taystee a Piper en las duchas, admirando sus pechos), pero la actriz Danielle Brooks transmitía una alegría que casaba con el papel. Uzo Aduba iba a abandonar la interpretación para estudiar derecho cuando leyó para el personaje de Jenae, un excorredora de éxito. Corredora ella misma, Aduba se presentó a la prueba con el pelo recogido y una camiseta de tirantes blanca para que se le vieran los brazos. Cuando Kohan vio la grabación dijo: «¡Quiero que Uzo sea Crazy Eyes!». Euston flipó. «Le dije: "¿Y quién es Crazy Eyes?". En aquel momento no había ningún personaje que se llamara así. Pero cuando a Jenji le gustaba a alguna de las actrices que yo le mostraba, enseguida creaba un personaje para esa actriz.»

Aunque la mayoría de los papeles fueron para actrices desconocidas, Kohan contó con algunas caras famosas, como Kate Mulgrew, Laura Prepon, Taryn Manning y Jason Biggs. El personaje de Piper recayó en Taylor Schilling, que había protagonizado la serie médica de la NBC *Mercy*. También recuperó a algunos actores con los que había trabajado en *Weeds*, como

Pablo Schreiber (que encarnaría al siniestro funcionario de prisiones apodado Pornstache), Michael Harney (en el papel del algo menos siniestro funcionario de prisiones Healy) y Natasha Lyonne. Esta última hacía un pequeño papel en la última temporada de *Weeds* cuando se enteró de que estaban escribiendo el guion de *Orange Is the New Black* y se entusiasmó. Rápidamente quiso convencer a Kohan y al director Michael Trim de que era la actriz perfecta para el papel de Nicky Nichols, una yonqui ruda pero de gran corazón, alegando su propia lucha contra la heroína como garantía de autenticidad. «Sé que estaréis pensando: "¿Cómo es posible que esta chica haya tenido una vida dura?" –recuerda Lyonne que les dijo a Kohan y a Trim–. Buscad en Google y veréis que tengo antecedentes penales que lo demuestran.» Lyonne, una neoyorquina conocida por sus papeles en *Suburbios de Beverly Hills* y *American Pie*, temía que el apetecible papel recayera en alguna veinteañera flacucha. Pero su alegato —«¡Soy una yonqui, en serio!»— convenció.

Sentada a un banco de una cafetería de Los Ángeles, Lyonne habla sin parar con una voz chillona que parece más de viejo verde judío que de la menuda actriz de treinta y siete años que es. Pese a los ojazos y a los tirabuzones pelirrojos que tiene, dice que siente una afinidad con el tipo de personaje duro de los años setenta que interpretaban actores como Robert DeNiro, Harry Dean Stanton y Gene Hackman. El papel de Nicky Nichols –una cambiante mezcla de amiga leal, lesbiana seductora, mujer débil y adicta impenitente– le va que ni pintado.

Como Lyonne, muchas actrices de la serie llevaban años bregando en el mundillo porque eran demasiado peculiares y no cuadraban con el tipo de papeles como cortados por el mismo patrón que les ofrecían. Pero en aquel momento, con *Orange Is the New Black*, por fin tenían una oportunidad de demostrar lo que valían.

«Muchas de las mujeres de la serie son tan peculiares que confunden –dice Lyonne–, por eso nos sorprende descubrir que el secreto siempre es: "Sé tú misma".» Se tira del suéter a rayas blancas y azules que lleva como si notara que algo se le mueve por dentro y al final se lo quita: debajo lleva una fina camiseta de encaje negro. «Las actrices habían pasado sus momentos críticos, habían superado los horrores de su vida y por eso podían hablar de ellos y compartirlos sin miedo a que las destruyeran.»

Laverne Cox es un actriz transexual que actuaba en Lucky Cheng, el cabaré trans de East Village, cuando hizo la prueba para el papel de Sophia Burset. «Laverne es un perfecto ejemplo de actriz que incorporaba sin duda aspectos de su vida personal», afirma Lyonne. Cox aceptó de buen grado el papel de Sophia, un exbombero que acaba encarcelado por extender cheques sin fondos para pagarse el cambio de sexo. Por entonces había habido muy pocos personajes transexuales fijos en las series de televisión, y el debate sobre la identidad y los derechos de los transexuales aún no se había abierto en la sociedad estadounidense. (Caitlyn Jenner se declaró mujer transexual casi dos años después del estreno de *Orange Is the New Black*.)

Decidida a hacer de Sophia Burset un personaje creíble, Sian Heder entrevistó a numerosos transexuales antes de escribir el guion del episodio de la primera temporada en el que se cuenta la vida de ella antes de entrar en la cárcel. El resultado fue un personaje «bastante egoísta en algunos aspectos», además de delincuente. Heder temió posibles reacciones negativas, dice, «pero creo que los transexuales se alegraron mucho de ver en la pantalla a un personaje con el que podían identificarse, pese a todos sus defectos».

El episodio da a entender que Sophia ha escapado de la cárcel del género sexual solo para entrar en otra cárcel. Vemos los problemas que tiene con las autoridades penitenciarias, que se niegan a pagarle las hormonas femeninas que necesita. Y nos remontamos al momento de su cambio de sexo, años antes de su encarcelamiento en Litchfield: la vemos probándose ropa de chica hortera delante de su esposa Crystal («¡Te pareces a Hannah Montana!», bromea ella) y enfrentándose a un chico que se enfada y avergüenza por la metamorfosis de su padre.

«El gran problema que teníamos con ese episodio era que había escenas en las que tenía que aparecer como un hombre», dice Lisa Vinnecour, productora ejecutiva. Aunque Cox estaba dispuesta, el vello facial no le sentaba bien y tuvimos que ponernos a buscar a un actor que se le pareciera. «No lo encontrábamos por ninguna parte y de pronto, un día, Laverne nos dice, como de pasada: "Por cierto, tengo un hermano gemelo, ¿sabéis?". ¡No teníamos ni idea!» Conque el gemelo de Cox, Lamar, vino e hizo el papel tan bien que muchos espectadores no se dieron cuenta de que era un doble.

Menos de un año después del estreno de la serie, Laverne Cox apareció en la portada de la revista *Time*, ganó un premio GLAAD y fue la primera actriz transexual nominada a un Emmy. «Lo revolucionario no es que hubiera un personaje trans, ni siquiera que a un personaje trans lo interpretara un actor trans, aunque ya era mucho –declaró Cox al *New York Times* en 2014–. Lo revolucionario es que el personaje resulta tan humano que el público conecta con él, una persona con la que no esperaban conectar.»

Lo mismo pasa con muchas de las reclusas, náufragas en una Isla de los Juguetes Inadaptados poblada de mujeres que apenas se ven en la televisión de Estados Unidos, fuera de los programas de telerrealidad o las noticias. Hay latinas, negras y asiáticas, mayores y enfermas, gordas y flacas, y todas tienen un pasado de trastornos emocionales, pobreza extrema, abusos sexuales o drogadicción. De ese pandemónium de caracteres encontrados y rivalidades étnicas, surge poco a poco una melodía: las vidas rotas convergen en una especie de armonía extraña.

«Las personas vivimos en mundos cada vez más aislados, en círculos cerrados –dice Kohan seriamente–. Por eso creo que parte de mi trabajo es introducir cosas nuevas que nos hagan familiarizarnos con otros o con lo Otro, y ayudarnos a identificarnos con personas con las que nunca pensamos que nos identificaríamos.»

Orange Is the New Black levantó un enorme revuelo en cuanto Netflix puso a disposición del espectador los trece episodios a la vez. No fue solo que entusiasmó a la crítica. Los fans devoraron los episodios, hablaron de ellos en Tweeter, Facebook e Instagram y crearon memes: usaron todos esos medios digitales para expresar su entusiasmo y debatir animadamente las virtudes y defectos de la serie, fenómeno que ha pasado a formar parte esencial de la televisión del siglo XXI. *Orange Is the New Black* fue la primera serie que se benefició de la estrategia de Netflix de lanzar todos los episodios al mismo tiempo y cuya promoción dependió de las redes sociales, ya que no tenía un horario semanal fijo en torno al cual la reacción de los espectadores se sincronizara y unificara.

La cadena estimulaba la interacción con el espectador publicando vídeos de gazapos del rodaje y trabajos de los fans, y las estrellas regalaban fotos en las que se las veía en el plató o promocionando otros proyectos de los colegas. No era solo una estrategia publicitaria: muchos de los actores se habían hecho muy amigos. A fin de cultivar la intimidad entre el creciente reparto, durante el rodaje de la primera temporada, Lisa Vinnecour organizaba excursiones: lo mismo cruzaban el puente de Brooklyn todos juntos como cogían los coches e iban a visitar una casa encantada de Connecticut. A las pocas semanas de estrenarse la primera temporada, Vinnecour los invitó a todos a su fiesta de cumpleaños en un restaurante del West Village de Manhattan.

«De pronto me di cuenta de que había gente que se paraba a mirarnos, murmuraba y nos señalaba. Lo siguiente que veo es que hay una cola de cuarenta personas que quieren entrar –cuenta Vinnecour asombrada–. La gente llamaba a los amigos y les decía: "¡Venid, están aquí los actores de *Orange Is the New Black*!". Entonces me dije: "¡Guau! Esta serie es más grande de lo que creía".»

Rodar con un reparto tan numeroso (a veces había ochenta papeles con diálogo en un solo episodio) es difícil pero garantiza que los guionistas no se aburran, porque tienen todo un caleidoscopio de personalidades que desarrollar. Como Kohan dijo, Piper actúa como espejo del espectador blanco de clase media tradicional. Rezuma privilegio blanco inconsciente por todos los poros. «Voy a leerme los libros que tengo en mi lista de deseos de Amazon y aprender un oficio», dice antes de entrar en la cárcel, creyendo que podrá emplear su tiempo en eso. A través de sus ojos, vemos las invisibles políticas que rigen en esa cárcel de mínima seguridad en la que las mujeres se juntan por raza. La actitud de los guardias fluctúa entre la ineptitud bienintencionada y la crueldad sádica; el funcionario más severo, Joe Caputo, toca en su tiempo libre en una banda de música llamada Side Boob.

La serie está estructurada de manera que los espectadores no tengan más remedio que ver más allá del uniforme caqui y fijarse en el ser humano que lo viste. Todos los episodios incluyen escenas retrospectivas que nos cuentan el pasado de un determinado personaje, así como las miserias y desmanes que lo llevaron a la cárcel. Sabemos así que la tranquila Taystee fue una huérfana que encontró un mentor en la persona de un carismático camello del barrio y que la madraza Gloria Mendoza

(Selenis Leyva) defraudó con las ayudas sociales para escapar de un novio que la maltrataba. Muchas veces, nuestra idea de los personajes se ve totalmente subvertida. Por ejemplo, en las escenas retrospectivas de Miss Rosa, una mujer mayor, la vemos convertida en un cañón amante de emociones fuertes que atraca bancos.

Seguramente el mejor ejemplo de cómo la serie desbarata los prejuicios del espectador lo vemos en las secuencias retrospectivas de Suzanne, la reclusa afroamericana perturbada mental a la que llaman Crazy Eyes. A diferencia de las otras reclusas no blancas, que proceden de ambientes pobres u hogares violentos, Suzanne se ha criado en la mimada seguridad de una familia adoptiva de clase media alta. Sian Heder dice que este pasado no fue premeditado: Kohan introdujo este detalle en uno de los guiones, como de pasada, y dio pie a una gran historia. «Fue poco más que una ocurrencia: "Plano de Crazy Eyes sentada con dos personas blancas a las que llama mamá y papá". Pero uno introduce un pequeño detalle sobre un personaje y ese pequeño detalle condiciona el resto de la temporada. Todos los guionistas tuvieron que seguir creando un mundo basado en esa idea.»

Kohan pidió desde el primer momento a Jen Euston que hasta el papel más pequeño se lo diera a buenos actores, para que, «si el personaje crecía, pudieran desarrollarlo», dice Euston. En efecto, personajes que vemos de fondo en temporadas enteras saltan al primer plano a medida que la serie avanza, y reclusas que al principio nos parecían simples brutas (al menos para Piper) van adquiriendo complejos claroscuros. Una de esas malvadas caricaturescas era Tiffany Doggett, alias Pennsatucky (Taryn Manning), una adicta a la metanfetamina de aspecto demente, racista, con el pelo lacio y los dientes podridos que fue arrestada por disparar en una clínica abortiva. A los antiabortistas que le escriben a la prisión les dice: «Saldré antes del Arrebatamiento».

Concebida como la gran enemiga de Piper, inesperadamente evoluciona hasta convertirse en una joven taciturna y entrañable producto de una infancia de abandono y maldad. El consejo de su madre de que acepte pasivamente todo lo que los hombres le hagan sexualmente condiciona su relación con un nuevo funcionario de prisiones, Coates (James McNennamin). Este parece un buen tío y sus paseos en la furgoneta celular son como gozosos flirteos, algo que les permite huir de sus respectivos papeles de carcelero y rea. Pero al final el desequilibrio de poder se impone y culmina en una tremenda escena de violación en el asiento trasero de la furgoneta. La cámara nos muestra la cara de Pennsatucky mientras él la penetra. Ella lo soporta estoicamente, como su madre le ha enseñado, y permanece muda. Pese a sus esfuerzos por abstraerse de su cuerpo, no puede evitar que se le escape una lágrima.

«A Taryn le dijimos que su personaje, debido a su pasado, simplemente cierra los ojos cuando la violan –recuerda Vinnecour, hablando del rodaje de aquella dolorosa escena–. Ella se puso en ese plan pero de pronto le salió una lágrima... y quedó perfecto. Le dije: "¡Es precioso!", pero ella me contestó: "Lo siento, sé que no debía mostrar ninguna emoción, ¡pero se me ha escapado!» Vinnecour creó un ambiente seguro en el que las actrices pudieran sentirse vulnerables. Para eso, en las escenas sexuales comprometidas, despejó el plató y cuidó del aspecto que presentaba el cuerpo de las mujeres para que estas no se sintieran cohibidas.

Dice Kohan: «El mayor problema que teníamos con las escenas explícitas es que las actrices se echaran para atrás. Lo entiendo, algunas son vulnerables, las encasillan y las utilizan como pábulo masturbatorio. Pero yo quería esas escenas porque lo que deseábamos transmitir con ellas no era perversión, sino humanidad».

En Litchfield, Piper se encuentra con Alex (Laura Prepon), su novia de la universidad y camello, y las tórridas relaciones sexuales entre estas dos mujeres de belleza convencional –en trasteros, almacenes y duchas– se convirtieron en un atractivo para los fans de la serie de todos los sexos. A veces, el sexo se usa para hacer reír, como cuando Boo (Lea DeLaria), lesbiana marimacho, desafía a Nicky a ver quién seduce a más reclusas. Otras veces, el sexo lleva más carga emocional, como cuando Poussey (Samira Wiley) intenta entablar una relación amorosa con su mejor amiga Taytsee, que es decididamente heterosexual. Tras un intento fallido de beso, Taystee le propone: «Si quieres podemos tumbarnos un momento». Se acuestan en silencio, una detrás de la otra, y vemos la cara de tristeza que pone Poussey. Y, claro está, también hay sexo entre quienes tienen poder y quienes no, entre reclusas y carceleros, ya sea forzado (como con Doggett) o voluntario (como el de una joven reclusa embarazada de un guardia romántico). Kohan crea un microcosmos del mundo exterior, con todos sus pequeños placeres y horrores sociales, vividos en cautividad.

El tema de la vagina salía «unas sesenta y dos veces al día» en la sala de guionistas, cuenta Lauren Morelli, guionista de la serie, «para disgusto» de los pocos varones que había. A diferencia del equipo de *Weeds*, mayoritariamente masculino, en *Orange Is the New Black* las mujeres dominaban desde el principio.

Kohan convencía a los guionistas para que contaran detalles íntimos de su vida y Morelli, escribiendo y debatiendo sobre la sexualidad de Piper en la primera temporada, se dio cuenta de que también ella era homosexual. «Piper y Alex eran como portavoces de mis propios deseos y una prefiguración de lo que podía ser mi futuro», confesó en un artículo para *Mic* de 2015. Dejó a su marido y empezó a salir con una de las actrices de la serie, Samira Wiley, alias Poussey. En 2017 se casaron.

Trabajar en una serie en la que no solo la mayoría de los actores eran mujeres, sino también la mayoría del personal, era una experiencia nueva y desconcertante para muchos de ellos. «Tuve que abandonar la idea que tenía de que soy de esas que no se llevan bien con las mujeres –dice riendo Natasha Lyonne–. Es realmente curioso, porque somos muchas y todas muy diferentes, y, sin embargo, hay sitio para todas.» Lisa Vinnecour también se sorprende de esta gran presencia de mujeres, que no tenía precedentes: «Miras alrededor y ves la cantidad de mujeres que hay en el plató en cualquier momento, a uno y otro lado de la cámara y te dices: "¡Genial!"». Recuerda un día, rodando la cuarta temporada, que se pasó por el *video village*: «Todas las personas que había –peluqueras, maquilladoras, encargadas de vestuario, de la iluminación, guionistas– eran mujeres».

Pero las desigualdades persisten. Una de las cosas que más le amarga la vida a Kohan es la desigualdad salarial que existe en la industria del entretenimiento, por la que hombres con el mismo nivel profesional que ella ganan bastante más. «Estoy harta de no cobrar lo que debería desde hace muchos, muchos años, sobre todo en *Weeds* –me dice–. Era un tema complicado y es una espina que llevo clavada.» Lo único que pueden hacer las mujeres, añade, es amenazar con irse y estar dispuestas a cumplir la amenaza, como hizo Amy Sherman-Palladino con *Las chicas Gilmore*, en vano. «Al final una se pregunta: "¿Estás dispuesta a abandonar?". Es posible que para las mujeres sea más difícil, pero es el único poder que tenemos.»

Kohan admite que muchas veces prefiere la libertad creativa al dinero. Por eso, en *Orange Is the New Black* pudo crear un gran número de personajes femeninos y seguramente dio empleo a más mujeres no blancas en papeles importantes que todas las series de televisión juntas, sin contar las de Shondaland. Esto se puso de manifiesto cuando las actrices salieron al escenario a recoger el premio al mejor reparto del Sindicato de

Actores del año 2015: apiñadas en torno a Uzo Aduba, que sostenía la estatuilla, vemos a un montón de mujeres que parecen directamente salidas de un anuncio de Benetton, sonriéndose y abrazándose con incredulidad.

Con todo, el tratamiento que la serie da al tema de la raza alarmó a algunos críticos. En *The Nation*, Aura Bogado afirmó que la serie no era sino otro ejemplo más de la explotación del sufrimiento de los afroamericanos por parte de los blancos. Hacer de Piper y de sus problemas de chica blanca el centro temático de la primera temporada no contribuyó a la causa racial de la serie. En las siguientes temporadas, Kohan y sus guionistas abrieron el universo: profundizaron en muchas de las que habían sido meras caricaturas raciales y las convirtieron en personajes interesantes que adoptaban conductas estereotípicas a modo de escudo o burla. Black Cindy (Adrienne C. Moore), por ejemplo, empieza siendo una graciosa impertinente pero en la tercera temporada nos sorprende con su gran personalidad. Lo que empezó siendo un mero chiste sobre su condición de judía (que le permite obtener mejor comida kosher en la cafetería) pasa a ser algo serio cuando empieza a estudiar judaísmo con el fin de convencer al rabino de la prisión de que es una de las elegidas. Le gusta la introspección religiosa constante: «Si hacemos algo malo, tenemos que resolverlo nosotros. Y, en la cuestión de Dios, debemos seguir preguntando cosas, aprendiendo y debatiendo». Cuando el rabino acepta su conversión, se echa a llorar. El último paso de su conversión, bañarse en un *mikve* (o piscina de agua purificadora), lo cumple cuando las reclusas escapan por un hueco que ven en la valla y se bañan en el lago que hay cerca de la prisión. Cindy se zambulle en el agua y flota un momento en éxtasis.

El tono de la serie fue tornándose más serio con los años. En la primera temporada, «había momentos que parecían demasiado ligeros, demasiado frívolos –dice la guionista Sian Heder, como si las reclusas fueran compañeras de litera de un campamento de verano–. Muchas veces escribía una escena muy intensa y luego iba Jenji y al final escribía algo chistoso para, como ella decía, evitar caer en el sentimentalismo. Al principio yo me decía: "¿Es que no puede ocurrir nada sin un chiste?". Pero la idea era que entendiéramos que no hay momento tan intenso que no admita una risa.»

La serie fue salpicando cada vez más ese humor con vislumbres de la maquinaria opresora que hay detrás del llamado «complejo industrial penitenciario». La mayoría de las mujeres de Litchfield cometieron delitos relativamente menores por desesperación, costumbre o necedad, pero en la cárcel les hacen trabajar en tonterías en lugar de formarlas realmente o enseñarles un oficio con el que puedan ganarse la vida cuando salgan. Las cosas empeoran cuando de la gestión de la cárcel se encarga una empresa privada llamada MCC cuyo único interés es ganar dinero. El nuevo régimen de recorte de gastos y obtención de beneficios provoca un peligroso hacinamiento, la llegada de guardias brutales y poco preparados y una quiebra general de la forma de vida de la cárcel. Como dice una de las reclusas: «Ya no somos seres humanos, producimos artículos».

Kohan no puede resistir reírse un poco de la situación y envía a Warden Caputo a CorrectiCon, un distópico congreso sobre administración penitenciaria en el que se organizan debates sobre la «historia de las armas carcelarias». Pero esta sátira se enmarca en un cuadro serio y desolador del deterioro de las condiciones de vida de la cárcel en la cuarta temporada. A Sophia se la aísla para su propia protección. Las facciones raciales de la cárcel, que en anteriores temporadas convivían más o menos pacíficamente, se van polarizando (y van perdiendo matices) a medida que llegan nuevas reclusas. Piper, que ha montado un negocio clandestino de venta de bragas usadas por las reclusas, se alía con un grupo recién llegado de neonazis para afirmar su poder frente a la competencia de una banda rival de dominicanas. Después de denunciar a las dominicanas a la autoridad penitenciaria, estas se vengan marcándole una esvástica en el brazo.

«Encerrad, encerrad, encerrad hasta llenar la jaula / a los animales, a los animales»: así empiezan todos los episodios de la serie, con el poderoso tema musical de Regina Spektor. En el episodio de la cuarta temporada titulado precisamente «The Animals» –dirigido por el amigo de Kohan y creador de *Mad Men* Matt Weiner–, las reclusas organizan una protesta pacífica pero caótica en la cantina contra las normas cada vez más inhumanas de la cárcel. El mensaje implícito es: «No somos animales». Pero la cosa acaba en tragedia cuando Poussey, uno de los personajes más queridos de la serie, muere a manos de un funcionario inexperto incapaz de controlar la situación.

«No puedo respirar», son sus últimas palabras, una alusión explícita a las de Eric Garner, a raíz de cuya muerte a manos de la policía se creó el movimiento Black Lives Matter. Los guardias dejan el cadáver de la reclusa en el suelo de la cafetería durante varias horas –como hizo la policía de Ferguson con el de Michael Brown después de ser abatido en la calle– mientras preparan un comunicado de prensa. Ante los periodistas, Warde Caputo trata la muerte como un incidente cualquiera. Taystee, que arde de rabia y de pesar, grita: «¡Ni siquiera dicen su nombre!»; esta denuncia se producía poco después de la misteriosa muerte de Sandra Bland en su celda.

Entre los guionistas había habido tensos debates acerca de qué personaje debía morir. Kohan creía firmemente que tenía que ser Poussey precisamente por ser una figura tan entrañable, sensible y optimista: «Tenía futuro, tenía potencial y sería mucho más desolador que perder otros personajes». Natasha Lyonne comparó el épico rodaje de la escena con *Espartaco*, por la gran coordinación y los muchos ensayos que requirió. Todo el reparto estaba en el plató y debía simular el caos. «Tiene que parecer un accidente –declaró Matt Weiner a *Vanity Fair*–. Pero, claro, la moraleja de ese episodio es que nada es un accidente. Todo ese ambiente es resultado de la privatización de las prisiones.»

La actriz Samira Wiley iba y venía entre las tomas tratando de alegrar a sus compañeras de reparto, traumatizadas por la brutal muerte que sufría en la pantalla. Tras el estreno de la cuarta temporada, en junio de 2016, muchos fans, consternados también, protestaron con el hashtag #PousseyDeservedBetter. «Repugna que hayáis hecho eso con el personaje de la única lesbiana negra, guapa, fuerte y (por fin) feliz», se quejaba un fan en Twitter. A otros los molestó que incluyeran una amable escena retrospectiva del joven funcionario de prisiones blanco que mató a Poussey, decisión que parecía disminuir la responsabilidad del guardia en la absurda muerte.

«Eso del guardia malo que mata al preso bueno es demasiado fácil –alega Kohan–. La cosa es más complicada. Todos son seres humanos y todos comenten errores y actúan en el momento. La pregunta es la siguiente: ¿somos lo que hacemos? ¿Nuestras acciones son una cosa y nosotros otra? No quiero la respuesta fácil, quiero que el espectador se enfrente a lo que ve, debata con lo que ve, se sienta interpelado por lo que ve.»

Wiley declaró a la prensa que estaba orgullosa de contribuir a esa concienciación: «Hay personas a las que les gusta la serie que no saben lo que es Black Lives Matter. No tienen amigos negros ni amigos homosexuales, pero conocen a la Poussey de la tele y sienten lo que vosotros decís: que parece que la conocierais de toda la vida». En un coloquio sobre la serie que tuvo lugar en el sitio web ThinkProgress, la periodista Carimah Townes decía que la historia de esa temporada era muy significativa: «Estamos en un momento en el que las mujeres negras deben decir: "No tenemos nada que perder salvo nuestras cadenas". Y el argumento de la serie es muy oportuno. Están produciéndose protestas, con huelgas de hambre y laborales, en prisiones de todo el país, y la gente está diciendo basta al trabajo esclavo, a la pena de aislamiento, a las condiciones de vida inhumanas».

Kohan es muy consciente de que *Orange Is the New Black* le otorga una posición privilegiada en la cultura. «Lo que espero con la serie es abrir debates –declaró ante el público en 2014–. Es, en cierta medida, como una tribuna para mí: mi agenda política no es ningún secreto. Me alegro de que los temas que trata la serie pasen al debate nacional e internacional y de que se hable de problemas de los que nunca se hablaba, y se vea lo que es el "complejo industrial penitenciario" y a los presos con una óptica diferente.»

La industria penitenciaria privada creció mucho a principios del siglo XXI, pero había señales de que algo estaba cambiando. Hillary Clinton había pedido acabar con las cárceles privadas y en agosto de 2016 –dos meses después del estreno de la segunda temporada de *Orange Is the New Black*–, el Departamento de Justicia del presidente Obama anunció que dejaría de contratar ese tipo de cárceles. Un mes después se declaraba una de las huelgas de presos más grandes de la historia de Estados Unidos: al menos veinte mil reclusos de veintitrés estados se negaron a acudir al trabajo, por el que les pagaban poco o nada. «Un llamamiento a la acción contra la esclavitud en América»: así llamaron a la huelga los organizadores, que exigían salarios justos, mejores condiciones de vida y más oportunidades educativas.

«La gente empieza a ver que sí, que puede que nos hayamos equivocado un poco con eso de la guerra contra las drogas, que no era en realidad sino guerra contra la gente –dice Mark Burley, productor ejecutivo–. La encarcelación masiva se considera ahora un fracaso y un fracaso muy caro, y no pasa nada si vemos una serie de televisión que humaniza a esa gente.»

Igual que *Weeds* pudo contribuir a cambiar nuestra actitud con respecto a la legalización de la marihuana, *Orange Is the New Black* ha humanizado a la población reclusa... aunque, con la elección de Donald Trump, la política federal sobre la marihuana y las cárceles privadas puede muy bien dar un vuelco regresivo y volver a los viejos tiempos del «Di no» y de las sentencias mínimas obligatorias.

Cuando se pregunta por una serie de televisión con aspiraciones y aliento comparables a los de *Orange Is the New Black*, Natasha Lyonne se queda con *Bajo escucha*. La serie de David Simon se ambienta en Baltimore y va poco a poco, estrato tras estrato, creando un paisaje urbano lleno de corrupción y desigualdad, en el que las fuerzas económicas y las fracturas sociales se conjugan para que los narcotraficantes y la policía estén interesados por igual en que las cosas sigan como están. Capos de la droga, jóvenes camellos de la calle, agentes de policía, políticos, abogados y fiscales, incluso periodistas y profesores son cómplices de un sistema que se perpetúa aunque falle una y otra vez.

«Su alcance es cada vez mayor y de pronto vemos que lo que nos cuenta es toda la historia del mundo de la droga y de las consecuencias que tiene –dice Lyonne, hablando de *Bajo escucha*–. Lo mismo creo que pasa con nuestra serie. *Orange Is the New Black* mezcla la historia de mujeres concretas con el sistema perverso del complejo penitenciario, del sistema judicial y del colchón precario de la sociedad. «Estamos dando vida a todo eso y viendo lo que es de verdad una cárcel.»

La sala de guionistas de *Orange Is the New Black* parece un aula de párvulos: está llena de juguetes –plastilina, cuadernos para colorear, rompecabezas– para que el personal tenga el cuerpo y la mente ocupados, incluso cuando tratan de emociones desasosegantes. No es fácil mantener docenas de hilos narrativos en marcha y Kohan guarda un delicado equilibrio de disciplina y colaboración para que las cosas avancen en la dirección deseada. «Me gusta controlarlo todo, aunque parezca raro –dice, riendo–. No quiero cambiar las cosas solo para ver lo que pasa, sino para que el tono de la serie se mantenga constante.»

Stephen Falk, que crearía la serie *Eres lo peor* después de trabajar en *Weeds* y en *Orange Is the New Black*, dice que Kohan es la mejor narradora que conoce. «No teme mezclar lo más dramático con lo más cómico. Esta es una lección que he aprendido de ella y que aplico para darme ánimos cuando dudo si hacer una cosa.» Los dos amigos dan frecuentes caminatas alrededor del estanque de Silver Lake, durante las cuales él sigue absorbiendo los consejos que ella le da y admirando la capacidad que tiene de enfrentarse a los poderosos de Hollywood. «Como no teme defender sus opiniones, a veces saca de quicio a los directivos. No teme cabrear al poder establecido.» Ni pegarle fuego al tinglado, si se tercia.

En *Weeds*, Kohan se propuso crear una mujer fascinante que pudiera compararse con Tony Soprano. Con *Orange Is the New Black* dio un paso más: en una serie sin un centro fijo, los hombres quedan casi siempre desplazados a los márgenes. Son las mujeres quienes ocupan el espacio emocional dentro de los muros de Litchfield. Alegría, tristeza, humor, rabia, celos, maldad, deseo: casi todos estos sentimientos van dirigidos a otros personajes femeninos y correspondidos por ellos, como si fuera una forma de desafío o huida de los hombres que los reprimirían. No hay más que mujeres que hablan, ríen y se cuentan cosas unas a otras.

Dice Kohan que se planteó *Weeds* con la actitud de las viejas telecomedias, en las que los personajes no cambian: «Nadie evoluciona ni tiene revelaciones. En *Weeds*, todos son cada vez más lo que son». Pero *Orange Is the New Black* exigía un planteamiento completamente diferente. En el menos prometedor de los entornos, los personajes evolucionan emocionalmente y traban relaciones inesperadas salvando abismos de raza, clase y sexualidad que parecen insalvables. El potencial humano florece contra todo pronóstico.

«A las reclusas, como grupo, se las mete en el mismo saco y se las acusa y trata en consecuencia –dice Kohan–. Era un gran oportunidad para decir: ¡veámoslas de otro modo! Esas personas son más que el delito que cometieron. Cuanto más profundicemos, más cosas descubriremos. Conque sigamos profundizando.»

IX

CUERPO POLÍTICO:

TRANSPARENT DE JILL SOLOWAY

Entrar en el estudio 14 de la Paramount es como aterrizar en un planeta en el que hubieran reconstruido minuciosamente el mundo de la clase media alta de Los Ángeles del siglo XXI.

Bajo unos techos altísimos de los que salen enormes tubos plateados, camino por un laberinto de pasillos a cuyos lados hay una serie de cuartos amueblados que parecen traídos tal cual de alguna parte de Los Ángeles. Pasado un vestíbulo se llega a lo que parece el perfecto trasunto de una sala de reuniones de comunidad judía, con su alfombra gastada, su cielorraso con manchas de humedad y sus menorás puestas a un lado. Después de recorrer un claustrofóbico túnel con curvas y recodos, llego a un dormitorio a oscuras lleno de terciopelos, selectos productos de belleza y fotos de familia que me dicen que estoy en el sanctasanctórum de Davina, un personaje que hace las veces de guía espiritual de Maura Pfefferman, la madre transexual de la serie de Jill Soloway *Transparent*. Lanzada el otoño de 2014, la serie ganó cinco premios Emmy ese primer año por el retrato que hace de una familia que se transforma a la vez que su patriarca.

Una puerta disimulada en un muro enorme da paso a Pfefferlandia: salgo a una arboleda que rodea la fachada de la casa modernista de la familia Pfefferman. La cocina parece preparada para una fiesta, con su barra de pan de la cadena Trader Joe's y un surtido de quesos. Actores y personal de la serie salen de la cocina al patio. Están escuchando atentamente a una personita que hay en medio del recinto –la creadora de la serie, Jill Soloway– y habla de la escena que van a rodar: la fiesta de cumpleaños de Maura que reunirá a casi todos los personajes de la serie. Judith Light, que interpreta a Shelly, la exmujer de Maura, ensaya un diálogo sobre la nueva obsesión que tiene su personaje con Twitter (su nombre de usuario es @ToShellandBack): Voy a «¡Voy a salir... hecha una marca!», exclama con voz ebria, metida en su personaje, y el personal ríe con ella.

Mientras los actores van a vestirse, Soloway se dirige tranquilamente a una zona llena de sillas y monitores de vídeo que hay justo al otro lado de las ventanas del comedor y cuelga su gorra de béisbol roja al lado de su silla de director. Está dirigiendo un episodio de la tercera temporada que se titula «To Sardines and Back», que escribió con su hermana mayor Faith, una de las guionistas de la serie. «Es más bien un episodio trivial –dice Faith, relajada, con su sudadera con capucha negra y su pelo ondulado recogido en una coleta–. Pero en el que hay una revelación importante, porque es el momento en el que Maura le dice a su familia que va a operarse para cambiarse de sexo.» Las «sardinas» del título aluden a un juego que jugaban los Soloway cuando eran niños, una variante del juego del escondite en la que todos acababan escondiéndose apretujados en el mismo sitio.

En el amplio comedor, algunos miembros del personal preparan la mesa y colocan cables. Del recinto cuelgan luces de colores que desde donde estamos sentados se ven muy brillantes. Soloway hace una foto con el móvil para subirla a Instagram y llama a Jim Frohna, el melenudo director de fotografía, para que vea las luces reflejándose en las ventanas. «¿Qué podemos hacer con esto?», le pregunta. «Podríamos usarlo para la escena del dentista, ¿no?», responde él, pensando en un momento psicodélico que hay más adelante en el mismo episodio. A Soloway se le ilumina la cara, se reclina en la silla y se revuelve el pelo, que lleva muy corto.

Mientras come ensalada de un gran cuenco de porcelana, Soloway observa atentamente cómo las cámaras filman una escena en la que los miembros del clan Pfefferman van llegando a la fiesta. Shelly y su barbado novio Buzz (Richard Masur) llegan en moto, vestidos de cuero. Entran por la puerta principal y Shelly exclama: «¡Hala! ¿Qué habéis hecho?», al ver los cambios que sus hijos Josh (Jay Duplass) y Ali (Gaby Hoffman), ya adultos, han introducido en la casa. Soloway nunca dice «¡Corten!», pero entra rápidamente en la casa cada dos por tres para deliberar, modificar el ángulo de la cámara, proponer pequeños cambios en el diálogo y probar cada sílaba y movimiento para que sean lo más reales posible.

En lugar de que Shelly y Buzz se quiten sin más la ropa de la moto, Soloway se pregunta de qué manera podrían hacer que su entrada en escena sirva para definir el carácter de esa judía de edad avanzada y convencional que ve con envidia cómo los miembros de su familia están reinventándose. «¡Podíais tener un sitio para dejar nuestros cueros!», los reprende Shelly alegremente, haciendo a la vez un chiste y armando un lío. Soloway también quiere introducir un momento chocante pero tierno de interacción física entre Josh y el novio de su madre y dice que Josh «se pase un buen rato» quitándole los zahones. «Quiero que lo desvistas tú –dice–. «Quiero ver un momento real. Que quitarle los zahones sea algo grande.»

En la siguiente toma, mientras Shelly charla con su hija, Josh se hinca de rodillas cual caballero cortesano y desabrocha los zahones de Buzzy, dejando a la vista unas piernas desnudas de persona mayor y un par de pantalones cortos caquis. «Tendríais que verlo en el dormitorio con los zahones», improvisa pícaramente Light en una toma. Cada vez que los actores se juntan se ve que saltan chispas de afecto; entre toma y toma se reúnen en un rincón y platican como la familia simulada que son. Cuando los niños que interpretan a los nietos de Maura llegan al plató con Sarah, su madre en la ficción (Amy Landecker), el niño viene al *video village* y nos da a todos (a mí también) un amoroso abrazo. Mientras esperan a que les toque entrar, Landecker les dice a los niños que se fijen en lo guapa que se ha puesto Maura.

El diálogo parece cambiar con cada toma y le pregunto a Faith si esa improvisación es normal. Me pasa el guion. «Casi todo está ahí», dice. Tiene razón, pero cada vez que los actores dicen las palabras, estas parecen diferentes, como si fueran organismos que evolucionan. En su papel de Ali, Gaby Hoffman –que lleva un vestido verde claro sin mangas que estiliza su cuerpo esbelto– parece un duendecillo que no para de dar palmadas, bailar y moverse. En cierto momento, se da la vuelta con los brazos levantados y a la Judith Light que hace de Shelly se le ocurre algo al ver las axilas sin afeitar de su hija. La improvisación se incorpora a un diálogo en el que Shelley le advierte a Ali: «Así nunca, nunca, nunca vas a ligarte a un hombre», a lo que la hija replica: «Es que ya no salgo con hombres».

Jeffrey Tambor vestía una camisa y unos pantalones informales por la mañana, pero ahora, más o menos una hora después, aparece en el papel de Maura con un recatado vestido beis, zapatos planos marrones y una peluca rubio platino perfecta, acompañada de Anjelica Huston, que interpreta a Vicki, la amante de Maura. El clamor que las recibe cuando llegan a la cena suena muy realista, con conversaciones marginales y voces cruzadas. Soloway los reúne un momento para darles instrucciones. Le pide a Duplass que diga algo del nuevo peinado de Maura y quiere que «Maura y Shelly aparezcan un momento en el centro», para lo cual dirige el movimiento de los actores y el caos se vuelve fluido. El tímido intento de Shelly de hacerse un selfie con Maura para su nueva cuenta de Twitter se frustra, hasta que Soloway le dice a Shelly que se encare directamente con ella: «La cosa tiene su gracia y quiero que te rías un poco». Aunque la serie está catalogada como comedia, el carácter iconoclasta de *Transparent* reside en el hecho de que fluctúa constantemente entre drama y comedia, culebrón familiar y crónica política. De hecho, podríamos decir que Soloway ha creado un transgénero perfectamente acorde con la fluidez del asunto que trata.

En eso llega un carrito con comida para el almuerzo y Soloway se acerca y supervisa el surtido de fiambres: «¡Carne al canto!», exclama. Y a continuación Tambor y Light representan la escena tal y como Jill la ha planeado. Maura dice tranquilamente: «No pongas mi foto ahí, no quiero estar en el ordenador de desconocidos». Shelly, la incorregible madre judía, no hace caso. «Lleva un filtro. ¡Se te ve estupenda!»

Todo es un tira y afloja de encontronazos y complicidades, en el que cada personaje puede brillar en todo su esplendor neurótico. Gaby Hoffmann compara el estilo que tiene Soloway de dirigir una serie con el concepto de la «madre suficientemente buena» del psicoanalista D.W. Winnicot.

«Primero creamos un entorno seguro para el niño y luego dejamos que este lo descubra por sí mismo –explica Hoffmann–, sin intervenir nosotros hasta que estén a punto de matarse... Así es como nos dirige Jill. Ella suele decir que dirigir es lo más fácil del mundo pero es dificilísimo. Hace que pensemos: "¡Ajá, esto podría ser arte! Estamos haciendo arte juntos".»

Transparent se coló en la cultura pop por la puerta de atrás y chocó con el espíritu de la época. Igual que Jenji Kohan había contribuido al éxito de Netflix un año antes con *Orange Is the New Black*, así *Transparent* convirtió al instante a Amazon en un canal digital de calidad que apoyaba un tipo de televisión más experimental. El gigante de internet tenía muy mala fama en los círculos artistoides, que lo acusaban de querer cargarse las pequeñas librerías y editoriales. Pero bastó que la empresa emitiera la media hora del primer episodio de la serie para que los snobs de la cultura desembolsaran la pasta que costaba suscribirse a Amazon Prime.

Soloway nunca quiso ser una pionera de la televisión digital; lo cierto es que propuso la serie a todo el mundo. Después de muchos años trabajando en series de televisión por cable como *A dos metros bajo tierra* y *United States of Tara*, y viendo cómo sus propios proyectos fracasaban, Soloway se sentía frustrada. Algunos directivos de cadenas prestigiosas habían mostrado cierto interés por la serie, pero sabía que «tardaría años y no era seguro que al final se emitiera. La HBO no la necesitaba como la necesitaba Amazon». Y Amazon le daba libertad para hacer una película independiente de cinco horas, dividida en episodios de media hora.

La primera temporada completa se estrenó en septiembre de 2014, cuando por la prensa amarilla empezó a correr el rumor de que Bruce Jenner, el héroe olímpico convertido en patriarca de la familia Kardashian, estaba cambiándose de sexo y transformándose en Caitlyn Jenner. *Transparent* no era la primera serie en la que figuraba un personaje principal transexual –poco antes, Laverne Cox, la actriz transexual de *Orange Is the New Black*, había sido portada de la revista *Time*–, pero sí era la primera serie dirigida al gran público que tenía por protagonista absoluto a un personaje transexual, y, con Jenner en el candelero, de pronto *Transparent* pareció la cristalización de un gran cambio cultural.

Para Soloway fue una gran sorpresa; como declaró en *IndieWire* en 2015, «pensamos que estábamos haciendo una serie para un reducido público de homosexuales y quizá de judíos y de feministas». En cambio, como dice Andrea Sperling, productora ejecutiva de la serie, «nos aprovechamos de algo que estaba cociéndose en nuestra sociedad». Cree incluso que la serie influyó en el hecho de que Jenner saliera del armario, porque se estrenó cuando estaba cambiándose de sexo. «Era el momento.»

Jill y Faith Soloway se criaron en Chicago a finales de los años sesenta y en los setenta, en el seno de una comunidad racialmente integrada, en un barrio de casas de ladrillo adosadas cerca de South Side, y asistieron a un colegio mayoritariamente negro. Su madre, Elaine, trabajaba de maestra para ayudar a Harry, su marido, de origen británico, a acabar la carrera de medicina. Cuando Harry empezó a ejercer de psiquiatra, la familia se mudó a un bloque de apartamentos de Gold Coast, en la otra punta de la ciudad, y Jill empezó a asistir a un colegio privado judío. Sin embargo, el hogar de los Soloway era secular y lo más parecido a una religión que había en casa era la tele. Sus padres tenían cada cual su televisor, lo que indica que llevaban vidas más bien separadas. Todas las noches, después de cenar, Soloway tomaba helado y veía series como *La chica de la tele* y *La tribu de los Brady*.

Obsesionada con la fama, escribía textos sobre estrellas de cine y bandas de rock famosas con sus amigas. También se pasaba horas actuando y filmando vídeos con su hermana. Acabada la universidad, volvió a Chicago y se puso a producir anuncios de televisión y un documental. Empezó a pensar en hacer un documental sobre *La tribu de los Brady* y la actriz Eve Plumb. Al final, en lugar de un documental, ella y Faith montaron un gran espectáculo en vivo en el Annoyance Theater, un teatro alternativo de Chicago. (Faith tenía ya experiencia porque era la directora musical de la compañía de teatro Second City y había creado el musical *Co-Ed Prison Sluts*, que llevaba en la cartelera del Annoyance Theater mucho tiempo.)

Estrenada en el verano de 1990, la obra *The Real Live Brady Bunch* estaba protagonizada por las futuras estrellas Jane Lynch y Andy Richter en el papel, respectivamente, de Carol y Mike Brady. Vestidos con pantalones de campana viejos y horribles camisas estampadas, los actores representaban, una vez a la semana, episodios de la serie original con las mismas palabras, con tanto éxito que la obra se representó en Nueva York y Los Ángeles.

De pronto, los productores de Hollywood se interesaron por las hermanas Soloway. Juntas escribieron el guion de un episodio piloto titulado «Jewess Jones» para la HBO –sobre una superheroína cuyo pelo rizado la avisaba del peligro y cuya peculiar habilidad consistía en saber cuánta comida pedir en los restaurantes–, pero no llevó a nada. Poco después Faith se fue a Boston y se hizo cantante de folk, y Jill empezó a llevar una vida bohemia en un pueblo de California, donde escribía guiones de series que no se realizaban y donde fue madre soltera. Necesitada de dinero, entró a trabajar en *The Steve Harvey Show* y luego en una serie de telecomedias que duraron poco. Seguía actuando y escribiendo por salud mental, y la revista literaria *Zyzzyva* le publicó un cuento titulado «Courteney Cox's Asshole», una desternillante reflexión sobre la fama que cuenta la historia de la ayudante personal de la protagonista de *Friends* lidiando con los rumores que corren acerca de que su jefa se blanquea el ano.

La agente de Soloway envió el cuento a Alan Ball, el creador de *A dos metros bajo tierra*, y este quedó tan impresionado que la contrató de guionista para la segunda temporada de la serie. En un artículo sobre Soloway de la revista *Time*, Ball recordaba que en ese cuento breve «Jill supo transmitir el dolor de un alma que desea ser auténtica en un mundo completamente inauténtico, así como el éxito final de esa alma en lograr la deseada autenticidad».

En *A dos metros bajo tierra*, Jill pudo explorar ideas y temas a los que luego volvería en su trabajo: el primer episodio que escribió para la serie de la HBO incluía una fiesta hippy a la luz de la luna, una mujer que se dejaba llevar por sus impulsos sexuales en el trabajo, un adolescente desflorado por una mujer mayor y una mujer rabino a la que Nate Fisher consultaba y lo llevaba a decir: «Seguramente Dios es una mujer». En el último episodio que escribió, figuraba una escena en la que la matriarca Ruth Fisher, achispada, propone a unas amigas crear «un país sin hombres» (excepto cuando se necesiten para cuidar a los hijos).

Soloway dice que su experiencia como guionista en *A dos metros bajo tierra* fue muy instructiva y que Ball era un gran mentor. «Nos enseñaba un estilo muy receptivo en el que no había una agenda propiamente dicha. Dejaba que las cosas fluyeran y que la conversación de los guionistas guiara la historia», de suerte que estos tenían la impresión de meterse directamente en la psique de los miembros de la familia Fisher. Sentían también ganas de contar sus propias aventuras y traumas, que eran la base sobre la que construir personajes emocionalmente verosímiles. El mantra de los guionistas de *A dos metros bajo tierra* era: «¡Alimentemos la máquina!». «Alguien empezaba a contar una historia, otro decía: "¡A mí me ha pasado lo mismo este fin de semana!", y todos se ponían a recitar: "¡Alimentemos la máquina! ¡Alimentemos la máquina!"», exclama, dando golpes en la mesa.

Después de *A dos metros bajo tierra*, Soloway trabajó un tiempo como asesora de producción en *Anatomía de Grey*, pero vio que no encajaba en Shondaland. «Supongo que lo que quería era hacerlo yo –explica, suspirando profundamente–. Y como era una simple asesora y no podía hacer las cosas a mi manera, me frustraba.» Rhimes dejó pronto que se fuera. Entonces entró a trabajar en *United States of Tara* y la situación cambió completamente: Diablo Cody tenía el control creativo de esta comedia dramática del canal Showtime que contaba la historia de una mujer con trastorno de personalidad múltiple, pero no se sentía cómoda ejerciendo el poder. «Tenía que llevar el control y pilotar la nave –dice Cody ahora–, pero no podía y me limitaba a ver cómo los demás se peleaban por el timón.»

Soloway asumió funciones de realizadora en la segunda temporada y prometió ayudar a Cody con la serie. «Jill cambió completamente la dinámica del equipo de guionistas –dice Cody–. Tiene una energía maternal sorprendente. De pronto se volvió un espacio creativo muy acogedor.» Una de las personas a las que Soloway contrató fue la dramaturga Sheila Callaghan, que había escrito una obra de teatro titulada *That Pretty; or, the Rape Play*, en la que analizaba la misoginia de los medios de comunicación. «La protagonista de *United States of Tara* es una chica con múltiples personalidades que sufrió abusos sexuales de niña y Jill buscaba a alguien con sensibilidad feminista que supiera hacer chistes con el tema de la violación. Siempre cuento que buscó en Google "violación", "dramaturgia" y "feminista" y me encontró.»

Soloway acababa de dar a luz a su segundo hijo y, cuando supo que Callaghan también tenía un niño, montó una guardería en el garaje del bungalow de los guionistas. «Quería un lugar de trabajo cómodo para las mujeres, no solo por su propio interés, sino también por principio», dice Callaghan. Ese carácter lo hacía extensivo a los demás espacios: «Jill dirigía a los guionistas como si fuera nuestra madre». Soloway también animaba a Cody a seguir algunas de sus intuiciones menos ortodoxas (las dos escribieron un episodio sobre una casa infernal cristiana) que no siempre gustaban a la cadena.

Cuando le pregunto con quién chocaba Soloway, Cody se ríe: «¡Con todo el mundo! Fue la mejor temporada de la serie y asustábamos a todos los responsables… Y la despidieron».

En 2011, Soloway se hallaba sin trabajo y con dos hijos a los que alimentar. Jane Lynch, su amiga de Chicago, le preparó una cita con Ryan Murphy para que trabajara en *Glee*, la exitosa serie de este último, pero la cosa no cuajó; Murphy había oído decir que Soloway era una mujer «difícil», lo peor que puede decirse de una mujer en Hollywood, después de «intratable». Empezó a desarrollar una serie para la HBO con Zooey Deschanel en el papel de Pamela Desbarres, una groupi de los años sesenta, pero Deschanel entró a trabajar en *New Girl*. Para colmo de frustración, vio que Lena Dunham, con veinticinco años, le pisaba el terreno, primero con la película de bajo presupuesto *Tiny Furniture* y luego con *Girls*. Tras décadas oyendo a directivos decirle que sus personajes eran demasiado antipáticos o neuróticos, veía con asombro que Dunham, sin cortarse un pelo, hacía de aquellas cualidades una virtud.

«La razón de que la HBO prefiriera esa serie a la mía es que veían la voz de Lena», dijo Soloway en un discurso ante el Sindicato de Directores. Recuerda que le decía a su marido, el supervisor musical Bruce Gilbert: «Nadie ve mi voz. No soy más que la que escribía para *A dos metros bajo tierra*». En lugar de ponerse otra vez al servicio de una visión ajena, Soloway por fin habló con la suya. La película independiente de 2013 *Afternoon Delight*, escrita y dirigida por ella, fue una «película de amigas», de unas amigas que rompen, un choque entre dos versiones distintas de la feminidad. Una madre insatisfecha de Los Ángeles (Kathryn Hahn) toma bajo su protección a una prostituta adolescente (Juno Temple) y la contrata para que haga de niñera viviendo en su casa. La historia no ofrece respuestas fáciles y tiene un tono tan inquietante que Soloway decía que divierte e incomoda a la vez. La película le valió el premio a la mejor dirección en el festival de cine de Sundance de 2013.

A la vez que Soloway creaba la familia alternativa de *Afternoon Delight*, asimilaba un drama familiar propio. A sus setenta y cinco años, su padre la visitó para decirle que cambiaba de sexo; Harry Soloway sería en adelante Carrie Soloway. Sus hijas iban a llamarla «Moppa», algo a medio camino entre «Mama», mamá, y «Poppa», papá.

La noticia, claro está, parecía a propósito para inspirar un guion (cuenta la leyenda que su amiga Jenji Kohan le dijo: «¡Enhorabuena, el dios de las historias te ha bendecido!»), pero Jill dejó que madurara mucho tiempo. Le hizo cuestionarse toda su vida pasada, desde la conducta distante y depresiva de su padre a su propia sexualidad. Faith se había declarado lesbiana siendo veinteañera; Jill estaba casada y tenía hijos, pero siempre se había identificado con la cultura homosexual y desdeñado los accesorios de chicas. Cuando empezó a crear *Transparent*, Jill Soloway empezó también a re-crearse a sí misma.

Ella y Faith tuvieron la idea de hacer un documental sobre su condición de hijas de padre transexual, pero enseguida se decidieron por un drama. Soloway vio a la actriz Gaby Hoffmann en un pequeño papel en la serie de televisión *Louie* y supo que quería contar con ella para el proyecto. Se conocieron en Sundance y Hoffmann dice que Soloway la encantó. «Nos sentamos y a los cinco minutos estábamos llorando… bueno, no sé si lloramos, pero era como nos sentíamos. No hablamos de tonterías, enseguida profundizamos.» Soloway le contó lo del cambio de sexo de su padre y que quería hacer una serie de televisión sobre una familia que se enfrenta a esa experiencia. A Hoffmann la idea la entusiasmó pero no lo veía claro. «Yo me decía: "Si es que te dejan hacerla…"», murmura.

Los meses siguientes, cuenta Hoffmann, Soloway le envió «algunas escenas y empezamos a darle vueltas a la idea». Comenzaron a rodar algún material con Jim Frohna, el director de fotografía de *Afternoon Delight*, aunque Soloway trabajaba al mismo tiempo en la idea de otra película con Hoffmann. La agente de Soloway propuso el guion de lo que sería *Transparent* a unos y otros, y dice que la HBO accedió a desarrollarla... pero Soloway ya había pasado por eso. Ese desarrollo podía prolongarse varios años o acabar en nada, y aquel proyecto era demasiado urgente y personal como para arriesgar. Decidió vendérselo a Amazon, que acababa de crear un canal de emisión en continuo y le permitía rodar el episodio piloto inmediatamente y con mínima intromisión. Y si este episodio no era un éxito para Amazon, le dejarían vendérselo a quien quisiera.

Soloway deseaba que Jeffrey Tambor interpretara a Maura Pfefferman, el personaje basado en su padre. Tambor, actor conocido por sus papeles cómicos en *The Larry Sandres Show* y *Arrested Development*, le recordaba a su padre antes de que cambiara de sexo. Le preguntó a Rhys Ernst –un cineasta transexual que trabaja de productor y asesor de la serie– qué le parecía Tambor. Contratar a actores no transexuales para interpretar a transexuales era una decisión potencialmente provocadora, pero Ernst creía que, «si se hacía por buenas razones y con responsabilidad, no era mala idea». Tambor respondía a este criterio «porque conocemos al personaje antes de que cambie de sexo, lo vemos a través de los ojos de los hijos adultos, para los que sigue siendo el padre, por eso tiene sentido empezar con este actor. Y ella siempre decía que Jeffrey le recordaba a su padre, luego parece razonable hacer una excepción con él».

Judith Light, cuya carrera abarcaba desde telecomedias de los años ochenta (¿Quién es el jefe?) hasta dramas de Broadway (por los que ganó dos premios Tony), fue contratada para el papel de Shelly Pfefferman, la estridente y muchas veces obtusa álter ego de la madre de Soloway, Elaine, después de que intimaran por Skype gracias a la admiración que ambas tenían por el movimiento LGTB. Amy Landecker –quien, como Soloway, venía del ambiente teatral de Chicago– rehusó al principio hacer una prueba para el papel de Sarah, la hija mayor de los Pfefferman, porque conllevaba escenas de desnudez explícita que no le gustaban. Pero recapacitó después de ver *Afternoon Delight* y comprender que Soloway abordaba la sexualidad desde una perspectiva diferente a la de otros directores. A la protagonista de *Afernoon Delight*, Kathryn Hahn, le dieron el papel de Raquel, la rabino, que pone un toque de judaísmo poético en la vida secular de la familia.

Hoffmann dice que Soloway tiene mucho talento para el casting... o, al decir de ella, «para juntar energías». Ríe avergonzada de esta manera hippy de expresarse y añade que Jill tiene «la capacidad de hacer aflorar algo que siempre estaba allí. Eligió a los actores y los unió de la misma manera como los dirige ahora: todo le sale del coño, como ella diría. Es puro instinto y entraña». El grupo de actores principales se formó fácilmente excepto por el personaje de Josh Pfefferman, el hijo hípster de Maura. Un día, en una cena en Los Ángeles, Soloway se sentó al lado del cineasta independiente Jay Duplass y se convenció de que era el hombre ideal para el papel, pero él objetó que no era actor y que estaba trabajando con su hermano, Mark, en la creación de una serie para la HBO (*Togetherness*). Soloway no se desanimó y, después de la cena, toda emocionada, le envió a Hoffmann una foto de él. «Lo vi y tuve como una iluminación –dice Hoffmann–. Eso sí, tuvimos que convencerlo hasta el último segundo.»

Del mismo modo que «reunió» a sus actores, Soloway formó intuitivamente un equipo de guionistas con varios grados de experiencia en diferentes identidades sexuales. Entre ellos se contaban Bridget Bedard, una mujer heterosexual que había escrito para *Mad Men*; Ali Liebegott, una novelista y poeta de San Francisco que no se identifica con ningún sexo y se ganaba la vida trabajando en un supermercado, y Micah Fitzerman-Blue, un hombre heterosexual que había creado el grupo de

Silverlake East Side Jews con Soloway y Jenji Kohan. Y estaba también su hermana Faith, que iba y venía de su casa de Boston para trabajar en la serie y vivía en un apartamento que había encima de la sala de guionistas.

La primera instrucción que dio Soloway a los guionistas fue que se conocieran. «Nos pasamos llorando dos días –recuerda Liebegott–. ¿Cuál es tu historia?, nos preguntábamos. Nos contamos toda nuestra vida.»

Pero ninguno de los guionistas era transexual. Por eso Soloway contrató a los artistas y cineastas transexuales Rhys Ernst y Zackary Drucker para que hicieran las veces de asesores (luego fueron productores), así como al humorista transexual Ian Harvie y a Jennifer Finney Boylan, una escritora y profesora que cambió de sexo a una edad avanzada y ayudó a dar forma al personaje de Maura. Todos ellos contaron historias y respondieron a las preguntas de actores y personal, y ayudaron a Jeffrey Tambor a preparar su papel. Tambor hizo también trabajo de campo caracterizado de su personaje, por ejemplo una visita fundamental a un local de transexuales del Valle de San Francisco.

«En realidad, Jeffrey no había acabado de meterse en el personaje de Maura –recuerda Ernst–. Se había hecho a la idea de que lo maquillaran y vistieran, pero nunca había salido al mundo.» Una noche, Ernst, Drucker, Soloway y Frohna quedaron con Jeffrey en su habitación de hotel, en Santa Mónica: «Nos sentamos y en un par de horas lo metimos en el personaje. Todos contamos historias personales y experiencias de género, incluso heterosexuales como Jill y Jeffrey.» Caminar por el vestíbulo del hotel «fue un momento muy importante para Jeffrey –dice Ernst–, porque fue la primera vez que caminaba con esos zapatos en público sin saber qué pensaban de él los que lo miraban».

Tambor se aferró al recuerdo de lo que sintió en aquel momento en que caminó por el vestíbulo del hotel, a la sensación de estar en la piel de Maura. «Me decía una y otra vez: "Recuérdalo. Nunca lo olvides" –declaró a un periodista–. Eres un actor. Debes entender lo que está pasando y trasladarlo a tu personaje.»

Soloway llevaba dos décadas trabajando en la tele y esperaba su oportunidad para hacer algo propio. Hablando desde hacía mucho de montar una revolución feminista: ya en 2005, en su libro de divertidos artículos autobiográficos *Tiny Ladies in Shiny Pants*, llamaba a «una revolución sin armas pero poderosa, una secesión para formar un estado solo de mujeres, en un gran país recién fundado... gobernado por mí, sí, por mí, hasta derrocar al patriarcado e instaurar un matriarcado global dirigido por mí, sí, por mí». A su productora la llamó Topple (derrocar).

Una vez bien instalada en Amazon, empezó a imponer toda clase de reglas. Mientras que otros realizadores se las veían negras para que las cadenas aceptaran a mujeres para dirigir episodios, Soloway decidió que todos los de *Transparent* los dirigirían ella misma y otras mujeres y cineastas transexuales a las que admiraba, como Andrea Arnold, Marta Cunningham, Nisha Ganatra y Silas Howard, que no podían hacer carrera en los estudios de televisión. (La única excepción: un episodio dirigido por el director de fotografía, Jim Frohna, heterosexual.) Ella llama a estas oportunidades «billetes dorados», como los que había en las tabletas de chocolate de Willy Wonka... solo que los suyos conducían a una carrera en la televisión y no a un paraíso de dulces.

Soloway desarrolló también lo que llamó un «programa de acción transfirmativa», con el que buscaba personal transexual para el equipo y que incluía un taller de escritura de guiones para transexuales, con el que quería formar a nuevos guionistas. De este taller escogió a Our Lady J, una cantautora que acabó incorporándose al equipo de guionistas en la segunda temporada. «Una cosa es reírse de alguien y otra reírse con alguien –observa Soloway–. De esto nos damos cuenta cuando entre los guionistas hay un hombre o una mujer transexual.»

Y para crear vínculos emocionales en el plató, llamó a Joan Scheckel, una especie de consejera de directores que ya había trabajado con Soloway en *Afternoon Delight*. Scheckel dirige un laboratorio de cine y enseña a directores y actores a explotar las emociones. Sometía a los actores y al personal de *Transparent* a algo parecido a la llamada «terapia primal», en la que hacía aflorar las emociones brutas y los actores se movían improvisando, lo que creaba una rápida intimidad en sus relaciones. Amy Landecker dijo que era como «explorar el guion puestos de ácido y con las emociones a flor de piel». Scheckel enseñó a Soloway y a sus actores a fijarse en los cambios de motivación y sentimiento que latían detrás de cada palabra y movimiento en la pantalla.

«Creo que es como una terapia de grupo», me dice Soloway, sentada en la cocina roja de su casa de Silver Lake una mañana de diciembre. Explorar escenas de esa manera, añade, crea una sensación de inteligencia unitaria. «Es como si así supiéramos de qué trata la escena, como si pudiéramos sentir a la vez y saber qué tenemos que hacer y por qué.» Viene a ser una manera de describir lo que yo vi en el plató: unos actores que parecen tan metidos en sus personajes y tan unidos que saben instintivamente dotar cada palabra y movimiento de la magia imprevisible de la realidad.

Gaby Hoffmann recuerda el rodaje de una escena en la que toda la familia está en casa comiendo unas sobras. Su personaje sale enfadado y luego vuelve... pero Hoffmann olvidó que tenía que reaparecer. «Estaba como hechizado y no caía en que debía volver a escena. Vi que Jay metía la cuchara en la ensalada de col y Jeffrey arrugaba un poco la nariz –dice Hoffmann–. Y recuerdo que estaba allí sentado y pensé: "¡Dios, qué buenos son!".»

Las experiencias personales de Soloway han impregnado la serie, aunque, claro está, traducidas a la ficción. La personalidad de los tres hijos Pfefferman tiene algo de Jill, pero también de Faith. Elaine, la madre de Jill y en la que se basa libremente el personaje de Shelly Pfefferman, se prepara para salir cuando llego a la casa de los Soloway. Informa una y otra vez a su hija de su plan de cruzar la ciudad en un coche de Uber, y Jill se ofrece una y otra ver a pagárselo. En el cuarto de al lado, Felix, el hijo de Jill, ve la tele y llama sin parar a su madre mientras aguarda a que llegue la niñera. A todo esto, Jill espera una llamada de Eileen Myles, la poeta neoyorquina de la que Soloway se enamoró trabajando en *Transparent* y en la que se inspira el personaje de Leslie Mackinaw (interpretado por Cherry Jones), la poeta y amante lesbiana de Ali.

Es decir, que mientras que todo iba ordenándose en *Transparent*, la vida personal de Soloway era tan caótica como la de sus personajes. La revelación de su padre había hecho saltar su mundo por los aires. Siempre se había sentido constreñida por la feminidad convencional; aquella noticia la liberó y empezó a cuestionarse su sexualidad. Como Sarah Pfefferman, Soloway se separó de su marido (el supervisor musical de la serie, Bruce Gilbert) y empezó a acostarse con una mujer; como Ali, empezó a experimentar lo que significaba ser de un género no binario.

«La serie va un par de años por detrás de la vida real y, por tanto, mi hermana y yo hemos vivido ya todo eso y sacamos partido de una experiencia emocional real. –Se quita una elegante camisa de franela a cuadros–. La primera temporada trata del secreto. Y la pregunta es: ¿qué significa todo esto? ¿Qué no entiendo de mí misma que entendería si hubiera sabido que mi padre no se identificaba con su sexo cuando nací? ¿Quién sería yo?»

Soloway mira por la ventana al patio y dice como ensimismada: «¡Qué momento! Mi padre se declara transexual, yo acabo de hacer mi primera película y me siento capaz de todo, Amazon tiene un modelo de negocio que me da libertad artística... Estamos trabajando duro, pero lo hacemos porque nos entusiasma desde el punto de vista artístico, no para contentar a nadie de la cadena.»

Cuando el episodio piloto de *Transparent* se estrenó en línea junto con otras cuatro posibles series para adultos en febrero de 2014, se pidió a los espectadores que votaran por la serie que querían que Amazon produjera. Aunque *Transparent* no logró muchísimos votos, parece ser que a aquellos a los que gustó les gustó con pasión. La temporada completa empezó a emitirse en continuo en septiembre de 2014 y enseguida fue una de las favoritas de la crítica. El titular de la reseña de la revista *New York* proclamaba: «*Transparent*, de Amazon: una serie casi perfecta». El cineasta Darren Aronofsky tuiteó: «Voy a poner #*Transparent*TV de @jillsoloway junto al mejor libro de Philip Roth».

El episodio piloto nos desafía a que odiemos a Sarah, Ali y Josh Pfefferman: son la clase de urbanitas mimados que los habitantes de la América profunda suelen aborrecer, pero cuya vulnerabilidad y contradicciones vemos expuestas ante nosotros. Sarah Pfefferman, madre y ama de casa, deja a cargo de su criada un cocido y mete a los hijos en el coche, donde pone la famosa canción feminista de los años setenta «Free to Be You and Me». Ali, la hermana menor, le cuenta a Syd, su mejor amiga (Carrie Brownstein), el plan que tiene para hacerse rica con un «manual de compra en Urban Outffiters» con el que quiere impedir que las chicas vistan «como putas»; el hermano, Josh, se entretiene en fotografiar a dos rubitas oxigenadas hípsters que graban para su discográfica.

Los tres se reúnen porque los convoca misteriosamente el padre. Convienen en que debe de ser cáncer. «Ahora empezará a regalarnos doce mil dólares anuales –supone Josh groseramente–. A efectos fiscales.» Soloway no deja espacio para engañarse pero sí mucho para arrastrarse. Cuando los hijos llegan a la cena con el padre, Mort Pfefferman, profesor jubilado, los recibe vestido con una camisa rosa a cuadros y el pelo gris recogido en una coleta. Está deseando liberarse del peso de su secreto mientras cenan carne asada, pero los hijos están convencidos de que está enfermo. «¡Basta! No tengo cáncer –exclama, con la cara manchada de salsa, como un niño pequeño–. Voy a vender la casa», declara... y los hijos empiezan a discutir sobre quién merece heredarla.

En cuanto los hijos se van, Mort camina por la casa quitándose la ropa. Momentos después reaparece llevando un caftán y se suelta la coleta. Así conocemos al verdadero Mort: Maura Pfefferman.

Más adelante, en un grupo de ayuda a transexuales, Maura –vestida con un recatado mantón color lavanda y llevando un anillo con diamante y una pulsera– se queja de sus hijos: «Son muy egoístas. No sé cómo he podido criar a tres personas que no ven más allá de sí mismos». Este es uno de los temas de *Transparent*: cómo relacionarnos con los demás cuando vivimos angustiados por ocultar lo que somos y cómo los errores y los horrores –sean el holocausto, el abuso sexual o la identidad sexual– se perpetúan en las generaciones venideras.

Soloway traza un hilo conductor personal e histórico a través de la serie. Unas escenas retrospectivas nos muestran momentos de la vida de Maura en los que lucha con su identidad: compra secretamente vestidos que nunca podrá ponerse, quiere convencer a su fiel esposa Shelly de que llevar ropa interior femenina es solo un juego sexual, visita un campamento para travestis. En un episodio de la tercera temporada incluso volvemos a la infancia de Maura; tiernamente interpretado por una actriz transexual (Sophia Grace Gianni), el joven Mort/Maura, fastidiado por tener que jugar una liguilla de béisbol, se aísla de su cerrada familia y se pone a bailar música pop llevando camisones de su madre.

Transparent aún se remonta más atrás en la historia familiar y llega al Berlín de los años treinta, cuando la abuela de Maura trata de salvar a sus dos hijos de la amenaza inminente del nazismo. El tío de Maura, Gershon, se ha convertido en Gittel (interpretada por la actriz transexual Hari Nef), una glamurosa mujer transexual que vive en el Instituto de Estudios Sexuales. Aunque parece un plató de *Cabaret*, dicho instituto se basa en un centro real fundado por el doctor Magnus Hirschfeld, un médico judío alemán, estudioso y activista llamado en su día el «Einstein del sexo». El escritor Christopher Isherwood (en cuyos escritos se basó *Cabaret*) vivía precisamente al lado; el instituto fue asaltado por los nazis en 1933 y muchos de los «desviados sexuales» del Berlín de la República de Weimar fueron capturados. «¿Quieres saber lo que le pasó a tu tío Gershon? –le pregunta el abuelo de Maura cuando ve a su nieto vestido con un camisón de volantes, en otro momento de la tercera temporada–. Lo quemaron en un horno... ¡Porque tu madre y tu abuela le dejaron salir con falda!»

Este podría haber sido un momento moralizante si la serie no llevara tres temporadas recreando la privilegiada vida que llevan los Pfefferman del siglo XXI, quienes dan por descontada la libertad. Con este enorme paso retrospectivo, Soloway crea un contexto que explica el miedo del padre de Maura, que intenta desesperadamente asimilarse para sobrevivir, y trata de descubrir el legado perdido de sus antepasados transexuales y homosexuales. Los hijos nada saben de la historia de Gittel.

Lo único que queda de esta es un anillo con una perla, que se ha transmitido como una reliquia familiar maldita. «Tu padre intentó pedirme matrimonio con eso», le dice Shelly a Ali desdeñosamente; y ella insistió en que le comprara algo más bonito. Josh se lo ofrece a su novia embarazada: esta rechaza el anillo (y a él) y aborta. Por último, Ali –que ha empezado a estudiar la historia de los judíos y los homosexuales en la Alemania nazi– se lo queda, porque siente que es una clave para entender el legado familiar.

Soloway escribió en 2005 que su árbol genealógico estaba plagado de «judíos raros. Había de todo: homosexuales de uno y otro sexo, bisexuales, asexuales, algunas primeras versiones de transexuales». Pero en *Transparent* no se propuso escribir sobre el Holocausto. Una frase que se dice de pasada sobre el «anillo de la tía Gittel» en la primera temporada hizo que los guionistas se preguntaran por los antepasados de los Pfefferman; la Alemania de la República de Weimar tenía algunos sorprendentes paralelos con la América del siglo XXI. «Entonces había una sensación de que el mundo iba a acabarse al día siguiente –dijo Hari Nef en una entrevista en *IndieWire* en 2015–. En aquel ambiente entre nihilista y eufórico nació esa tolerancia, esas ganas de experimentar y ese hundimiento de los valores binarios que quizá sostenían al viejo mundo.»

En septiembre de 2015, *Transparent* fue nominada a once premios Emmy y ganó cinco, uno de ellos al mejor director de telecomedia, Soloway, y otro al mejor actor, Tambor. Cuando Soloway, con un traje negro de lunares blancos, subió al escenario a recoger el premio, dijo que daba las gracias a la mujer todopoderosa: «Prometí a la Diosa que le daría las gracias. Y a Amazon. A la Diosa primero y a Amazon después».

En el curso de la ceremonia, se refirió también a la teórica de la «mirada masculina» Laura Mulvey. Como Lena Dunham, Soloway estaba decidida a adoptar la mirada femenina en la manera de escribir y dirigir. «Saber lo que se siente cuando estamos dentro de una mujer y no cuando la miramos: eso es lo que los directores no han hecho», me dice. Cuando rueda, antes de que la cámara empiece a filmar, habla con el director de fotografía Jim Frohna sobre los sentimientos que los personajes deben transmitir. Pero, para ella, la mirada femenina (en la que incluye a cualquiera que se identifique con las mujeres) no es solo una herramienta estética. Es una herramienta política que busca la complicidad del espectador. ¿Cómo se siente una mujer transexual que aprende a vivir en el mundo como mujer? ¿Cómo se siente una joven que explora su sexualidad o una mujer mayor que tiene un orgasmo?

Transparent intenta responder a estas preguntas de manera sutil. A Maura le enseña las reglas de la feminidad su amiga transexual Davina. (Davina le junta las rodillas y bromea: «¿Y si nos abrimos tanto?».) Y la primera vez que, siendo Maura, experimenta placer sexual, lo hace con una persona que la ve como tal, su nueva novia Vicky (Anjelica Huston). Ali se embarca en aventuras sexuales –buscando comunión en tríos, hombres transexuales y lesbianas– con la misma energía inestable que pone en todo lo que hace. Sarah, cuando su matrimonio se hunde, practica un sexo desenfrenado con su exnovia Tammy y siente un gran alivio sometiéndose a una mujer sexualmente dominadora. Pero, una noche, después de una fiesta de la asociación de padres de alumnos en la que lo ha pasado mal, también la vemos completamente desnuda delante del microondas de la cocina, con los hombros caídos: no deja de ser una mujer de mediana edad cansada y con un cuerpo imperfecto.

Y luego está Shelly. Como la mayoría de las mujeres de cierta edad de la tele, se supone que es asexual, una eunuca judía menopáusica sin más inquietudes que incordiar a sus hijos y engordarlos. Soloway cuestiona este prejuicio en una asombrosa escena de la segunda temporada, en la que Shelly convence a su exmarido Maura de que la masturbe en la bañera. «¿Te acuerdas de lo que me hacías con el dedo? –le dice coquetamente–. ¿Cómo lo llamábamos? «Tiqui-tiqui, toc-toc.» Maura accede impasible, casi como si la mano estuviera desconectada del cuerpo. (En cierto sentido así es: ese juego erótico pertenece a Mort.) Pero la cámara solo se fija en Shelly y nos muestra su expresión extática mientras se corre.

Para rodar la escena, Soloway pidió a casi todo el mundo que saliera del plató y ella misma puso burbujas en el agua para que la actriz, Judith Light, se sintiera más cómoda. Le pidió a Light que no pensara que era una escena de desnudo sino parte de una revolución: «Vamos a mostrar cosas que nadie ha visto antes y tú vas a compartir con el mundo algo que todos temen ver, que es a nuestra madre gozando. Le dije lo mismo a Amy Landecker cuando la filmamos desnuda delante del microondas: nunca habíamos visto a mujeres así en la tele, pero todas las mujeres entenderán lo que se siente».

Sentada a la mesa de la cocina, Soloway se enjuga unas lágrimas. «Nadie muestra nunca estas cosas porque, seamos o no conscientes, siempre queremos satisfacer el deseo del hombre. Me echo a llorar solo de pensarlo.»

Pese a lo muy a pecho que se toman el feminismo, la serie cuestiona una y otra vez sus vacas sagradas. Soloway hizo un cameo en el papel de profesora de una clase de mujeres que Ali inspecciona. Con un vestido holgado y unas enormes gafas rojas, da una charla sobre el carácter patriarcal de la puntuación y previene sobre todo contra el signo de exclamación, «que es en sí mismo una pequeña violación». Acabada la clase, Ali le dice a la profesora, con admiración: «Me ha encantado tu charla sobre cultura de la violación y la lactancia».

Ali empieza a salir con la poeta Leslie Mackinaw, interpretada por Cherry Jones, una poetisa y lesbiana libertina a la que gustan las maestras jóvenes. «Creo que Leslie siente cierto desprecio por el cuerpo de las mujeres mayores», le dice a Ali una de sus compañeras de piso. Mientras que la poetisa envejece, sus amantes «no pasan de los veintiuno».

El personaje de Leslie se basaba libremente en la poetisa Eileen Myles. Los guionistas habían mencionado a esta en cierto momento y Soloway, después de leer su obra, se había enamorado del arte. Este sentimiento se intensificó cuando las dos mujeres se conocieron en un museo en San Francisco. «Fui al museo con la idea de seducirte», le confesó Soloway a Myles en un coloquio público en 2016. Pronto fueron pareja y, además de que la poesía de Myles está presente en *Transparent* y de que un personaje se basó en ella, la propia Myles apareció en varios episodios como parte del entorno de Leslie.

«A Jill no le importa reconocer que gran parte de la historia se inspira en su vida tal y como es ahora –dice Hoffman–. Conque, sí, hablábamos de Eileen en el plató, la conocimos, y Eileen hablaba de Leslie, que era ella. –Calla y ríe–. Jill ha reconocido que no solo su vida puede ser su arte, sino que su arte puede ser su vida... y su terapia.»

A medida que Soloway se sumergía en la cultura LGTB, la serie ahondaba en la pintura de las alianzas y conflictos que existen entre el feminismo y los círculos LGTB. Estas tensiones y diferencias se exploran en uno de los episodios más impresionantes de la serie, el titulado «Man on the Land», de la segunda temporada, escrito por Ali Liebegott. Ali, que ha decidido que es homosexual, convence a Sarah y a Maura para que la acompañen al festival de música Idyllwild Wimmin, versión ficcional del legendario festival de música Michigan Womyn. Aunque mucho se ríen de lo seriamente que se lo toman aquellas mujeres (entre las actividades hay un taller para aprender a hacer tampones y una sesión de percusión para exorcizar el racismo), la sensación de liberación que causa el ver a montones de lesbianas medio desnudas bailando jubilosamente es real. Como real es la tristeza que invade a Maura cuando se da cuenta de que el festival solo es «para mujeres que hayan nacido mujeres». De pronto, lo que parecía libertad se vuelve hostil.

Mientras espera en la cola del váter, Maura se ve de pronto rodeada por unas mujeres que gritan: «¡Hombre a la vista!». Están avisando de que llegan los de mantenimiento, que son varones, pero Maura no puede evitar sentirse aludida y se aleja sola hacia el bosque, como si estuviera en un viaje de ácido que de pronto le da mal rollo. Más adelante, una veterana del festival le explica que esa norma excluyente obedece a un designio simple: «Que las mujeres tengamos un maldito espacio seguro en el mundo». Cuando Maura intenta defender su derecho a estar allí, la mujer se enfada: «A mí me importa una mierda tu pene. Aquí hablamos de privilegio». Que Maura haya sufrido íntimamente dentro de ese cuerpo masculino y no lo sienta como un privilegio, ¿anula el hecho de que se ha beneficiado socialmente de haber sido considerada un hombre los primeros setenta años de su vida?

La serie pone constantemente de manifiesto las confusas maneras como el género, la sexualidad, la clase y la raza definen y empoderan (o desempoderan) a los personajes: una persona que se siente oprimida en un ámbito de la política identitaria (el género, pongamos) puede al mismo tiempo pertenecer a la clase de los opresores en otras áreas de su existencia (por ser blanca, o rica, o sentir que existe una cómoda concordancia entre su identidad sexual y el cuerpo con el que nació). Hay incluso un término para designar a las feministas radicales que rechazan a la comunidad transexual: TERF, siglas de Trans-Exclusionary Radical Feminist, «feministas radicales que excluyen a los transexuales». Tan polémicas son estas cuestiones que en 2015 el festival de música Michingan Womyn de verdad se suspendió después de décadas de debate acerca de qué se entendía por mujer.

Liebegott se ofreció a escribir este episodio porque había actuado en el festival real de Michigan alguna vez. Dice que la entristecía ver la división que había en la comunidad homosexual entre las mujeres trans y las cis, y sentía una gran presión para representar ese mundo en toda su complejidad. «No hay muchos personajes homosexuales en la televisión, por eso quería hacerlo bien. Al menos no ofender a nadie. Siempre queremos contar algo de la manera más completa posible.»

A veces parece que en *Transparent* todos andan perdidos. Todos los personajes principales cambian sexualmente, en un sentido o en otro. El anuncio de Maura provoca una reacción en cadena en la familia y todo el mundo cae como una fila de fichas de dominó. Sarah deja a su marido para casarse con Tammy, una mujer con la que salió en la universidad, y luego la deja también. Josh empieza a asumir que cuando era pequeño la niñera abusó de él y tiene un hijo al que no conoce. Shelly vuelca los secretos de su vida en un espectáculo en solitario que llama «To Shell and Back», que representa para hacer reír hasta que la cosa se vuelve profundamente seria.

Y Ali... pues Ali es pura confusión. En la primera temporada, monta un trío con su entrenador afroamericano y el compañero de piso de este, los tres bien drogados. (Curiosamente, Gaby Hoffmann estaba en sus últimos meses de embarazo y tuvo que ver entre bastidores, con el niño pegándole patadas, cómo una doble interpretaba las partes más explícitas de la escena.) Igualmente, cuando Ali queda con un maestro transexual llamado Dale (interpretado por el cómico transexual Dale Harvie), la cámara nos muestra lo que Ali ve: un supermacho que conduce una camioneta y vive en una cabaña rústica en cuyo salón tiene un letrero de la cerveza Pabst Blue Ribbon. Dale le dice que lo llame «Daddy», papi, y le ordena que se tumbe en la mesita porque va a afeitarle el frondoso vello púbico. Pero después de que el intento de coito que hacen en un váter público salga mal (Dale deja caer su pene postizo), Ali vuelve a casa de él y se encuentra con alguien muy diferente: un tío atento con un Toyota Prius y una casa moderna. «¿Quieres un té?», le pregunta amablemente, y nos preguntamos hasta qué punto las escenas que acabamos de ver eran reales y no febriles fantasías que ella proyecta en Dale.

El episodio no era sino una manera provocadora de poner a prueba a esa Ali que se mete a aventurera sexual, a esa chica blanca privilegiada que se entretiene visitando el exótico mundo del otro. Pero molestó a algunos críticos transexuales, que sintieron que el episodio se burlaba de la masculinidad de Dale. Harvie, que había trabajado de asesor en la serie y en cuya historia personal se habían basado los guionistas para crear un personaje, defendió la ambigüedad de la escena. En una entrevista en *The Advocate*, dijo que planteaba cuestiones profundas que eran el meollo de la serie: «¿Me querrás si no soy quien piensas que soy? ¿Me amarás aunque no tenga clara mi identidad sexual? ¿Me amarás si conduzco un Toyota y no un Ford?»

Rhys Ernst admite que, cuando leyó el guion, «me llamó la atención lo confuso, complicado y poco satisfactorio que era el episodio de Dale. Era una escena torpe, poco afirmativa». Sin embargo, cuando lo vio en la pantalla, se dio cuenta de lo que pasaba: habían ido demasiado rápido. «Lo que no supimos ver es que era la primera vez que a un hombre transexual lo interpretaba en la tele un hombre transexual. Estábamos queriendo pasar a un nivel de confusión futuro cuando todo el mundo pensaba que primero se necesitaba afirmación.»

Es decir, mientras que las mujeres de la tele luchan por poder ser antiheroínas e imperfectas, otros grupos marginados se hallan en otro punto del proceso y aspiran a ver una versión idealizada –o como mínimo menos denigrada– de sí mismos. Siendo la primera serie dirigida al gran público que se centra en un personaje transexual, *Transparent* se ve sometida una gran presión para que cumpla con las esperanzas de toda una comunidad. Como señala Ali Liebegott, «puede haber diez transexuales en la sala y no es seguro que se pongan de acuerdo en lo que ven. Nunca le pediríamos a un tío blanco hetero que represente a todos los tíos blancos heteros».

La historia de Dale no fue lo único de la serie que enojó a la comunidad LGTB. Dar el papel de Maura a Tambor, un hombre cis, suscitó una gran controversia, que afectó profundamente a Soloway y al actor. Cuando recibió su segundo premio Emmy por su papel, en septiembre de 2016, Tambor pidió a Hollywood que «diera una oportunidad al talento transexual» y declaró solemnemente: «No me disgustaría ser el último actor cisgénero que encarna a una mujer transexual en la televisión». En una tribuna de *The Hollywood Reporter* en la que criticaba la tendencia a dar papeles de transexuales a actores cisexuales, Nick Adams, el director de medios para transexuales de la Alianza Gay y Lésbica Contra la Difamación (GLAAD, por sus siglas en inglés), decía que Tambor era «un raro ejemplo de actor que encaja perfectamente en la historia que se cuenta: la de una mujer mayor transexual que empieza a cambiar de sexo», y elogiaba la decisión de Soloway de «reunir a muchas personas transexuales delante y detrás de la cámara».

En la tercera temporada, los guionistas dieron más entidad a personajes como Davina y Shea, dos de las amigas transexuales de Maura. Ambos personajes los interpretan actrices transexuales. A Shea, una profesora de yoga de belleza convencional, la encarna con gran ternura Trace Lysette. Entre Shea y Josh nace el amor, pero él retrocede cuando se entera de que ella es seropositiva. «¡No soy solo tu rollo sexual! ¡Soy una persona! –le grita Shea–. ¡Madura!»

Madurar es un gran reto para los Pfefferman. Como sus hijos, Maura tiende a proyectar sus necesidades e ideas en el prójimo. La tercera temporada arranca con un episodio asombroso desde el punto de vista estilístico y que nos saca bruscamente del tranquilo mundo de clase media alta que solemos ver en la serie. Maura, que se ofrece voluntaria para atender un teléfono de ayuda a miembros de la comunidad LGTB, mete la pata con la llamada de una adolescente transexual que quiere suicidarse y enseguida corre a buscarla a un centro comercial lleno de gente. Es la única persona de raza blanca en medio de un mar de caras oscuras y supone cosas basándose en sus prejuicios: en una tienda de pelucas ve a unas mujeres transexuales latinas y les pregunta si han visto a esa chica «haciendo la calle». La implicación subleva a las mujeres, que aclaran que son estudiantes de enfermería. Sofocada, Maura se desmaya y es llevada en ambulancia... a un hospital público, para gran horror suyo. Soloway ha dicho que el episodio es un «cuento de hadas interseccional», pero no hay final feliz; solo entendemos que la condición de transexual de Maura no es sino otra faceta de su identidad.

Soloway quiso desde el principio que la serie se estructurara en torno a los cinco miembros de la familia, de suerte que la narración rodeara a estos como si fuera un «círculo de luz». Siguió en gran medida el proceso que había aprendido con Alan Ball y Alan Poul en *A dos metros bajo tierra*, consistente en llenar grandes cuadrículas con historias muy detalladas de cada personaje en todos los episodios, con una especie de política antidiscriminatoria que mantiene a todos los personajes en acción y obliga al espectador a identificarse alternativamente con unos y otros. Como Soloway, Ball era un fan de *Hospital General*, que supo convertir la estructura de esta telenovela en una urdimbre de voces finamente tejida.

La sala de guionistas de *Transparent*, sita en un edificio de los estudios Paramount Pictures llamado Carole Lombard en honor de esta estrella de la época dorada de Hollywood, está lleno de pizarras blancas divididas en cuadrículas por episodio y personaje. También hay columnas verticales de post-its de colores en los que se anotan, con letra pequeña, las diversas posibilidades («Primer viaje de Ali con gas nitroso. Oye la voz de Dios» o «Shelly masturbándose») y papeles prendidos de las paredes que recuerdan a los guionistas la historia general, como: «Maura QUIERE controlar su cambio de sexo, pero TIENE QUE superar la vergüenza».

Las relaciones íntimas entre los miembros de la familia alimentan la acción de la serie, lo que obliga a los guionistas a reunir con frecuencia a los personajes, en funerales, bodas y cumpleaños. *Transparent* también recurre a los rituales religiosos: en la primera temporada, la familia se reúne para celebrar el sabbat, en el que Maura recita la oración reservada para la matriarca; en la segunda temporada, se pone el acento en el Yom Kipur y vemos a Ali montando una fiesta para celebrar su nuevo interés por el judaísmo, y la tercera temporada culmina en una cena de Pascua improvisada en un crucero. El periódico judío americano *The Forward* dijo que *Transparent* era «la serie más judía de la historia», lo que no es decir mucho, porque muchas generaciones de judíos de la industria del entretenimiento habían adoptado el lema «Los guionistas, judíos; los actores, británicos», como hemos visto en el caso de personaje wasp de Amy Sherman-Palladino, Lorelai Gilmore, que suelta palabras en yiddish como si hubiera nacido en un *shtetl*.

Lo curioso es que los Pfefferman no son una familia religiosa; para ellos, ser judíos consiste sobre todo en comer sopa de albóndigas de matzá y salmón curado. Shelly es miembro de la junta del templo, aunque menos por razones religiosas que por sentido comunitario. Lo mismo cabe decir de Sarah, que organiza, con la ayuda de la rabino Raquel, actos sociales para jóvenes artistas judíos (como hacía la misma Soloway con el colectivo East Side Jews de Los Ángeles), pero piensa poco en Dios. Raquel –el eje moral de la serie– acaba perdiendo la paciencia con Sarah por la tibieza de su judaísmo: «¿Puedes explicarme de una vez qué entiendes por espiritualidad, Sarah? –le pregunta–. Puedo decirte lo que no es. No es cambiar de idea cuando nos apetece. No es buscar solo nuestra felicidad. No es viajar alrededor de nuestro ombligo y decir que nos hemos encontrado a nosotros mismos». Lo que parece tanto un cuestionamiento íntimo de los guionistas como una crítica a unos Pfefferman espiritualmente tibios.

Pese a los intentos de Soloway de crear un ambiente de trabajo inclusivo y de afirmación trans, *Transparent* se vio envuelta en la polémica en el otoño de 2017, al ser acusado Tambor de acosar sexualmente a su coprotagonista transexual Trace Lysette y a su exayudante Van Barnes, lo que dejó el futuro de la serie en suspenso cuando di este libro a la imprenta. Micah Fitzerman-Blue, que trabajó como guionista en la serie, declaró al *New York Times*: «Es muy triste que ocurra esto en medio de algo que parecía tan revolucionario». Y, sin embargo, la misma fluidez del planteamiento de Soloway podría hacer que la serie se beneficiara de este momento culturalmente caótico.

Cuando Soloway habla de las dotes que se necesitan para dirigir, empieza observando con rabia cómo la industria ha convencido a las mujeres de que no están capacitadas para hacerlo. «Siempre he dado por supuesto que yo no sabría dirigir. Hay un montón de aparatos y has de saber de lentes, reglas, matemáticas... "¡No os preocupéis, mujeres, ya lo hacemos nosotros!" –exclama, poniendo una voz grave de macho–. Es todo muy militar, hay largas jornadas de rodaje, se habla de atacar esto y lo otro, como si hubiera que invadir algo.»

De pronto, Soloway se reclina en su silla, sonríe y empieza a explicarme que ella hace las cosas de una manera muy diferente: «Considero que los actores son artistas que usan el cuerpo para sentir cosas y que yo filmo esos sentimientos con una cámara. Por eso lo primero son las emociones, los actores.» Si un miembro del equipo dice que hay un problema con el enfoque, ella no manda cortar si la escena está funcionando. Una de sus técnicas, tomada del director de *American Honey* Andrea Arnold, es dejar que los actores pasen del ensayo al rodaje propiamente dicho sin que ella tenga que gritar «¡Acción!», lo que permite captar emociones frescas y espontáneas. «Lo que quiero que las mujeres entiendan es que muchas cosas que les salen naturales las hacen mejores directoras.»

Jessi Klein, la guionista jefe de *Inside Amy Schumer* que trabajó en la tercera temporada de *Transparent*, elogia la manera como Soloway «crea sentimientos antes incluso de que las cámaras empiecen a filmar». Soloway confía en sus actores y sabe que «si hay algo que se siente con fuerza, siempre le encontraremos sentido en la pantalla», dice Klein. Que Soloway siga sus instintos a veces conduce a alargarlo todo mucho, comentan los miembros del equipo.

Cuando se pregunta por el estilo de liderazgo que le gusta, Soloway piensa en personas como Adam Sandler, Zack Galifanakis y Jack Black, porque «parecían saber imponer su voz de una manera que yo les envidiaba, era como si estuvieran jugando. Creo que así debe ejercer el poder una mujer: contratamos a nuestros amigos, nos rodeamos de personas que nos inspiran como Lorne Michaels y Judd Apatow llevan inspirándonos todos estos años, y les decimos: aquí no vamos a operar a nadie, vamos a divertirnos».

Ella quería sentir esa seguridad natural que estos tíos blancos transmitían: el sentimiento que tenían «desde que nacieron de que ellos estaban para llevar la voz cantante y mandar», como dice en broma Soloway. Sobre esto pensó mucho cuando empezó a crear su segunda serie, *I Love Dick*. Adaptación de la novela autobiográfica experimental de 1997 de Chris Kraus por la dramaturga Sarah Gubbins y con un equipo de guionistas íntegramente compuesto de mujeres, la serie se sumerge en la mente de una cineasta casada (interpretada por Kathryn Hahn) que vive eróticamente obsesionada con un académico cretino llamado Dick (Kevin Bacon). «La serie se pregunta por qué las mujeres se odian tanto cuando, como cineastas, tienen que reclamar su derecho a dirigir y ver», me explica Soloway semanas antes de que se estrene la serie, que es una obra de arte feminista plantada descaradamente en medio del mercado de masas Amazon.

Para Soloway, es un viaje emocional e intelectual que trasciende el aspecto comercial. Admite que sus ideas sobre las mujeres –y sobre el sexo en general– han cambiado hace poco, incluso desde la primera vez que la entrevisté. «Una de las evoluciones que he vivido en los últimos dos años es que no quiero considerarme una "esencialista de género", alguien que dice que "las mujeres son esto y los hombres lo otro".» Durante años habló como portavoz de las mujeres con frases como: «Las mujeres saben apoyar incondicionalmente a los demás porque tienen hijos». Pero, continúa Soloway, «ya no puedo decir eso, porque dejo fuera a los transexuales y a aquellas personas que no se identifican con género alguno y a las de género no binario, y que también hacen muy bien este trabajo».

Ahora, el principal criterio de Soloway es que las personas sepan sumergirse en el «conflicto de las emociones» y vivir en la fluidez del momento. Por la manera de rodar, compara *Transparent* con un documental que deparase constantes sorpresas: «A veces veo *A dos metros bajo tierra* y me doy cuenta de la rigidez con la que trabajábamos. Ahora tengo la impresión de haber dado con la clave: se trata de no saber si algo funcionará y esperar a ver cómo evoluciona.»

EPÍLOGO

En 1975, Gloria Steinem se imaginó cómo verían a las mujeres unos extraterrestres que vinieran del espacio y quisieran entender lo que es América basándose en la televisión y el cine: las verían como una clase marginada de siervas que dormían con pestañas postizas y muy maquilladas. Si esos mismos extraterrestres vieran la tele hoy día, se harían una idea muy diferente.

La televisión actual tiembla con el ruido y la furia de las mujeres. Desde 2015, ha habido un alud de series creadas y protagonizadas por mujeres que se han sucedido con la explosiva velocidad de un tapón de champán. Algunas son, por enumerar solo unas cuantas: *Insecure*, *Unbreakable Kimmy Schmidt*, *Jessica Jones*, *UnReal*, *My Crazy Ex-Girlfriend*, *Queen Sugar*, *Fleabag*, *Personas difíciles*, *Another Period*, *Grace y Frankie*, *One Mississippi*, *Good Girls Revolt*, *Chewing Gum*, *Underground*, *Divorce*, *Great News*, *Supergirl*, *I Love Dick*, *Harlots*, *Better Things* y *Glow*. Estas series hablan del descubrimiento del sexo y del abuso sexual, de la amistad y de las aspiraciones artísticas de las mujeres, de la depresión y del cáncer... Entre las protagonistas se cuentan periodistas, prostitutas, luchadoras, superheroínas y, en *My Crazy Ex-Girlfriend*, una abogada que convierte los problemas de las mujeres, como tener los pechos grandes o practicar sexo con la regla, en espectáculos musicales.

Algunas series, como *Fleabag*, esa tragicomedia desenfadada y dicharachera de la guionista y actriz británica Phoebe Waller-Bridge, nos atrapan desde el primer momento. Lo que empieza pareciendo una crónica manida de la vida sexual de una soltera (la serie arranca con una cita sexual a las dos de la madrugada) rápidamente se torna algo mucho más serio y angustioso. «O todo el mundo siente esto y no lo dice, o estoy más sola que la una, lo que no me hace ni puta gracia», dice en cierto momento el personaje principal, Fleabag.

Otras series recientes, como *UnReal*, tratan de la televisión misma. «Enseguida desechamos la idea de "gustar"», me dijo la creadora de *UnReal*, Sarah Gertrude Shapiro hablando de su serie, que cuenta la historia de dos productoras que están al frente de un programa de telerrealidad. Shapiro había dado el callo como productora de *The Bachelor* y prestó elementos de su propia conciencia dividida a la Rachel Goldberg de la serie (interpretada por Shiri Appleby). Productora feminista de un programa de telerrealidad de citas amorosas, Rachel descubre que su tarea consiste en manipular a las concursantes para meterlas en situaciones comprometidas que satisfagan la mirada sádica del telespectador. «La primera vez que vemos a Rachel, lleva una camiseta en la que dice: "Así es una feminista" –observa Shapiro–. Quería que la gente tuviera claro que no es una divertida parodia de un programa de telerrealidad. Va sobre unas personas que pierden la cabeza porque viven de una manera completamente contraria a sus ideales.» La primera relación amorosa que vemos en la serie es la que traban Rachel y su insolente jefa Quinn (Constance Zimmer), que es mayor que ella: son dos mujeres de la industria del entretenimiento que tratan de ejercer su poder sin que las demonicen ni las marginen.

Dice Shapiro que se ve en este tipo de dilemas constantemente: desde que le digan que sea amable con el personal hasta que no le dejen contratar a directoras. «Cuando hablábamos de contratar a un director para el episodio piloto, yo decía un nombre y se hacía un silencio extraño. Eran mujeres que habían hecho un trabajo estupendo, pero me decían: "Tengo entendido que es una mujer muy problemática". ¿Qué significa eso? Acabábamos de contratar a un gilipollas que se gastó cinco millones más de lo presupuestado, ¿y por eso íbamos a dejar de contratar a otro hombre?»

Pero si las mujeres se hacen sitio como realizadoras de series de televisión, la dirección sigue siendo mayoritariamente masculina. Aunque había dirigido varias películas independientes, a Nisha Ganatra le costó muchos años poder hacerlo en la tele. «Es como un círculo vicioso: no puedes dirigir si no lo has hecho antes, ¡y nadie te deja!», dice riendo. Hasta que Jill Soloway la contrató para colaborar en *Transparent* no despegó realmente su carrera televisiva.

Soloway dice que la industria de la televisión es un ecosistema en el que los hombres poderosos se rodean siempre de guionistas y directores que comparten su misma visión del mundo y entre los que se sienten a gusto. «Podemos imaginarnos al director mayor que contrata al director novato –explica Soloway–. Los dos llevan gorras de béisbol, el primero le echa el brazo por el hombro al segundo, los dos saben cómo se hace porque han formado parte de un equipo y saben que los hombres se tutelan unos a otros. Por eso lo cogerán antes que a una mujer, una persona no blanca, un homosexual o un transexual. Si eres un tío blanco heterosexual que ha vivido los últimos veinticinco años en un barrio bien, pongamos Pacific Palisades, y traes a un joven director transexual no blanco al plató, no tendrás esa sensación de relajación que te permite echarle el brazo por el hombro y decirle: "Voy a enseñarte cómo funciona esto". Tendrás que enfrentarte a tu condición privilegiada».

Romper este modelo significa deshacer redes cómodas; mujer, miembro de una minoría o transexual que se contrata, es un trabajo menos para ellos. «No hay más sitio que el que hay –dice Soloway–. Pedirles a los hombres que no contraten a personas a las que conocen y en las que confían, y que les resultan cómodas porque se comunican fácilmente con ellas, es pedir demasiado para un montón de hombres que no se consideran racistas ni sexistas pero tienen montado un sistema que les facilita las relaciones profesionales y personales.» Por eso realizadoras como Soloway, Ava DuVernay de *Queen Sugar*, Ryan Murphy de *American Horror Story* y Melissa Rosenberg de *Jessica Jones* han querido nivelar las cosas y se han comprometido públicamente a contratar a mujeres para que dirijan la mitad o más de los episodios de sus series.

Aumentar el número de mujeres directoras no va a solucionar los grandes problemas que tiene el país, como la brecha salarial, ni crear más series con protagonistas femeninas acabará tampoco con los ataques a la salud sexual de la mujer. Hace falta un gran activismo social para conseguir eso. Pero la representación cultural no es baladí. Vivir en un mundo en el que la cultura no refleja nuestra experiencia nos hace sentirnos pequeños e invisibles. Nos dice, y les dice a quienes nos rodean, que nuestra voz no es importante. Gracias a que plasman la realidad de la vida de las mujeres, las creadoras televisivas que hemos visto en este libro han contribuido sin duda a la reacción política actual. Y eso significa que podrían desempeñar un papel relevante a la hora de inspirar la resistencia.

Aquí no hay finales de cuento de hadas. Cuando empecé a escribir este libro, Hillary Clinton iba derecha a la Casa Blanca de la mano de Shonda, Lena, Amy, Abbi y Ilana. Cuando lo terminé, Donald Trump estaba en la Casa Blanca tuiteando mensajes misóginos y los republicanos volvían a declarar la guerra a la salud y a los derechos reproductivos de las mujeres.

Sin embargo, no llevaba un año de presidencia ese hombre que presumía de que le gustaba «cogerlas por el coño», cuando una serie de monstruosas revelaciones sobre el productor de cine Harvey Weinstein abrieron un gran debate sobre el abuso sexual que llevó a la expulsión de acosadores y predadores en serie del mundo del periodismo, la política y el entretenimiento (como Louis C.K. y Kevin Spacey). La revista *Time* nombró «Persona del Año» a las mujeres que «rompen el silencio». Fue como si las vergüenzas del patriarcado quedaran repentinamente expuestas, y las experiencias que las mujeres habían sufrido en silencio salieron a la luz en un movimiento, #MeToo, que supuso un doloroso pero catártico acto de reconocimiento y solidaridad.

La historia es una gran burlona; le gusta desbaratar nuestras esperanzas y convicciones; sube, baja, va y viene. Puede que, a la larga, esa historia tienda a la justicia, pero, cuando vivimos en un momento reaccionario, parece que el progreso, traicionado, se viera obligado a retroceder. El hecho de que una serie de fuerzas represoras se sientan en este momento reforzadas y envalentonadas no hace sino más urgente y vital la necesidad de que en la tele se oiga un gran coro de voces distintas y originales.

«Creo que el gran paso adelante que hemos dado en los últimos años es la proliferación de medios que permiten que se alcen esas voces que en las cadenas convencionales no se escuchan», dice Lynda Obst, productora de cine legendaria que ha producido series de televisión como *Póquer de reinas* y *Good Girls Revolt*.

Las grandes cadenas de televisión (ABC, CBS, NBC y Fox) no han dado pasos significativos en el tema de la igualdad de género. (La excepción es la CW, la mayoría de cuyas series las dirigen mujeres.) Según un estudio reciente de la revista *Variety*, en las series creadas para la temporada 2017-2018, solo el

29 por ciento de los realizadores y solo el 35 por ciento de los protagonistas eran mujeres. Con todo, el dominio de las viejas cadenas se ha acabado, porque ahora hay cientos de canales de televisión por cable y de emisión en continuo que están captando espectadores. Incluso Rhimes dio la espalda al viejo sistema en 2017, al abandonar la ABC y firmar un contrato de producción de varios años con Netflix.

El fin de la primacía de las cadenas es señal de que se ha roto la uniformidad de la cultura estadounidense, en un momento en que nos refugiamos en sistemas de creencias cerrados y nichos demográficos. Los canales de televisión y los servicios de emisión en continuo se atreven a asumir más riesgos y empiezan a dirigirse a espectadores a los que el viejo sistema tenía olvidados, lo que significa que las mujeres tienen más oportunidades de ser las «dueñas del show». La serie *Orange Is the New Black* de Jenji Kohan popularizó Netflix, que a continuación produjo *Unbreakable Kimmy Schmidt*, *Jessica Jones*, *Grace y Frankie*, *Lady Dynamite* y *Glow*, y emite *Fleabag*, *Anne with an E* y *Chewing Gum*. En Amazon, el éxito de *Transparent* propició el de series como *One Mississippi*, *Good Girls Revolt*, *Z: The Beginning of Everything*, *I Love Dick* y la de Amy Sherman-Palladino *La maravillosa señora Maisel*. Las cadenas femeninas tradicionalmente sedadas dejaron sitio a programas más atrevidos (*Queen Sugar* en la cadena OWN de Oprah, *UnReal* en Lifetime) y los directivos de Hulu apoyaron resueltamente a las realizadoras.

Incluso el canal de televisión por cable HBO, que tenía un pobrísimo historial en materia de series femeninas, se puso las pilas y apostó por una mujer afroamericana: Issa Rae, con *Insecure*. Licenciada por la Universidad de Stanford y guionista en ciernes, Rae veía con frustración la falta de telecomedias de negros que había en pleno siglo XXI. «Cuando empezó *Rockefeller Plaza*, me gustó porque Liz Lemon es una chica torpe y me identificaba con ella –declaró a la revista *New York*–.

Pero me decepcionó que no hubiera personajes como ella que se parecieran a mí.» Como Lena Dunham y la pareja de *Broad City*, Rae se coló en la industria por la puerta trasera, escribiendo y protagonizando series web de baja calidad como *The Misadventures of Awkward Black Girl*, antes de que Hollywood se interesara por ella. Tras una fallida colaboración con Shonda Rhimes, creó *Insecure*.

Melina Matsoukas supo que era la directora que necesitaba *Insecure* en cuanto le echó un vistazo al guion del episodio piloto: contaba su propia vida «como joven negra que tiene que vivir en mundos en los que no siempre encaja» y recreaba amistades entre mujeres que le llegaban muy hondo.

«La serie cuenta historias de mujeres y personas de color –dice Matsoukas–, y esa misma diversidad que se ve en la pantalla tendría que verse también detrás de la cámara. Somos como vigilantes de esa puerta. La pregunta es: ¿a quién le está permitido pasar por ella? Ahora tenemos la mano un poco puesta en la manivela.»

Imaginémonos el comedor de un restaurante de Los Angeles repleto de mujeres sentadas a diez mesas, como si se tratara de un banquete de boda. Solo que no llevan vestidos despampanantes; van vestidas con ropa de trabajo. Estas mujeres se llaman a sí mismas el Woolf Pack y son algunas de las realizadoras más poderosas de Hollywood.

La primeriza realizadora de *UnReal*, Sarah Gertrude Shapiro, se ha sentado con la emperatriz de la tele Shonda Rhimes a una mesa a la que también se sientan Julie Plec, creadora de *Crónicas vampíricas*, y Liz Tigelaar, realizadora de *Casual* y *Una vida inesperada*. La conversación de esta mesa versa a veces sobre cosas como lo difícil que es contratar a directoras, pero Tigelaar está encantada y no sale de su asombro. «Me impresionaba el hecho de que estuviéramos allí sentadas quejándonos de que debíamos conseguir más cosas y llegar más lejos –admitió luego–, pero lo que las personas que se sentaban a aquella mesa han conseguido es asombroso. La sensación de estar con mujeres que hacen series, que están haciendo esas grandes cosas que una también quiere hacer, es maravillosa.»

El Pack Woolf (un nombre que es un guiño a Virginia Woolf y a su deseo de que las mujeres tengan un espacio para desarrollar su creatividad, «una habitación propia») se reúne de cuando en cuando bajo los auspicios de la fundación sin ánimo de lucro Humanitas, que otorga premios a los guionistas de cine y televisión que tratan dignamente la condición humana. Cuando la nominaron por *The Big C*, Jenny Bicks hizo un llamamiento a las mujeres para que se comprometieran con Humanitas y una serie de realizadoras empezaron a reunirse.

Dice Bicks que al principio esas reuniones eran informales y poco numerosas: «Recuerdo que todas nos levantábamos una a una y contábamos nuestra historia, y era muy liberador, porque, como realizadoras, directoras, guionistas, mujeres con responsabilidades que éramos, estamos casi siempre teniendo que atenernos a reglas que no hemos establecido nosotras. Son muy pocas las personas en las que podemos confiar, decirles: "Esto no va bien"». A medida que, gracias al boca a boca, el grupo crecía, continúa Bicks, «empezamos a contarnos nuestros miedos, nuestra rabia, nuestro proyectos». También recaudaban fondos para sufragar los retiros de escritura para mujeres de Hedgebrook e intercambiaban consejos sobre mentores y empleos. «Muy pocas teníamos mentores que fueran mujeres. Cuando yo empecé a realizar series había muy pocas mujeres, como Diane English, casi todos eran hombres.»

Bicks recuerda una comida de Navidad en la que dijo: «Si nos bombardearan ahora, dejaría de haber realizadoras. –Y añade–: Y seguro que muchos se alegrarían».

DeAnn Heline, creadora de *The Middle*, dice que la primera vez que fue a una reunión del Woolf Pack, todas contestaron por turno a preguntas como «¿Cuál ha sido tu mayor triunfo?» o «¿Qué es lo más tremendo que te ha dicho un directivo?». Fue un momento muy especial, añade, en el que pudo intercambiar impresiones con sus colegas. «Una podía preguntarle a Shonda o a cualquier otra realizadora: "¿Qué hiciste tú en esa situación?"»

Aunque las estadísticas dicen que las realizadoras aún lo tienen muy cuesta arriba, Tigelaar ve una industria en la que cada vez hay más mujeres. «Puede que los números pinten mal y la presencia femenina no acabe de repuntar, pero la sensación de que hemos llegado para quedarnos es real –dice, con una voz que vibra con optimismo–. Creo que es un gran momento para las mujeres que quieren trabajar en la televisión. Cuando pienso en aquella comida del Woolf Pack, me digo: "¡Lo que están haciendo mis amigas! ¡Son estupendas! Creo que están abriendo las puertas a patadas».

AGRADECIMIENTOS

Escribir un libro es una experiencia profundamente solitaria en un sentido, y una se pasa miles de horas delante del ordenador rogando a las palabras que compongan una página. Pero escribir este libro ha sido también una experiencia colectiva. He pasado muchos días felices yendo a Pacific Palisades, a Sherman Oaks y a Echo Park para escuchar a mujeres creativas hablar de lo que hacen y de cómo lo hacen. No habría podido escribir este libro sin los muchos entrevistados –más de cien– que dedicaron parte de su tiempo a hablar conmigo, tanto cuando los grababa como cuando no. No menciono a todas las personas a las que he entrevistado, pero el saber de todas ellas ha contribuido a lo que es este libro. También agradezco la labor de los muchos agentes y ayudantes que hicieron posible esas entrevistas. Alison Rou, Erin Kellgren y Cristina Brosma se desvivieron por ayudarme y lo mismo hizo Lisa Vinnecour.

También mi amigos y colegas me fueron de grandísima ayuda. Quiero darles las gracias a Alice Short, Martin Miller y Elena Howe, que me encargaron artículos relacionados con el tema o me ayudaron de otras formas en *Los Angeles Times*, periódico en el que trabajaba cuando empecé a escribir este libro. Gracias también a Meredith Blake, Amy Kaufman, Greg Braxton, Gina

McIntyre, Rebecca Traister, Deborah Vankin, Emily Ryan Lerner, Lisa Jane Persky, Tom Ceraulo, Yvonne Villarreal, Carolyn Kellogg, Mary McNamara, Liz Brown, Sarah Schrank, Christopher Noxon, Amy Reiter, Laura Miller, Danielle Nussbaum, Sharon Mizota, Oliver Wang, Sarah Hepola, Ivy Pochoda, Michelle Dean, Colleen Conway y Jason Grote por facilitarme contactos, sugerirme títulos o prestarme alguna otra ayuda fundamental.

Tengo mucha suerte de que el editor de este libro sea Rakesh Satyal. Además de un orfebre de la prosa, es un devoto de la tele que parece recordar perfectamente el argumento de muchas de las serie de las que hablo en este libro. No me imagino un lector más ideal; el resultado debe mucho a su colaboración. También agradezco el apoyo de Judith Curr y Peter Borland, así como la ayuda de Loan Le y Paul Olsewski, todos de la editorial Atria.

Gracias a mi agente, Daniel Greenberg, que enseguida entendió lo que quería hacer con este proyecto y me ayudó a darle forma y sacarlo a la luz.

Por último, doy las gracias a mi familia: a Tasmin Press-Reynolds, que me acompañó en la labor de visionado y vio encantada series como *Roseanne*, *Murphy Brown* y *Las chicas Gilmore* por primera vez, y a Kieran Press-Reynolds, que vio con paciencia que me retiraba de la vida doméstica y me pasaba semana tras semana sentada delante del ordenador portátil. Y a mi marido, Simon, amor de mi vida, que me convenció de dejar la rutina del trabajo periodístico y meterme en este libro de mayor aliento; que fue mi primer lector, me guio en cada etapa de este libro, vio cantidades ingentes de televisión conmigo y me animó cuando el resultado de las elecciones amenazó con sumirnos a todos en una depresión crónica. Empecé y acabé este libro gracias a él.

Esta
edición,
primera, de
*Dueñas del show.
Las mujeres que están
revolucionando las series de
televisión,* se terminó de impri-
mir en Salamanca en el
mes de noviembre
de 2018.

Título original:
Stealing the Show:
How Women Are Revolutionizing Television

Gran Via Carles III, 94 - 08028 Barcelona
www.alphadecay.org

Primera edición: noviembre de 2018

Imagen de cubierta: NASA,
Manometer Board Setup in Supersonic Wind Tunnel, 1949

Preimpresión: Robert Juan-Cantavella
Impresión: Imprenta Kadmos

BIC: APT
ISBN: 978-84-948210-6-6
Depósito Legal: B 23.656-2018

ALPHA DECAY

1. VV.AA. Matar en Barcelona
2. CRAIG CLEVENGER Manual del contorsionista
3. C.BARROW / B.PARKER Wanted Lovers. Las cartas de amor de Bonnie & Clyde
4. POLA OLOIXARAC Las teorías salvajes
5. LESLEY ARFIN Querido Diario
6. ARTHUR NERSESIAN Staten Island
7. JAVIER CALVO Suomenlinna
8. MIQUI OTERO Hilo musical
9. MICAH P. HINSON No voy a salir de aquí
10. VALTER HUGO MÃE el apocalipsis de los trabajadores
11. JIM DODGE Stone junction. Una epopeya alquímica
12. DENTON WELCH En la juventud está el placer
13. TAO LIN Richard Yates
14. FABIÁN CASAS Los lemmings y otros
15. MARK GRIEF (ED.) ¿Qué fue 'lo hipster'? Una investigación sociológica
16. BILL CALLAHAN Cartas a Emma Bowlcut
17. VIOLA DI GRADO Setenta acrílico treinta lana
18. J.P. ZOOEY Los electrocutados
19. THOMAS FRANK La conquista de lo cool. El negocio de la contracultura y el nacimiento del consumismo moderno
20. JACK GREEN ¡Despidan a esos desgraciados!
21. STEWART HOME Memphis Underground
22. CAMILLE DE TOLEDO En época de monstruos y catástrofes

23. BREECE D'J PANCAKE Trilobites
24. FABIÁN CASAS Ocio
25. INÉS ACEVEDO Una idea genial
26. TAO LIN Robar en American Apparel
27. ALEJANDRO ZAMBRA No leer
28. JUSTIN TAYLOR Aquí todo es mejor
29. PADGETT POWELL El sentido interrogativo
30. KRISTIN HERSH Rat Girl
31. BLAKE BUTLER Nada. Retrato de un insomne
32. MEREDITH HAAF Dejad de lloriquear.
Sobre una generación y sus problemas superfluos
33. MOMUS El libro de las bromas
34. ALEXIS M. SMITH Glaciares
35. DOLLY FREED Vida de zarigüeyas.
Cómo vivir bien sin empleo y (casi) sin dinero
36. DENTON WELCH Primer viaje
37. DOMINIQUE ANÉ Regresar
38. SHEILA HETI ¿Cómo debería ser una persona?
Una novela desde la vida
39. JUSTIN TAYLOR El evangelio de la anarquía
40. JAVIER TOMEO Constructores de monstruos
41. F. SCOTT FITZGERALD Cartas a mi hija
42. VV.AA. Batman desde la periferia.
Un libro para fanáticos o neófitos
43. JARETT KOBEK ATTA
44. CHRIS KRAUS Amo a Dick
45. SAM PINK La dieta de los no hola
46. BLAKE BUTLER El atlas de ceniza
MARK Z. DANIELEWSKI La casa de hojas
47. TAO LIN Taipéi
48. SERVANDO ROCHA Nada es verdad, todo está permitido.
El día que Kurt Cobain conoció a William Burroughs
49. MAX FRISCH El hombre aparece en el Holoceno
50. DAVID PINNER Ritual. La novela que inspiró «The Wicker Man»
51. CAMILLE DE TOLEDO Historia del vértigo
52. MISHA GLOUBERMAN Y SHEILA HETI Las sillas están donde

la gente va. Cómo vivir, trabajar y jugar en la ciudad
53. CECILIA DREYMÜLLER (ED.) Confluencias. Antología de la mejor narrativa alemana actual
54. FLEUR JAEGGY El dedo en la boca
55. H.P. LOVECRAFT La búsqueda en sueños de Kadath la Desconocida
56. JOY WILLIAMS Los vivos y los muertos
57. LYDIA DAVIS El final de la historia
58. CHRISTIANE V. FELSCHERINOW Y SONJA VUKOVIC Yo, Christiane F. Mi segunda vida
59. HENRI MICHAUX Una vía para la insubordinación
60. AGOTA KRISTOF La analfabeta. Relato autobiográfico
61. GEOFFREY O'BRIEN Tiempo de soñar. Episodios de los sesenta
62. MARIA RODÉS Duermevela. Los sueños de Maria Rodés
63. MARINA KEEGAN Lo contrario de la soledad
64. TAO LIN Sexo tras unos días sin vernos. Relatos completos
65. IAIN SINCLAIR La ciudad de las desapariciones
66. VV.AA. Hijos del átomo. Once visiones sobre la Patrulla-X
67. JOY WILLIAMS Estado de gracia
68. FLEUR JAEGGY Las estatuas de agua
69. JUSTIN TAYLOR Líos
70. JAUME C. PONS ALORDA Apocalipsis Uuuuuuuaaaaaaa. Diario de rodaje de 'Historia de mi muerte'
71. FELIX DENK Y SVEN VON THÜLEN Der Klang der Familie. Berlín, el techno y la caída del Muro
72. JOY WILLIAMS Estado de gracia
73. SIMON CRITCHLEY Apuntes sobre el suicidio
74. ANDRÉS BARBA La risa caníbal. Humor, pensamiento cínico y poder
75. FRANK WEDEKIND Mine-Haha. O de la educación física de las niñas
76. TRACEY EMIN Strangeland
77. MARIANNE FRITZ La gravedad de las circunstancias
78. ALLAN KAPROW Entre el arte y la vida. Ensayos sobre el happening
79. MARÍA SONIA CRISTOFF Falsa calma. Un recorrido por pueblos fantasma de la Patagonia
80. IAIN SINCLAIR American Smoke. Viajes al final de la luz
81. MERCEDES CEBRIÁN Verano azul. Unas vacaciones en el corazón de la Transición

82. GREGOR HENS Nicotina
83. ALICIA KOPF Hermano de hielo
84. DENTON WELCH Una voz a través de una nube
85. GLORIA STEINEM Mi vida en la carretera
86. SIMON CRITCHLEY El teatro de la memoria
87. SIMON ROY Mi vida en rojo Kubrick
88. JIM DODGE No se desvanece
89. JOY WILLIAMS El hijo cambiado
90. BEN LERNER El odio a la poesía
91. DENNIS LIM David Lynch. El hombre de otro lugar
92. JENNY DISKI Los sesenta
93. MAORI PÉREZ Y MARÍA JOSÉ VIERA-GALLO Química y Nicotina
94. DAN FOX Pretenciosidad. Por qué es importante
95. KATHRIN YACAVONE Benjamin, Barthes y la singularidad de la fotografía
96. PETER WEISS Adiós a los padres
97. ALEX KERR Japón perdido
98. CHARLIE FOX Este joven monstruo
99. LEONORA CARRINGTON Memorias de abajo
100. DAMON KRUKOWSKI The New Analog. Cómo escuchar y reconectarnos en el mundo digital
101. CASS R. SUNSTEIN La última mitología. El mundo según *Star Wars*
102. JON WILLIS Todos estos mundos son vuestros. La búsqueda científica de vida extraterrestre
103. MICHAEL SIMS Arthur y Sherlock. Conan Doyle y la creación de Holmes
104. ED FINN La búsqueda del algoritmo. Imaginación en la era de la informática
105. MARK FISHER Lo raro y lo espeluznante
106. JESSA CRISPIN El complot de las damas muertas
107. KARIM MADANI Jewish Gangsta
108. LIDIA YUKNAVITCH El libro de Joan
109. SAVANNAH KNOOP Chica, chico, chica
110. E.M. FORSTER Algunos libros. Las charlas radiofónicas en la BBC
111. KOPANO MATLWA Florescencia
112. KATE MILLETT Sita
113. ANDREW DURBIN MacArthur Park